Piper Bill Millin

6 juin 44

La Cornemuse du D-Day

Normandie

traduit de l'anglais par C. et J.-P. Hardy

EDITIONS HEIMDAL

A mon ami Bernard Saulnier

A Octave Saulnier qui nous a témoigné tant de gentillesse et de compréhension pendant les combats aux alentours d'Amfreville, et à son fils, Bernard Saulnier. Pour sa généreuse hospitalité envers tous les anciens commandos qui reviennent en visite dans la région.

Bill Millin en 1944

Bill Millin, une légende

6 juin 1944, les rampes des péniches s'abaissent. Soudain, un joueur de cornemuse avance dans l'eau et souffle dans son instrument en progressant au milieu des balles et des éclats. Un soldat s'est d'ailleurs effondré près de lui il y a quelques instants. Le joueur de cornemuse - on dit *Piper* en anglais - Bill Millin vient de débarquer sur *Sword Beach*. Il sera le premier et le seul *piper* à jouer au feu en Normandie. En effet, pendant la Première Guerre mondiale, les pertes ont été terribles dans les rangs des pipers écossais et un réglement de l'armée britannique interdit maintenant leur engagement en première ligne. C'est une grande époque qui se termine, celle où les fantassins avançaient derrière les *pipers* qui entraînaient la troupe au son prenant et sauvage de la cornemuse. Seul Bill Millin continuera cette grande tradition; son chef, Lord Lovat, imposera son *piper* et il entrera ainsi dans la légende, image d'un style de combat sorti de la nuit des temps.

Déjà, au départ, sortant de la rivière Hamble, Bill Millin jouait sur le bateau de tête emmenant Lord Lovat à la tête de sa brigade de Commandos et le son de sa cornemuse était restransmis sur tous les bateaux, dans l'enthousiasme général. La technique moderne permettait de décupler la diffusion de la musique de son instrument, la faisant entendre à toute la brigade qui s'apprêtait à débarquer sur la côte normande. Et ce *piper* qui menait les Commandos au feu se croyait immortel. Au fond des landes d'Ecosse, près de ce mont Ben Nevis d'où sont originaires les hommes de son clan, Fiona lui avait dit qu'il reviendrait sain et sauf. Et, effectivement, certain de sa chance et impavide, il avancera au milieu des balles sur *Sword Beach,* sur *Pegasus Bridge* et sur le pont de Ranville, trois lieux déterminants de cette histoire du Débarquement de Normandie. Il en sortira indemne. Cinquante ans après, Bil Millin est toujours aussi fringant et revient régulièrement en Normandie pour jouer de sa cornemuse.

Lorsque je l'ai rencontré pour la première fois, il pleuvait à verse. Il était là, une fois de plus, il était venu à Dieppe honorer la mémoire des Commandos, ses camarades, et des Canadiens tombés là en 1942. Il n'oublie pas et sait accomplir son devoir et en particulier celui de la Mémoire. Le temps lui rappelait probablement la région de Fort William et du Ben Nevis en Ecosse d'où sa famille est originaire et qui est arrosée une bonne partie de l'année par les pluies. Quant au Canada, il y est né le 14 juillet 1922, à Regina, son père était dans la police montée. A l'âge de douze ans, il est revenu en Ecosse, à Glasgow où il apprend à jouer de la cornemuse. Son pays, les Highlands, va le marquer profondément.

Bill est membre du clan McMillin, rattaché au clan Cameron, dont le chef est Donald Cameron of Lochill, toute une tradition profondément enracinée. Le fantastique, le merveilleux, font partie de la mentalité celtique écossaise. Bill Millin redoutera toujours le dragon qui avait décapité un *piper* il y a quelques siècles sur un chemin de la région d'Achnacarry par, contre, il ne doutera pas des prédictions de Fiona et de son invulnérabilité. Cette tradition écossaise est plus proche des mythes celtiques du roi Arthur que de la froideur technique moderne, sans oublier les rites très anciens propres à la pratique de la cornemuse, aux traditions liées aux clans. Et, pourtant, c'est avec ces traditions celtiques venues du fond des âges que Lord Lovat et ses hommes vont emporter les défenses allemandes, mettre en échec une armée très moderne pour son temps. Et, justement, près du pont de Ranville, en entendant le son très particulier de son instrument, les Allemands ont cessé de tirer - une nouvelle arme secrète ? Une arme psychologique en tous cas. Le fait de jouer en première ligne ne sera, par contre, pas spécialement apprécié de maint sous-officier anglais (pas écossais, bien sûr). On le prend pour le « sonneur fou » le « mad piper » ainsi que l'appelleront aussi les journalistes après guerre. Il est celui qui n'a pas peur de jouer près de la ligne de feu, bien plus, le son de son instrument attire les obus ennemis ! Que lui importe, quand il joue, il est dans un autre monde. Il est auprès de ses ancêtres, de son grand-père, Vincent Millin, qui a participé à la guerre contre les Zoulous, en Afrique, des deux frères de sa mère qui ont appartenu au *Cameron Highlander Regiment*, l'un tué en Afrique du Sud, l'autre blessé lors de la guerre des Boers et de son oncle tué en 14-18 au sein de la *Highland Light Infantry of Canada.* Avec son instrument « magique » il est aussi un peu auprès de Merlin l'Enchanteur...

Bill Millin sait qu'il est entré dans la légende mais n'en tire aucune vanité. C'est le Destin qui a tissé ses trames et il en a été l'instrument, par contre, il doit accomplir sa mission, remplir ce qu'il doit. C'est tout. La reine mère d'Angleterre lui disait : « vous savez, dans mille ans, les gens ne sauront pas ce que j'ai fait mais, au nom de Bill Millin, ils diront tout de suite, le Piper du D-Day ! » Il ajoute : « je suis un peu comme Robin Hood ». Il fait la une des journaux, il est reconnu dans le monde entier mais ne se départit pas de sa simplicité et de sa gentillesse. Il n'oublie jamais ses amis, ses camarades, ceux des Commandos français, comme Stephen Chauvet, et les Normands, comme la famille Saulnier avec laquelle il s'est lié d'une étroite amitié à l'été de 1944. Dans cette guerre mécanique affreuse, il a apporté une note épique. Et c'est Lord Lovat qui a voulu celà, en le choisissant au camp de Commandos d'Achnacarry ; « Shimi » Fraser Baron Lovat avait apprécié le son de sa cornemuse quelques années auparavant. Il choisissait un peu son piper comme le roi Arthur choisissait l'un de ces preux. Lovat apportait un souffle non conformiste, tous deux ensemble, ils représentaient l'Ecosse immémoriale à la pointe du Débarquement et par cette dimension hors norme tout écossaise, l'épopée entrait dans l'Histoire.

Cinquante ans plus tard, les deux « immortels » sont toujours là, « Shimi » Fraser Baron Lovat dans sa demeure, pas très loin du Loch Ness dans les Highlands et Bill Millin juste en face de la Normandie où il vient souvent avec sa cornemuse réveiller l'Histoire et où, un jour, il restera pour toujours.

Georges Bernage

Historien,Président
de Normandy
Veterans Tyneside

Bill Millin fait la une des magazines...

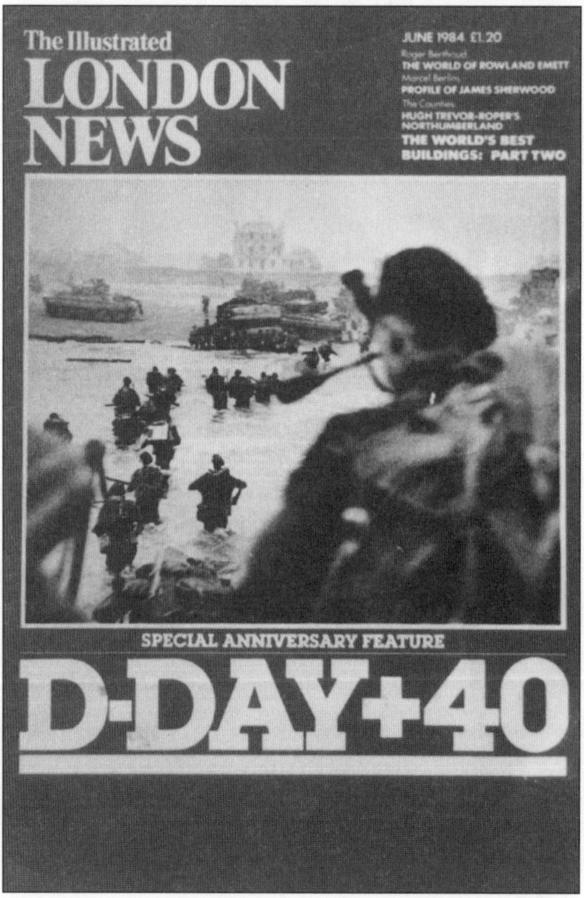

Bill Millin (ci-dessus à droite) sur la tapisserie du D-Day à Portsmouth et (ci-contre) à la une de l'illustrated London News.

Chapitre 1

La pluie n'en finit pas de tomber et nous sommes tous accroupis au fond de la péniche de débarquement. C'est un bâtiment factice creusé à même le sol de la plage. On l'utilise pour les exercices de débarquement de jour avec les nouvelles recrues qui sont envoyées à Achnacarry pour y subir leur période d'entraînement commando.

Les gars de l'équipe de simulation sont assis en cercle et bavardent de choses et d'autres, semblant ne prêter aucune attention à la pluie et au vent glacial. C'est la troisième fois de la journée que nous faisons l'exercice de démonstration de débarquement. Cela consiste à rester assis sous une pluie battante à attendre l'ordre de baisser les rampes de la péniche, puis à s'élancer sur la plage pour donner l'assaut contre l'ennemi. Mon pantalon de treillis me colle à la peau alors que j'essaie d'étirer un peu les jambes et de l'eau s'échappe de mes rangers complètement détrempées. Personne ne semble plus prêter attention à cette pluie qui nous trempe jusqu'aux os presque tous les jours. De toute façon, cela ne changerait rien au problème : c'est le temps habituel à Achnacarry et personne n'y peut rien.

Entre deux rafales de vent et de pluie, j'entends la section de nouvelles recrues arriver au pas de course dans notre direction le long du chemin. Le sergent instructeur leur donne l'ordre d'arrêter puis de rejoindre un point de rassemblement situé sur une pente boisée à droite de notre péniche, d'où ils seront en mesure d'observer toute la manœuvre. A un signal convenu du sergent, nous abaissons les deux rampes de débarquement et nous nous retrouvons à nouveau à patauger dans les eaux glaciales du Loch Lochy. Après avoir remonté la plage, nous traversons la petite route goudronnée et c'est à ce moment-là que deux coups de feu résonnent. Ils viennent d'être tirés soit par le sergent McClelland soit par le sergent major Jones qui ont pris position plus haut avant l'arrivée de la section. Les deux coups sont tirés de part et d'autre de l'équipe de débarquement qui se met alors à poursuivre la manœuvre de la même façon que toutes les autres fois. Le mitrailleur détale avec son Bren sur le flanc gauche, le tireur d'élite se camoufle dans des buissons sur la droite et le reste de l'équipe s'empare des positions de face avec le mortier de deux pouces. Le Piat commence à tirer, suivi par quelques obus à tir réel de mortier dans la direction de l'ennemi. Pendant que les nouvelles recrues ne perdent pas une seconde de cette manœuvre exécutée à la perfection à force de répétitions, l'équipe se lance dans une attaque de flanc à partir de la droite, sous la couverture des tirs de mitrailleuse et de mortier. Comme d'habitude, l'attaque réussit et se termine par la conquête des positions ennemies.

Le sergent instructeur se met à faire le commentaire de la manœuvre aux nouvelles recrues et insiste tout particulièrement sur l'utilisation des munitions réelles comme cela est toujours le cas dans tous les exercices d'entraînement à Achnacarry. Nous nous rassemblons et commençons à redescendre le chemin au pas de course à travers les flaques d'eau. Je me sens fier de moi et en pleine forme, ne pensant plus qu'à la perspective du repas du soir. Cela ne sert à rien de se plaindre de la vie à Achnacarry ! Comme le répète souvent le colonel Charlie Vaughan : *« si vous êtes fatigué, si vous avez faim ou froid et si vous êtes persuadé que vous n'êtes plus capable de faire un pas de plus, dites-vous bien que cela n'est que le fruit de votre imagination. Alors, secouez-vous et continuez ! ».*

Après avoir changé de vêtements, je prends le chemin de l'ordinaire qui se trouve de l'autre côté de la cour. La pièce est meublée d'une douzaine de tables montées sur des tréteaux avec des bancs tout autour. Sur chacune d'entre elles, on trouve une bouteille de sauce H.P. et un grand bol de sel. Je me joins au petit groupe qui est assis à la table la plus proche du passe-plats. Alors que l'on commence à nous passer les plats, le visage du sergent Aussie Moon apparaît de l'autre côté de l'ouverture. Un gars à l'autre bout de la table fait remarquer bruyamment *« qu'est-ce que c'est encore comme merde qu'on nous fait bouffer aujourd'hui ? ».* C'est le genre de réflexion qui fait inévitablement partir le sergent Moon au quart de tour !

« Regardez-vous donc, bandes de cons ! Vous ne vous rendez même pas compte qu'avant d'entrer dans l'armée, ce que vous aviez

dans votre assiette, c'était pas de la nourriture ! Vous avez tous été ramassés dans les quartiers les plus dégueulasses de Londres, de Liverpool et de Glasgow. » Tout le monde part d'un énorme éclat de rire alors que Moon reprend le chemin de sa cuisine en grommelant bruyamment des injures. Le sergent Moon est sergent cuisinier. Il est d'origine israélite, il a le crâne chauve comme un œuf et son visage rond comme la pleine lune est traversé par deux grosses lèvres molles et épaisses. Ce dont je suis sûr, c'est qu'il n'est pas cuisinier de métier, je suis même persuadé qu'il serait incapable de faire cuire un œuf !

Nous terminons notre repas composé d'un potage, de viande hachée et de pommes de terre, le tout couronné par un pudding des plus quelconques noyé dans une masse de crème anglaise. On a l'habitude de ne jamais rien laisser dans l'assiette. Cette cantine n'est certes pas le Ritz, mais ses convives font toujours honneur au personnel des cuisines en liquidant les plats à chaque repas. Alors que le groupe commence à prendre le chemin de la sortie, Aussie fait une apparition dans l'encadrement du passe-plats. En se frottant les mains, il nous jette avec un sourire ravi : *« je vous sers peut-être de la merde, mais vous, bande de salauds, vous ne sautez jamais un seul repas ! Allez, salut et on se revoit au petit déjeuner ».*

L'autre sergent cuisinier s'appelle Tommy Tucker, ou plus exactement Sophie, comme on a l'habitude de le surnommer. A mon avis, Sophie Tucker, lui, est ce qu'on appelle un vrai cuisinier. Il est capable d'accommoder tout ce que l'on peut imaginer, enfin, presque tout. En septembre dernier, je l'avais accompagné dans les collines des environs pour lui donner un coup de main. On lui avait demandé de préparer une sorte de pique-nique pour un groupe d'officiers qui suivaient l'entraînement pas loin d'ici. « *Piper, apporte donc cette boîte par ici* » me crie Sophie. Je finissais juste de descendre son équipement du Deer Pony et j'avais à peine eu le temps de lui apporter la fameuse boîte qu'il avait déjà allumé deux des feux de sa roulante. « *Allez, Piper, ouvre-moi cette foutue boîte. On n'a pas tant de temps que ça pour leur préparer le repas.* » J'ouvre la boîte en bois et suis saisi par un mouvement de recul immédiatement après avoir pris connaissance de son contenu : six ou sept énormes rats morts... « *Mais, sergent, ce sont des rats d'Achna-carry...* » lui dis-je dans un souffle empreint de surprise.

« Et alors, Piper, un rat c'est toujours un bon Dieu de rat, peu importe l'endroit où il crèche ».

Après avoir énoncé cette évidence, il se saisit des rats et leur tranche les têtes pour les mettre à cuire dans une casserole pleine d'eau bouillante. Puis, il s'applique à en couper les queues pour les ajouter au contenu de la casserole.

« Bon, Piper, tu vois ça » dit-il en montrant le faitout et son contenu *« ça va faire un sacré bon bouillon pour la soupe ».* Je préfère tourner le dos et m'affairer à décharger le reste de l'équipement du Deer Pony pendant que Tucker s'occupe à préparer les rats pour le repas des officiers.

Le groupe d'officiers est assis en demi-cercle sur le flanc de la butte et je passe devant chacun d'eux pour remplir les gamelles avec la soupe de Tucker. Une fois la soupe terminée, je refais le même manège pour distribuer les morceaux de rat. Sophie a débité la viande en lamelles, il les a faites rôtir et les a ensuite dressées de façon tout à fait appétissante sur un grand plateau en fer blanc. Les officiers donnent l'impression de se régaler ; l'un d'entre eux déclare même à la fin du repas *« Dites-moi, sergent, c'était drôlement bon ce que vous nous avez servi. A propos, qu'est-ce que c'est ? »*

« Ben, vous savez, il y a un mec qui m'a dit que dans le coin il y avait tout un tas de rats, alors j'ai posé des pièges et puis j'en ai attrapé quelques-uns. Alors, je leur ai enlevé la peau et puis... ben... vous venez de vous les taper ! » Sur ce, Sophie enchaîne sur ses souvenirs du temps où il servait en Birmanie et se met à expliquer combien c'est important de savoir où trouver du ravitaillement, et quel genre de chose on peut se mettre sous la dent. Il se lance dans le détail en expliquant tout ce que l'on pouvait trouver de comestible dans la jungle, des scarabées aux serpents en passant par les larves et les asticots qui vivaient sous les pierres... Les officiers le regardent bouche bée et le regard fixe... Je suis sûr que la plupart d'entre eux ne croient pas un mot de ce qu'il vient de leur raconter, mais je crois quand même pouvoir distinguer quelques visages en train de tourner au vert dans l'auditoire !

Alors que Sophie et moi sommes en train de rassembler l'équipement pour le charger dans le fourgon, il me dit qu'il est désolé d'avoir donné tous les morceaux aux officiers sans penser à moi. *« La prochaine fois, Piper, on apportera plus de rats. »* En ce qui me concerne, il n'y aura certainement pas de prochaine fois ! Si d'aventure je devais me retrouver perdu dans la jungle, je saurais bien me débrouiller tout seul pour trouver mes sources de protéines !

Les personnels composant les centres d'entraînement commando sont sans aucun doute de drôles de gens. Ce sont tous des volontaires en provenance de l'ensemble des régiments de l'armée britannique et chacun est spécialiste d'un domaine particulier. Ils donnent l'impression que lorsqu'ils étaient dans leurs unités, ils avaient plein d'idées mais qu'ils passaient leur temps à être copieusement emmerdés par des empêcheurs de tourner en rond ! Ici, aussi bien les officiers que les soldats instructeurs peuvent mettre leurs idées en pratique et ils tirent une énorme satisfaction de voir que leurs initiatives peuvent faire partie du programme d'entraînement d'une armée nouvelle ô combien différente de celle qui a fait la guerre de tranchée le long de la ligne Maginot. En 1940, ce qui restait de l'armée britannique avait réussi à rejoindre le pays tant bien que mal et maintenant j'étais persuadé que ces instructeurs seraient ceux qui changeraient la mentalité de l'armée britannique. Le colonel Charlie Vaughan avait commencé à mettre tout cela en place dans le courant de 1941. Maintenant, nous sommes en 1943 et Achnacarry est connu comme le plus célèbre centre d'entraînement du monde occidental.

Ma première rencontre avec le colonel Vaughan date de mon premier jour au centre d'entraînement. Comme d'habitude, il pleut à verse... Nous sommes alignés au garde-à-vous sur le terre-plein, soudain Charlie Vaughan fait son apparition, accompagné par le sergent major du régiment Jimmy James. Le colonel est le portrait tout craché du major Willie Ross qui commande l'école de joueurs de cornemuse du château d'Edimbourg. J'en crois à peine mes yeux. Ils se ressemblent comme deux gouttes d'eau : le visage rougeaud, le nez bulbeux comme celui d'un clown et la silhouette corpulente qui se déplace néanmoins avec toute la dignité des militaires. Un an plus tôt, j'étais en train de suivre une formation de trois mois au château d'Edimbourg pour apprendre à jouer de la cornemuse et je me retrouve là maintenant tout en haut des Highlands en face d'un sosie du major Ross ! Tous les deux doivent avoir dans les cinquante ans et paraissent âgés en comparaison des jeunes gens au garde-à-vous qui eux se situent tous dans la tranche d'âge des dix-huit à vingt-cinq ans. Le colonel Vaughan prend la parole et à cet instant la similitude avec Ross cesse. Le colonel a un accent londonien très marqué, alors que le colonel Ross s'exprime avec un fort accent des Highlands. Je me surprends à espérer que le colonel Vaughan n'est pas aussi sévère que son sosie...

« Vous voyez ces collines ? » poursuit le colonel, *« vous allez toutes les escalader »* Il décrit un arc de cercle de la main, désignant d'un geste large toutes les collines environnant le camp, y compris le Ben Nevis. Je découvrirai plus tard que le colonel Charlie Vaughan était tout aussi sévère que son sosie, mais il était aussi très juste. Il pouvait prendre un air très paternel et distiller des conseils d'une voix presque douce comme il pouvait presque aussitôt se mettre à brailler comme un sergent major en faisant fuir tout le monde à la ronde.

Le samedi qui précédait, j'étais en train d'escalader la colline en face du camp en compagnie du sergent instructeur Leach. Il est à la recherche d'un mouton dont on a besoin pour agrémenter la table lors d'une petite réunion qui est prévue au camp. De temps à autre, les moutons qui paissent sur les pâturages surplombant Achnacarry se trouvent sur les trajectoires des balles tirées par les nouvelles recrues à l'entraînement. Aujourd'hui, pour une telle occasion, il n'est pas possible de revenir avec un seul mouton. Soudain, Spider Leach tire un coup de feu au hasard en direction d'une petite souche qui se trouve un peu plus haut sur la pente. Il rate la souche et, malheureusement, touche l'un des moutons du troupeau qui se trouve non loin de là. On peut dire que le mouton n'a pas de chance, mais Spider Leach non plus, car de l'autre côté de la vallée se trouve Donald Cameron, le garde-chasse de Lochiel. Celui-ci est témoin de la scène. Il a entendu le coup de feu et suit le sergent Leach à la jumelle alors que ce dernier est en train de traîner sa prise derrière lui.

Ce jour-là, le colonel Vaughan se mit dans une colère noire. Il convoqua le sergent et le menaça de toutes sortes de punitions. La police demandait dix livres d'amende pour avoir tué le mouton. Spider Leach n'avait pas les dix livres, le colonel Charlie Vaughan non plus d'ailleurs. Ce fut donc la femme de Spider qui envoya l'argent pour payer l'amende et Leach s'en tira avec une bonne engueulade du colonel.

« Si cela devait se reproduire, Leach, je vous casserais et je vous ferais rentrer dans le rang », puis il poursuit d'une voix beaucoup

plus calme *« maintenant, dites-moi, où avez-vous dégoté les dix livres pour payer votre amende l'autre jour à Fort Williams ? »*

« Eh bien, mon colonel, j'ai tué un mouton et je l'ai vendu au boucher du coin ! » J'entendais toute la conversation de l'endroit où je me trouvais dans le couloir. Enfin, la porte s'ouvre et Spider sort du bureau, accompagné par les remontrances du colonel.

Peu de temps après, je tombais par hasard sur le sergent. Il était encore sous le coup de l'émotion et ses premiers mots furent de me dire : *« t'es vraiment un sacré veinard toi, Piper, je n'arrive toujours pas à comprendre comment tu as pu échapper au savon du colonel ! »*

« Mais, sergent, après tout, c'est vous qui aviez tiré sur le mouton et qui l'avez ramené, pas moi ». L'incident fut vite oublié. Ce soir-là, je me rends chez Donald Cameron pour donner une leçon de chant à son fils. Je vais chez lui deux soirs par semaine. Je n'ai jamais rencontré un commandant d'unité aussi populaire parmi ses hommes. La raison en est peut-être qu'il prend soin de sélectionner lui-même tous ses instructeurs permanents et qu'il s'implique dans tous les aspects de l'entraînement des troupes. A Achnacarry, on n'enseigne rien sans l'approbation de l'instructeur en chef et Charlie Vaughan a ce dernier à l'œil en permanence !

Maintenant les contingents de nouvelles recrues nous arrivent régulièrement. Ce sont tous des volontaires. Lorsque le centre d'entraînement n'en était qu'à son début, le recrutement se limitait à l'armée de terre, maintenant les recrues viennent aussi des Royal Marines et il y a également des Français, des Hollandais, des Américains et des Belges. L'entraînement y est très dur mais à ce jour on n'a pas encore d'exemple de soldat qui ait été renvoyé dans son unité d'origine pour cause d'inaptitude. Les hommes qui suivent l'entraînement à Achnacarry ne sont pas des spécialistes en tout, certains sont très bons dans les exercices en terrain ouvert, par exemple à la marche commando que l'on appelle le parcours de Tarzan, en revanche ils ne brillent pas dans les exercices de débarquement que l'on fait à Bun Arhaig sur le Loch Lochy. Selon mon ami le sergent Spider Leach il y en aurait tout de même certains qui refuseraient d'escalader le moindre flanc de colline au risque d'être renvoyés dans leurs unités avec un certificat d'inaptitude. Néanmoins, les instructeurs font preuve de compréhension : ils laissent le gars terminer sa période d'entraîne-ment et lui donnent tout de même son béret vert à la fin.

Pour la marche commando de douze kilomètres, les hommes en treillis se mettent en ordre de marche avec leur armement individuel. Ils ont les manches relevées, le col ouvert, la casquette sur la tête et démarrent en petite foulée. La section couvre la distance entre deux poteaux télégraphiques au pas de course, puis l'intervalle suivant en marche rapide et ainsi de suite, ceci à la manière des régiments de fusilliers britanniques, pendant que l'instructeur remonte la file au pas de course en criant des encouragements. Parfois, au bout de quelques kilomètres, l'un des gars commence à se faire distancer. A ce moment-là, on adopte ce que l'on a coutume d'appeler la procédure d'entraide mutuelle mise au point par Charlie Vaughan. La plupart du temps, le gars a le visage complètement écarlate, l'air totalement épuisé, comme sur le point de tourner de l'œil. L'un de ses copains se charge de son arme individuelle tandis qu'on lui prend chacun un bras par-dessus l'épaule et on repart au pas de course pour ne pas se laisser semer par le reste de la section, tout cela pendant que l'instructeur continue son manège de long en large en criant ses encouragements,*« allez, allez, du nerf ! »*.

Sur le chemin du retour, on fait arrêter le groupe à environ un kilomètre et demi du camp juste pendant quelques minutes pour que tout le monde reprenne son souffle. Le gars qui était sur le point de tourner de l'œil quelques instants plus tôt est maintenant en train de reprendre ses esprits : il a récupéré son arme et tout son équipement, c'est à ce moment-là que l'instructeur donne l'ordre de redémarrer au pas de course. La section se remet en route et entre un moment plus tard dans le camp après avoir passé le poste de garde. Les gars sont un peu rouges, mais ils ont l'air en pleine forme. La technique d'entraide mise au point par Charlie Vaughan fait ses preuves pendant les marches, mais elle est aussi généralisée à tous les autres domaines de l'entraînement.

Le poêle qui se trouve au milieu du préfabriqué Nissen est quasiment chauffé au rouge sur toute sa hauteur. Quelques-uns des gars de l'équipe de simulation se sont regroupés autour pour passer la soirée tranquilles, les autres sont de l'autre côté de la cour au bar du NAAFI qui est aussi le magasin d'approvisionnement. Le bar du NAAFI contient un ameublement des plus sommaires qui se limite à des tables et des chaises, mais le soir il est toujours bondé, surtout par les gars du contingent. Peu importe si l'entraînement de la journée a été difficile ou même crevant, quel que soit leur degré de fatigue, les hommes prennent tous le chemin du bar le soir venu. On comprend qu'ils préfèrent passer leur temps au bar car le confort laisse plutôt à désirer dans le préfabriqué Nissen. Tous les lits sont fabriqués de la même manière : trois planches de bois brut fixées sur deux tasseaux à chaque bout, trois couvertures et pas d'oreiller. Il y a environ dix-huit lits de ce type dans le préfabriqué, mais personne ne se plaint. On peut se demander pourquoi, mais la raison en est peut-être que les hommes s'y plaisent ou tout simplement que ce sont tous des volontaires de l'armée et qu'ils craignent d'être renvoyés dans leurs unités s'ils ne donnent pas satisfaction. Les Royal Marine sont en majorité des soldats issus de la conscription et à ce titre ils n'ont pas le choix mais ils ont la même attitude que les autres. Chacun s'accommode du manque de confort et attend la fin de la période d'entraînement qui dure six semaines.

Le service est assuré par six filles au comptoir du NAAFI, peut être y en a-t-il davantage mais en ce qui me concerne je n'en ai toujours vu que six. Ce sont des filles des Highlands, en majorité originaires des îles au large de l'Ecosse, et on peut dire qu'elles ne montrent aucun intérêt pour les soldats. A certains moments, il y a plusieurs centaines d'hommes présents dans la salle, certains boivent du thé en chiquant, d'autres descendant des pintes de bière (je suis sûr que la bière est coupée d'eau pour éviter que tous les hommes soient complètement ivres). Quelles que soient leurs occupations, boire ou manger, tous les hommes ont le regard fixé sur les filles de l'autre côté du comptoir. Mais ils finissent par s'en lasser au bout d'environ une semaine et les filles du bar se mettent à refaire partie du cadre morne et lugubre de cette immense salle qui sert aussi d'ordinaire pour la troupe. Ce sont pourtant les seules femmes que les gars auront l'occasion de côtoyer pendant les six semaines de leur entraînement à Achnacarry...

Aujourd'hui samedi matin, c'est le jour dont tout le monde profite au camp pour faire de menues besognes. Je jette un regard par la fenêtre du préfabriqué Nissen : la matinée s'annonce splendide ; je me dis que je vais en profiter pour sortir avec ma cornemuse et faire une petite promenade le long de Dark Mile et m'entraîner un peu. Je laisse derrière moi les ruines du château d'Achnacarry qui a été détruit par un incendie causé par les forces gouvernementales peu de temps après la bataille de Culloden. On raconte que quelques habitants du château de Lochiel rôdaient dans les collines environnantes en observant les soldats quitter le château et mettre le feu à tout ce qu'ils pouvaient.

Je traverse le pont sur l'Arkaig et oblique à droite sur Dark Mile. Les collines boisées s'élèvent presqu'à pic de la route et même en pleine journée l'endroit reste toujours aussi lugubre. Selon la légende, on raconte que le prince Charles, que l'on surnommait Bonnie Prince Charlie, s'était caché dans une caverne au-dessus de cette route pendant sa fuite à travers le pays après que son armée ait été battue à Culloden. On raconte aussi qu'un énorme trésor sous forme de pièces d'or françaises serait caché quelque part le long de Dark Mile. Cet or devait permettre au prince Charles de mettre sur pied sa rebellion avortée de 1745.

Il est difficile d'imaginer que cette partie des Highlands était aussi peuplée qu'on le dit il y a un peu moins de deux siècles. Glen Dessary qui se situe à l'extrémité du Loch Arkaig est aujourd'hui un village pratiquement désert et cependant, lorsque les Jacobins se soulevèrent à Glenfinnan, quatre cents hommes de Glen Dessary se rallièrent à Lochiel, et un peu plus de neuf cents hommes suivirent Jenny et Donald Cameron à la suite de Pibroch. La légende ajoute même que Jenny Cameron montait un cheval noir et qu'elle était vêtue de ses plus beaux atours.

L'actuel château de Lochiel fut construit au cours du dix-huitième siècle. Après avoir été réquisitionné par les groupes commandos, on peut dire qu'aujourd'hui c'est Charlie Vaughan qui est le maître absolu à Achnacarry. Malheureusement, un incendie involontaire a récemment endommagé le toit et une partie des couloirs. Charlie Vaughan ne s'est toujours pas remis du choc et il fait le voyage depuis Clunes plusieurs fois par semaine afin de surveiller l'avancement des travaux de remise en état.

Je fais demi-tour et reprends le chemin du camp. La cornemuse sonne bien le long de la promenade de Dark Mile et on dit que dans les temps anciens c'était le lieu de promenade préféré du joueur de cornemuse de Lochiel jusqu'à ce qu'un soir, alors qu'il descendait la route en jouant de son instrument, un soldat à cheval des Dragons le croisa et lui trancha la tête d'un seul coup d'épée. Selon les habitants du village, lorsqu'il fait nuit noire, on peut encore entendre le son de la cornemuse de l'infortuné musicien le long de Dark Mile. Même de nos jours, quand je joue de la cornemuse à cet endroit, je me surprends à me retourner pour m'assurer que personne n'est en train de me poursuivre à cheval...

Après le déjeuner, je me mets en route pour aller voir ma petite amie qui habite une fermette à environ deux heures de marche du camp. Peu de temps après une jeep en provenance du camp arrive derrière moi. C'est le sergent Bellringer, le gérant du mess, que l'on appelle familièrement Ding Dong. Il se rend à Fort William pour son travail et au retour il profitera de l'occasion pour rendre une petite visite à sa fiancée qui habite le nouveau village juste en dehors de Fort William. La première fois que j'ai entendu parler de l'histoire de cœur de Ding Dong c'était un soir où je rendais visite à ma cousine Kate McKay chez laquelle se trouvait également ma jeune cousine Sadie qui fréquente l'école de Fort William. Sadie m'avait parlé de Ding Dong et elle m'avait appris qu'il courtisait la sœur aînée de sa meilleure copine d'école. Dans le civil, le sergent Bellringer est lutteur professionnel et il en a d'ailleurs tout à fait le physique, mais il est malheureusement affublé d'un fort bégaiement.

« O-où-où est-ce-ce que tu v-vas, P-Piper ? C-com-comme si j'-j'avais be-besoin de t-te de-demander. A-allez, m-monte ! » Ding Dong me laisse un peu plus loin, ce qui me permet de ne plus avoir que quelques kilomètres à parcourir à travers les collines.

La première fois que je m'étais aventuré par ce chemin, c'était il y a plus d'un an. C'était un samedi matin alors que l'ennui commençait à me gagner lors d'une séance d'entraînement de tir fusil au champ de tir juste à l'extérieur du camp. Je mets le fusil à l'épaule et décide de marcher droit devant moi à travers les collines. Au cours d'un bref moment de repos, je remarque une fermette aux murs blancs à une courte distance sur le flanc de la colline en face de moi. Des panaches grisâtre s'échappaient de la cheminée, formant une mince colonne de fumée presque immobile dans l'air tranquille de cette matinée d'été. Je me lève et poursuis ma route en direction de la fermette. A une centaine de mètres de la maison, j'aperçois une silhouette en train de couper du bois. Alors que je poursuis mon avance en direction de la maison, la silhouette se met à regarder dans ma direction puis se redresse en posant par terre une petite hache sans me quitter des yeux.

Un petit ruisseau qui descend de la colline est maintenant le seul obstacle qui me sépare de la fermette et de la femme qui était en train de couper du bois. Au moment où j'enjambe le minuscule pont sur le ruisseau, la femme se dirige vers la porte de la ferme et, tout en continuant à me fixer du regard, elle me crie *« si vous venez du camp militaire d'Achnacarry, vous pouvez vous en aller. Vous n'avez rien à faire ici ! »* Sur ce, elle disparaît à l'intérieur de la maison ! Je m'arrête, me demandant quelle attitude adopter. Je ne suis pas habitué à cela car les gens des environs de Lochaber sont plutôt amicaux à l'égard du personnel du camp. La porte de la fermette est maintenant close et les rideaux ont été tirés vivement. Je jette un regard circulaire et arrête le regard sur la maison. Elle a une forme inhabituelle et ressemble aux maisons que l'on trouve plutôt dans la région de Bothy, comme celle où je me rends de temps à autre de l'autre côté du Loch Arkaig à Inver Malie. Les deux frères et la sœur qui habitent cette maison sont beaucoup plus sympathiques que cette personne qui vient de disparaître à l'intérieur. C'est sûr que lorsque je leur avais rendu visite pour la première fois, les deux hommes d'Inver Malie ne m'avaient pas paru très accueillants et quand je leur avais adressé la parole ils m'avaient même lancé comme une fin de non recevoir *« on est désolé, mais ici on n'est pas très porté sur l'anglais »*. Mais après plusieurs visites, nous nous comprenions parfaitement, surtout lorsque j'apportais ma cornemuse. Les deux frères raffolaient d'airs de cornemuse et ils me demandaient souvent d'en jouer toute la soirée.

Je décide de ramasser la hache et me mets à fendre le bois qui se trouve éparpillé à côté, puis je transporte les bûches dans le petit hangar qui jouxte le pignon de la ferme. Il n'y a pas beaucoup de bois sous l'appenti et, puisque j'ai commencé, je décide donc de poursuivre ma besogne en me disant que c'est l'occasion de faire ma bonne action du jour en remplissant l'appenti de bois de chauffage. Une heure plus tard, le hangar est rempli de bûches jusqu'au toit, et je n'ai toujours remarqué aucun signe de vie de la part de la femme. Je referme la porte du hangar, remets ma veste de treillis et me mets à marcher lentement en direction du pont minuscule sur le ruisseau. Au bout de seulement quelques mètres, j'entends une voix qui me rappelle l'accent typique des habitants des îles au large de l'Ecosse.

« Vous prendrez bien une tasse de thé pour vous récompenser de vos efforts ? » Je me retourne et me dirige vers la femme. Elle se tient debout dans l'encadrement de la porte.

« Merci beaucoup d'avoir coupé le bois » dit-elle en me tendant une tasse de thé. *« C'est très gentil de votre part. »* Je m'assois sur

l'appui de fenêtre et commence à boire mon thé à petites gorgées alors qu'elle reste prudemment sur sa réserve debout sur le seuil de la porte.

Je me décide enfin à lever les yeux vers elle pour lui demander *« Comment vous appelez-vous ? »*

« Fiona, » me répond-elle. « Est-ce que vous êtes du camp des commandos ? »

« Oui. J'en viens. J'ai traversé les collines et je suis arrivé juste à temps pour couper votre bois. » Alors que mon regard s'attarde sur son visage, j'ai l'impression qu'il y avait quelque chose d'étrange sur son visage ; aujourd'hui, je le sais : elle ne cligne pas des yeux. Elle a un très joli visage avec des yeux sombres qui me regardent comme si j'étais transparent, ce qui je l'avoue me met légèrement mal à l'aise. Ses cheveux sont d'un noir intense et tirés de chaque côté en un chignon. Elle est plus vieille que moi, je lui donne environ dans les vingt-cinq ou vingt-six ans et je dois dire d'emblée qu'elle me plaît...

« Maintenant, il faut que je m'en aille, Fiona. J'ai un bon bout de chemin jusqu'à Achnacarry », dis-je d'une voix quelque peu étouffée en me relevant pour lui tendre la tasse et la soucoupe. Elle me rend de plus en plus mal à l'aise avec son regard fixe et au moment où je me retourne pour m'en aller, elle me gratifie d'un sourire et dit : *« vous ne m'avez pas dit votre nom »*.

Je lui réponds : *« Soldat Bill Millin »* après avoir marqué un temps d'arrêt pour lui serrer la main.

« Eh bien, soldat Bill Millin, si cela ne vous dérange pas, je vous appellerai "Millin" ». J'approuve d'un signe de tête au moment où elle se retourne en me faisant un petit signe de la main, puis elle me sourit à nouveau et dit d'une voix douce *« Mar sin leat »* (à bientôt).

Cette rencontre avec Fiona date maintenant de plusieurs mois. Je revins la voir le samedi suivant, puis tous les samedis, et même deux jours de suite à l'occasion d'une permission.

Mes visites sont maintenant devenues une habitude et je lui lance un affectueux *« Bonjour, Fiona »*, en enjambant le petit ruisseau.

Elle tourne le regard vers moi, pose la bassine pleine de pommes de terre sur le sol, se redresse, et vient à ma rencontre avec un sourire lumineux aux lèvres, tout en s'essuyant les mains à son tablier.

« Ah, Millin, Ciamar a tha thu » (comment vas-tu?). Je ne t'attendais que demain matin. On va pouvoir manger ensemble le morceau de gibier que tu as apporté la dernière fois que tu es venu. Nous nous embrassons et nous dirigeons vers la maison. Elle s'assoit sur un tabouret et place la bassine de pommes de terre entre nous pendant que je m'installe à mon tour à même le sol pour l'aider.

« J'ai de plus en plus de mal à me passer de toi, Fiona ! » lui dis-je en levant les yeux vers elle. Elle me regarde fixement de ses yeux sombres. *"Millin, Tha gradh agam ort »* (je t'aime).

Je lui réponds : *« Je t'aime moi aussi ».* Et j'ajoute en me rapprochant d'elle *« Dis, tu veux bien m'embrasser ? »*

« Tha toir, ach bheir mi dhuit sgaile ! » (non, et si tu continues je vais te donner une claque) dit-elle dans un éclat de rire tout en se relevant, puis elle se penche pour ramasser la bassine et pénètre dans la maison. *« On aura tout le temps pour cela plus tard, Millin. Apporte les légumes ! »* Je ramasse les pommes de terre et rejoins Fiona à l'intérieur. Elle est en train de vaquer à ses occupations tout en gardant le sourire aux lèvres. Je prends place dans le vieux fauteuil à côté de la cheminée et me mets à contempler les bûches qui émettent des sifflements stridents en brûlant et lancent des gerbes d'étincelles. Soudain, Fiona vient s'asseoir sur mes genoux et m'embrasse.

« Tu sais Millin », dit-elle d'une voix douce après être restée un petit moment sans bouger , *« c'est dur quand tu es loin de moi. Allez, maintenant, on va manger ce beau morceau de gibier que tu as tué la semaine dernière ».*

Le repas est excellent comme à l'habitude, et je me mets à imaginer ce que le garde-chasse de Lochiel penserait s'il savait que je tue un cerf de temps en temps sans sa permission. Je lève mon verre en direction de Fiona et lui dis *« Slainte mhath Fiona »* (à ta santé).

Elle lève son verre à son tour *« à ta santé également, cher Millin ».* L'espace d'un bref instant j'ai l'impression de lire de la tristesse dans son regard, mais j'oublie vite tout cela car le repas touche à sa fin et nous allons nous installer tous les deux devant le feu.

Quelques heures plus tard à la nuit tombée je prends congé de Fiona et reprends ma route pour rejoindre Achnacarry. La nuit est noire comme seules peuvent l'être les nuits dans les Highlands, j'ai l'impression de me trouver sous un vaste manteau de velours sombre suspendu au-dessus d'un monde immobile et silencieux, mais l'obscurité ne m'empêcha pas de retrouver mon chemin sans difficulté jusqu'à la route en bas de la colline.

Tout le camp est plongé dans l'obscurité quand je passe devant le poste de garde à l'entrée et je tombe sur le sergent Cameron qui me lance *« une de ces nuits, Piper, tu vas te retrouver noyé au milieu d'un loch. Y'a que des couillons dans ton genre pour se balader dans le noir et finir au cimetière »*. Le sergent Cameron est le sergent le plus ancien et on peut dire qu'il a un fichu caractère. Je me demande bien ce qu'il fait là à une heure pareille et surtout comment il a réussi à reconnaître ma silhouette dans le noir ; ça restera pour moi un mystère ! Je suppose que c'est sans doute parce qu'il est habitué à mes randonnées nocturnes à force de me voir entrer et sortir du camp à n'importe quelle heure du jour et de la nuit. Ou bien, peut-être a-t-il terminé son service très tard ce soir. Sa femme est de passage à Achnacarry pour quelques jours, elle réside chez Rebecca Stewart, une vieille dame qui habite une fermette à proximité du camp. Je décide de ne pas répondre aux préoccupations du sergent à mon égard et poursuis mon chemin jusqu'au baraquement Nissen. Dans l'attitude du sergent tout me porte à croire qu'en plus de sa mauvaise humeur permanente, il a du avoir une dispute avec sa femme. On peut en effet se demander pourquoi il n'est pas au lit avec elle par une si belle nuit...

Le lendemain matin sur le coup de huit heures et demi les gars de l'équipe de simulation doivent s'entraîner au chant. Pour cela, ils vont dans un petit bâtiment à l'entrée du camp que nous utilisons aussi pour la pratique de la cornemuse. Il faut avouer que les sons qui sortent de ce baraquement doivent faire se retourner dans leur tombes les anciens joueurs de cornemuse et il est aussi possible que cela n'ait pas une influence bénéfique sur le caractère du sergent Cameron qui a la malchance d'avoir ses quartiers dans une chambre à proximité. Il faut dire que le manque de qualités musicales des gars de l'équipe de simulation est largement compensé par l'excellente forme physique dont ils savaient faire preuve dans tous les domaines de l'entraînement à Achnacarry.

Les membres de la fanfare ont été sélectionnés parmi les gars de l'équipe de simulation par un ancien agent de police d'Edimbourg. Il y a deux Ecossais, deux Irlandais, un Gallois et quelques autres types en provenance de Londres, Liverpool, Plymouth et Nottingham. Pas un seul d'entre eux n'a jamais vu une cornemuse auparavant, mais la facilité avec laquelle ils apprennent les rudiments de l'étude de l'instrument réjouit au plus haut point le colonel Vaughan. Le colonel est très fier que la section de simulation ait cette double compétence et ceci grâce à lui. Il y a peu de temps il nous a d'ailleurs exprimé cette fierté en nous invitant tous à dîner un soir peu après le nouvel an. Le repas se tenait à l'hôtel Spean à Spean Bridge.

Spean Bridge est un endroit où nous avons l'habitude d'aller au pas de course pour l'exercice, mais pour l'occasion on nous y a emmené en camion. Charlie Vaughan commence par nous imposer un discours interminable en introduction à cette soirée, nous remerciant pour tout le travail que nous avions réalisé au cours de l'année 1943, en insistant tout particulièrement sur le rôle déterminant que joue notre section dans tout l'entraînement à Achnacarry.

Charlie finit par s'asseoir et nous attaquons le repas servi par quatre charmantes serveuses. La vue de ces quatre jeunes filles qui s'affairent autour de la table a essentiellement pour effet de nous rappeler que cette sortie n'est surtout qu'une soirée entre hommes. Le colonel nous quitte assez tôt dans la soirée non sans avoir donné auparavant son sentiment sur le second front qui devrait être ouvert en France et dont on n'arrête pas de nous rebattre les oreilles, ainsi que sur le rôle déterminant que joueront les commandos lorsqu'on nous donnera l'ordre de prendre d'assaut l'Europe aujourd'hui dominée par Hitler. Il nous quitte donc après avoir bu quelques bières et je le raccompagne sur un air de cornemuse jusqu'à la porte de l'hôtel. Charlie Vaughan, colonel au cœur débordant de générosité, rejoint au pas de course la voiture qui l'attend sous une pluie battante. Les commentaires du colonel sur le deuxième front servent de matière aux discussions qui occupent le reste de la soirée que nous passons à siroter les bières que Charlie a réglées d'avance avant de partir.

Après la leçon de chorale, nous nous rendons sur la colline voisine pour donner un coup de main aux sergents Robbie et Robinson qui donnent une leçon de combat d'infanterie à un contingent d'officiers. Aujourd'hui, j'ai toutes les chances du monde.

On m'a posté dans une cour de ferme près du château d'Achnacarry. Après avoir assemblé le mortier de trois pouces, je dois attendre un signal convenu avec le sergent Davison qui a pris position sur la route à environ cent cinquante mètres de là. Je laisse glisser un obus explosif dans le tube, le coup part et va exploser sur le flanc de la colline à une distance de sécurité du groupe d'officiers. Cette phase de l'entraînement est appelée « opération coup de tonnerre », elle a pour but de familiariser les jeunes recrues avec le bruit des différents armements utilisés par les alliés et par les forces de l'Axe.

Les autres gars de l'équipe sont maintenant en train de montrer les armes utilisées et de faire une démonstration sur les techniques de camouflage. Le sergent Davison m'envoie un autre signal de sa position sur la route et j'envoie deux autres obus explosifs. Les deux détonations parviennent à mes oreilles sous forme de deux coups rapprochés, et puis plus rien, le silence. Pour moi, c'est la fin de l'exercice, je me fais la réflexion que j'ai passé une excellente matinée !

Après le déjeuner, je suis en poste au pont à Bun Arkaig. Ma mission consiste à repérer les corps qui dériveraient le long de la rivière avant qu'elle ne se jette dans le Loch Lochy. Non loin de là en amont, à proximité du château d'Achnacarry, se trouve ce que l'on appelle le « parcours de Tarzan ». Les instructeurs apprennent aux nouvelles recrues à franchir la rivière en sautant à partir de plate-formes construites dans les arbres. Il arrive que les hommes lâchent les filins qui leur permettent de passer d'une plate-forme à une autre et soient happés par les courants violents de la rivière. Ils se retrouvent alors entraînés sur environ deux cents mètres en aval jusqu'au pont. Mon travail consiste à les repérer quand ils arrivent à l'aplomb du pont, c'est-à-dire lorsqu'ils viennent s'échouer sur les cordages lestés qui sont fixés au tablier. Quelques semaines avant mon arrivée à Achnacarry, cinq soldats de la Garde avaient été emportés par le courant et s'étaient noyés dans les eaux profondes du Loch Lochy. Depuis, un système de cordages a été mis en place pour arrêter la dérive des infortunés soldats qui font le plongeon et une sentinelle est de faction sur le pont pour les repérer.

C'est une belle journée, ce qui est plutôt inhabituel à cette saison. Normalement le printemps est très pluvieux, mais cet après-midi l'air est doux et le temps ensoleillé. Penché au-dessus de la rambarde du pont, j'observe le reflet de ma silhouette dans l'eau tout en me remémorant les réflexions de Charlie Vaughan sur ce deuxième front qui devrait être ouvert sans doute dans le cours de l'été 1944. C'est à ne pas en douter compte tenu du regain d'activité qui règne dans le camp depuis janvier. On y a vu des contingents de plus en plus nombreux venir y subir l'entraînement ; en particulier des Royal Marine y ont suivi une instruction courte mais aussi des unités étrangères, des Belges en l'occurrence, si mes souvenirs sont exacts. Puis mes pensées m'emmènent vers Fiona, ce qui est tellement plus agréable. Je me rappelle que je dois lui apporter une tête de mouton et un ou deux saumons de Lochiel la prochaine fois que j'irai la voir. La première fois que j'ai goûté de la soupe à la tête de mouton, c'était chez ma cousine McKay à Fort William. En entrant par la porte de derrière qui mène à la cuisine, j'avais eu le regard attiré par une énorme marmite qui se trouvait sur le fourneau. J'en avais soulevé le couvercle par curiosité et j'avais eu un mouvement de recul au spectacle d'une tête de mouton qui me fixait des yeux du fond de la marmite... Je dois cependant reconnaître que je m'étais sacrément régalé avec cette soupe un peu plus tard en compagnie de Katy et de son mari Norman qui était alors en permission de son unité de la Marine.

Tout en fixant mon ombre dans l'eau, je continue à laisser errer mes pensées avec la sensation d'être comme suspendu à un fil au milieu de tout ces événements qui se déroulent autour de moi.

« Dites donc, vous, là ! » La voix me rappelle quelqu'un ! Je me retourne brusquement ; une grosse voiture noire est arrêtée juste derrière moi. Par la vitre ouverte, je reconnais Sir Donald Cameron de Lochiel assis à l'arrière du véhicule. Je me raidis au garde-à-vous immédiatement et le salue. La colère s'efface du visage de Sir Donald pour laisser place à un air de satisfaction. J'ai eu l'occasion de le rencontrer plusieurs fois auparavant ; la dernière fois c'était au château d'Achnacarry où il était l'invité de marque lors d'un dîner offert par le colonel Vaughan.

« Veuillez m'excuser, Monsieur, je ne vous avais pas entendu arriver. » Lochiel aime qu'on le reconnaisse et cela le met chaque fois en colère quand les permanents du camp oublient de le saluer lors de ses visites aussi impromptues que peu fréquentes.

« Ca ira, Piper, mais dans l'avenir, ouvrez bien vos yeux et vos oreilles, ça peut vous sauver la vie un jour ! » Il fait un signe de la

tête à son chauffeur et la limousine noire impeccable disparaît bientôt au détour du premier virage sur la route de Clunes.

Mon père a servi dans le bataillon des Camerons de Lochiel pendant la première guerre ainsi que les deux frères de ma mère. L'un d'eux a d'ailleurs été tué au cours d'une attaque de la brigade des Highlands peu de temps après son arrivée en Afrique du Sud. Lors de notre première rencontre, Lochiel avait remarqué l'insigne des Camerons sur mon béret et je lui avais raconté les liens qui existaient entre ma famille et le bataillon. Cela lui met presque infailliblement les larmes aux yeux lorsqu'on lui parle de la grande guerre, car son bataillon y a subi des pertes très sévères lors d'une attaque contre les tranchées allemandes. Cet épisode avait d'ailleurs répandu la plus grande tristesse dans de nombreux foyers aux environs de Lochaber. *« Mes pauvres enfants, mes pauvres enfants »* a-t-il l'habitude de dire avec un immense chagrin dans la voix. Cela marque généralement la fin de la conversation et il a pour coutume de s'éloigner lentement en se réfugiant dans ses souvenirs. Une autre fois je l'avais vu en pleine forme lorsque j'avais fait mon entrée dans le mess des officiers en jouant la Marche des Camerons. J'avais remonté toute la salle et m'étais arrêté en face de lui à la place d'honneur pour trinquer et crier avec lui le traditionnel *« Slainte Mhath, Lochiel ! »* Puis j'avais fait le tour de la table, passant derrière le colonel Vaughan qui arborait un sourire radieux, en jouant un autre air favori de Lochiel, le *« Pibroch O'Donald Dhu »*, avant de reprendre le chemin de la sortie.

Le comte de Lochiel a beaucoup de classe et je suis persuadé qu'il est parfaitement au courant de ce qui se passe à Achnacarry. *« Personne n'a jamais manqué dans le comté de Lochiel »* a-t-il coutume de dire. En fait, il y règne en maître absolu et en véritable autocrate, mais il comprend les soldats car c'est lui-même un soldat.

Les jours passent très vite et aujourd'hui c'est déjà vendredi, c'est-à-dire la fin de l'instruction pour le contingent des Royal Marine. La période d'instruction se termine comme d'ordinaire par une compétition de lutte qui se déroule de la façon suivante : le groupe des Marines est divisé en deux équipes, les uns portant un brassard vert, les autres un brassard bleu. Le théâtre des opérations est un hangar que l'on appelle le hangar des Irlandais dont on vient de terminer la construction. C'est un bâtiment qui ressemble au baraquement Nissen en plus grand et qui permet au sergent Bissell de continuer l'entraînement au combat individuel au sec quand le temps est vraiment trop pluvieux. Le hangar irlandais est assez grand pour abriter les quelques centaines de personnes qui viennent ce soir assister au spectacle des Marines qui vont se taper dessus. Les bleus et les verts sont déjà en position auprès du ring que l'on a construit au fond du hangar. L'arbitre est au milieu du ring occupé à aboyer dans un micro tandis que les instructeurs mettent les deux équipes en condition en s'efforçant de leur inculquer l'humeur combative. La compétition commence : les deux premiers combattants surgissent de leurs coins respectifs et se ruent au centre du ring pour s'envoyer une volée de coups. Le représentant des bleus est mis KO dans la seconde et deux instructeurs montent sur le ring pour en extraire l'infortuné combattant. Pendant ce temps, les deux suivants ont déjà commencé à se taper dessus. Le combat a l'air un peu plus équilibré mais, selon la règle, il ne doit durer qu'une minute et il faut obligatoirement qu'il y ait un gagnant. Pendant que la foule crie à tue-tête pour les encourager, l'un des deux combattants tombe à genoux, terrassé par un coup magistral au plexus solaire. Les combats se succèdent ainsi allègrement jusqu'à ce que la soirée se termine faute de combattants et que tous s'en soient donnés à cœur joie. En guise de conclusion, le sergent major monte sur le ring pour faire un bref discours et remettre la récompense à l'équipe gagnante. Le gars qu'il a fallu aider pour finir la marche commando ou encore celui qui s'est montré vraiment mauvais à l'épreuve d'escalade ont chacun toutes leurs chances de montrer leur courage au cours de cette dernière épreuve de boxe. Il n'est pas possible d'être excellent dans tous les domaines de l'entraînement et on ne peut que se montrer tolérant avec un gars qui ne serait pas bon aux haltères mais qui se révélerait excellent dans les exercices de combat ou en marche commando. Selon moi, il faut vraiment qu'un gars se révèle mauvais pendant toute sa période d'entraînement commando pour être renvoyé dans son régiment avec la mention « inapte ». Et voici comment se termine une soirée bien agréable, en tout cas pour le public. Alors que nous nous pressons tous vers la sortie pour rejoindre le baraquement Nissen sous une pluie battante.

Un samedi matin quelque temps plus tard, je me lève dès l'aube ; c'est mon tour de corvée de petit déjeuner, je dois aller servir le porridge préparé par le sergent Moon. Je me demande comment il arrive à fabriquer çà ! C'est un machin épais et collant avec plein de grumeaux qui a l'air à peine cuit que je m'ingénie à camoufler avec une bonne dose de lait par-dessus. Le sergent Moon est debout à l'autre bout de l'ordinaire, son crâne rasé brille sous l'effet de la lumière et ses deux lèvres épaisses arborent un sourire narquois qui ressemble à un rictus. Le gars assis à côté de moi me dit dans un souffle : *« Nom de Dieu, on devrait le tuer ce salaud ! Cette saloperie, on dirait de la colle à papier peint »*. Pendant que le sergent Moon garde les yeux fixés dans notre direction nous continuons à manger, à tout manger comme d'habitude, puis nous quittons l'ordinaire à la queue leu leu en attendant le prochain repas. Si seulement je pouvais me passer d'avoir faim ! Mais il doit y avoir quelque chose dans l'air des Highlands qui fait qu'on a toujours de l'appétit.

Ce soir je dînerai avec Fiona et on mangera deux saumons de Lochiel. Je les ai péchés à la grenade d'exercice dans le lac qui borde le Dark Mile. J'ai emballé soigneusement les deux gros saumons et une tête de mouton dans un baluchon et je me mets en route pour la maison de Fiona. Il est quatre heures et demie. Je devrais y arriver vers les sept heures et demie ou peut-être même avant si je trouve quelqu'un qui me prenne en auto-stop pour une partie du chemin. Trois kilomètres plus loin, la camionnette de la poste s'arrête à mes côtés.

« Tu veux que je t'emmène, Piper ? » Un visage affichant un large sourire apparaît à la portière. C'est celui de Donald - je ne connais que son prénom - c'est lui qui conduit la petite camionnette rouge de la poste entre Fort William et le minuscule bureau qui se trouve à Achnacarry deux fois par semaine, apportant les nouvelles des naissances et des mariages mais aussi les mauvaises nouvelles des gens tués pendant le Blitz et aussi bien sûr les lettres de rupture qui parviennent hélas aussi aux soldats loins de chez eux. Je grimpe à l'arrière de la camionnette et pose mon baluchon derrière le siège du conducteur où Donald est assis. Il y a un passager à côté de lui. C'est un berger de Glen Dessary qui est bien connu au mess des sous-officiers d'Achnacarry. Il s'appelle Lachie McPherson et il est d'âge à être incorporé mais il a réussi à se faire mettre dans la réserve à cause de son métier de berger. Lachie se retourne sur son siège : *« Salut Bill, comment çà va ? »* Je me demande de quel coin

des Highlands Lachie est originaire car il a une drôle de manière de faire ses phrases, peut-être est-ce tout simplement parce qu'il parle un anglais fortement inspiré du gaelic qui est sa langue maternelle.

« Çà gaze, Lachie. » Avant que je ne puisse engager plus avant la conversation, Donald jette un regard circulaire derrière lui et il m'envoie avec un sourire et un clin d'œil à l'appui : *« Dis-moi, Piper, où vas-tu avec cette tête de mouton et ce saumon ? »* Puis il se retourne face à la route en attendant ma réponse.

« Oh, c'est juste un petit quelque chose pour le dîner de ce soir Donald », lui dis-je en le fixant des yeux dans le rétroviseur tout en déplaçant mon précieux paquet de l'autre côté de la camionnette. *« Si çà ne te dérange pas Donald, est-ce que tu pourrais me laisser au prochain tournant ? »* Il s'arrête dans le virage et je m'extrais de sa camionnette en enjambant la ridelle arrière puis je m'avance jusqu'à sa portière. Il a encore un léger sourire aux lèvres et il me dit d'un air très sentencieux que je devrais faire attention à l'endroit où je vais. Ce gars-là a vraiment le don de double vue et ce n'est pas pour arranger mes affaires. Comment a-t-il pu savoir que j'avais une tête de mouton et des saumons dans mon baluchon ? *« Merci pour la route, Donald »* lui dis-je avec un sourire en me penchant vers la vitre de la portière.

A la semaine prochaine Lachie, je te vois au mess des sous-officiers ? J'y serai de corvée de cornemuse. » La petite camionnette reprend sa route et disparaît bientôt à l'horizon laissant derrière elle un grand panache de fumée malodorante.

Mon baluchon sur le dos, je reprends ma route à travers champ dans la direction de la maisonnette de Fiona. Ce week-end, j'ai une permission de deux jours du vendredi soir au dimanche et je suis censé aller à Fort William chez ma cousine Kate, mais bien sûr j'ai bien l'intention de passer la soirée ainsi que celle de demain avec Fiona de l'autre côté de la colline.

Une demi-heure plus tard, je me retrouve de l'autre côté du bosquet et je commence à gravir la colline couverte de bruyère et de fougères à grandes enjambées, comme mu par une force invisible à l'idée de revoir Fiona. J'ai fait ce chemin tellement de fois que je suis capable de reconnaître les passages des lapins de garenne dans le noir et les lapins en question ne prennent même pas la peine de s'enfuir à mon approche comme s'ils savaient qu'ils ne craignent rien de moi lorsque je ne suis pas armé. On dirait qu'ils sont parfaitement conscients du danger et qu'ils s'en rendent compte quand je n'ai pas mon fusil.

Maintenant, je ne pense plus qu'à Fiona, je devrais arriver à la fermette dans un petit moment, dans une demi-heure environ. Fiona a beaucoup changé depuis notre première rencontre. Elle n'a plus son regard sévère et maintenant elle laisse ses cheveux tomber librement sur ses épaules ou parfois elle les attache en queue de cheval avec un ruban. La demi-heure passe vite et la fermette est maintenant en vue à un peu moins d'un kilomètre avec son unique cheminée laissant échapper un panache de fumée comme dans un paysage de conte de fée. Pour une raison que j'ignore, aujourd'hui j'ai encore plus envie que d'habitude de revoir Fiona. Parfois, je n'arrive pas à m'empêcher de penser qu'il y a quelque chose qui ne va pas avec sa santé mais quand je lui dis elle me répond toujours qu'elle se sent en pleine forme. C'est son regard fixe qui doit m'inciter à penser cela et d'ailleurs je dois avouer qu'aujourd'hui encore il crée toujours chez moi une drôle d'impression. Je presse le pas et réussis à me persuader que ce n'est pas le moment d'avoir des idées morbides, surtout en pensant à Fiona.

« Salut Millin », me crie Fiona au moment où elle me voit traverser le minuscule ruisseau. Elle est vraiment très belle là debout dans l'encadrement de la porte avec les cheveux tombant en cascade sur les épaules. Je m'élance vers elle laissant tomber mon baluchon et elle se précipite à ma rencontre les bras tendus. Je la prends dans mes bras et la soulève du sol pour la faire tournoyer en l'air pendant que nous échangeons un long baiser passionné à mi-chemin entre la maisonnette et le ruisseau. Puis, elle s'arrache légèrement à mon étreinte tout en gardant les bras autour de mon cou et me dit *« allez Millin, entrons. N'oublies pas ton paquet ! Je suis sûre que tu as encore quelque chose de fantastique à me montrer, n'est-ce-pas ? »* Je ramasse le baluchon et suis Fiona à l'intérieur de la maison.

« Alors, qu'est-ce que c'est ? » S'exclame-t-elle en ouvrant le paquet et en en renversant le contenu sur la table. *« Une tête de mouton et deux saumons qui ont l'air bien frais ! Mon chéri, qu'est-ce que je deviendrais sans toi ? Vraiment, tu m'apportes toujours des victuailles de tout premier choix. »*

« Mais, c'est seulement ce que tu avais demandé, Fiona, » lui dis-je en lui déposant un petit baiser sur la joue.

Je dois préciser que pendant tout le temps passé à Achnacarry avant de rencontrer Fiona, je ne m'étais jamais livré au braconnage à Lochiel. Elle a une connaissance prodigieuse et presque intuitive de tous les animaux qui vivent sur les collines ou dans le loch et je n'arrête pas d'apprendre tout un tas de choses à son contact, en particulier comment pêcher le saumon ou la truite ou encore comment découper les meilleurs morceaux d'un cerf ou d'une biche.

« Ce soir, nous allons manger les saumons, le ragoût de tête de mouton, ce sera pour demain. Qu'est-ce que tu en dis Millin ? » dit-elle en faisant disparaître la tête de mouton dans le grand faitout au-dessus du feu.

« Je crois que tu ferais bien tout d'abord de remettre le couvercle sur le faitout, Fiona, parce que le spectacle de cette tête de mouton me donne des sentiments de culpabilité ! »

Nous avons presque terminé notre saumon et il fait déjà pratiquement nuit noire. Nous terminons le repas en prenant un verre assis en tête à tête devant le feu. Le silence dans la pièce n'est troublé que par le frémissement du ragoût qui était en train de mijoter au-dessus du feu de bois. Un peu plus tard, nous décidons de sortir faire une courte promenade en haut de la colline derrière la maison. Tout en marchant, nous admirons la lune qui se reflète dans les eaux du loch ainsi que le long ruban argenté de lumière céleste qui s'évanouit dans le lointain sous le ciel étoilé. Nous reprenons lentement le chemin de la fermette la main dans la main sans dire un mot. Nous devons avoir tous les deux l'air très perdus dans nos pensées. Je m'arrête à la porte et prends Fiona dans mes bras pour la regarder et elle lève les yeux vers moi.

« Qu'est-ce qui t'arrive, Millin ? » dit-elle avec douceur. *« Tu as l'air bien calme, est-ce qu'il y a quelque chose qui ne va pas ? »*

« Pourquoi est-ce que tu habites cette maison loin de tout ? »

« Ecoute, nous avons déjà parlé de cela maintes fois. Chez moi, c'est dans les îles au large de l'Ecosse mais j'habite ici parce que j'aime cet endroit. Cette maison appartient à mon oncle et il avait l'habitude de venir tous les mois de Fort William pour me voir et s'assurer que tout allait bien, c'était bien sûr avant que tu ne fasses ton entrée dans ma vie, mon chéri. » Elle termine sa phrase avec ce que je crois être un sourire empreint de tristesse et baisse les yeux, prend ma main dans la sienne et m'entraîne à l'intérieur de la maison

en me serrant par la taille. « *Millin, nous avons deux nuits ensemble, alors oublions tout le reste. Maintenant tu vas aller t'asseoir confortablement dans le fauteuil à côté du feu et je vais t'apporter un petit verre en guise de somnifère ou plutôt comme remontant !* » Pendant que je sirote mon verre, j'aperçois Fiona dans la petite chambre. Elle est en train de se déshabiller, la lampe est éteinte mais la lumière de la lune inonde la pièce en mettant en valeur la blancheur de sa peau et les contours de sa silhouette. Elle se retourna vers moi avec un petit sourire sans dire un mot.

« *Allez, mon chéri, termine ton verre et viens te coucher. Il y a plein de choses à faire demain et la nuit est déjà bien avancée.* » Je termine mon verre et rejoins Fiona dans la chambre. Nous nous étreignons dans les rayons de la lune que la minuscule fenêtre laisse filtrer. Pendant notre baiser, je glisse les mains le long de son dos jusqu'à sa croupe puis je les remonte vers ses épaules. Nous nous séparons pendant quelques secondes pour me laisser me déshabiller rapidement, puis je la rejoins dans le lit et nous reprenons notre étreinte avide d'amour et de baisers. Le clair de lune illumine le visage de Fiona, elle a les yeux clos et repose dans une sorte d'insouciance lointaine. Nous nous endormons enfin, serrés l'un contre l'autre, draps et couvertures emmêlés par terre. Je me réveille sur le coup de quatre heures et demie. La lumière du jour filtre légèrement à travers la minuscule fenêtre. Je reste étendu un moment dans une sorte de somnolence bienfaisante. Fiona me fait face, elle est étendue sur le côté, son souffle est profond et régulier et elle a gardé un bras autour de ma poitrine. Je crois discerner un sentiment de paix profonde sur son visage, quelque chose qui me semble étrange tout à coup car je ne l'avais jamais remarqué auparavant. Je me glisse lentement sur le côté pour lui faire face pendant qu'elle se retourne sur le dos. Mon regard se déplace de son visage vers sa poitrine puis vers ses jambes. Je glisse doucement une jambe par-dessus les siennes et me rapproche d'elle. Je suis encore dans une sorte de torpeur et de demi-sommeil quand j'entends le lit grincer et aperçois Fiona se diriger lentement vers la fenêtre de la chambre, ses longs cheveux tombant en cascade jusqu'à ses reins.

« *Allez Millin, c'est l'heure de se lever ! Tu ne vas pas rester couché toute la journée, dis-moi ?* » La voix semble venir de très loin. J'ouvre les yeux. Fiona est debout à la porte de la chambre et elle arbore un sourire radieux. Soudain elle gonfle les joues et commence à faire le tour de la chambre en imitant un joueur de cornemuse. Elle s'arrête près du lit, baisse les yeux vers moi et me dit avec un superbe sourire : *« normalement à cette heure-là, tu devrais être en train de sonner le réveil à Achnacarry »*. Puis, elle se penche et dépose un baiser sur mon front. *« Je suppose que c'est l'air de "Johnnie Cope " que l'on joue pour le réveil »* poursuit-elle en riant et elle se remet à faire le tour de la chambre en chantant le premier couplet de la chanson :

« Dis, Johnny Cope, es-tu réveillé ?
Car c'est ce matin que j'arrive. »

« Eh bien, dis donc, Millin, heureusement que tu n'es pas de service parce que tu serais déjà en retard ! »

L'air de « Johnny Cope » est joué tous les matins par le joueur de cornemuse de service dans les régiments des Highlands. Ce dernier commence toujours son service en faisant le tour de la caserne en jouant cet air. Les paroles racontent l'histoire du général Cope alors qu'il était commandant des troupes régulières et qu'il faisait route au nord d'Edimbourg pour arrêter les partisans du prince Charles.

Soudain, Fiona se précipite à travers la pièce et se jette sur le lit. C'est un vrai torrent de montagne qui se répand sur moi avec des flots de sensualité et de tendresse et nous finissons bientôt par terre emmêlés parmi les oreillers, les draps et les couvertures. *« Allez, maintenant, cela suffit, Millin »* s'exclame Fiona en se libérant de mon étreinte pour se remettre debout. *« Le porridge est prêt et on a plein de choses à faire ce matin. Habilles-toi et viens près du feu. »* Elle s'arrête soudain dans l'encadrement de la porte et se retourne vers moi pour me dire d'une voix un peu essouflée après ses ébats sur le lit *« Je t'aime Millin, et j'aime quand tu es là avec moi. J'espère que tu as trouvé ça bien hier soir et que tu as bien dormi après »*.

Nous nous mettons au travail dans la cour de la ferme en nous partageant les tâches de ramassage et de coupe du bois pour le feu. Tout cela me semble un peu étrange car j'ai l'impression qu'aujourd'hui nous travaillons plus que d'habitude. D'ordinaire, je laisse toujours du bois à couper pour la semaine suivante et aujourd'hui l'appentis est rempli de bûches jusqu'au toit. J'ai aussi remarqué que le garde-manger de Fiona est plein à ras bords de provisions, en tout cas il y en a beaucoup plus que d'ordinaire à cette période de l'année.

Le temps change brusquement en fin d'après-midi. Il se met a pleuvoir et le brouillard tombe sur les collines derrière la ferme. Je remets quelques bûches dans le feu et nous nous installons confortablement pour déguster notre ragoût accompagné de pommes de terre en robe des champs : un vrai festin de roi. Pendant que la pluie tambourine avec insistance contre les vitres, Fiona allume la lampe à huile et une lumière douce commence à projeter des ombres tout autour de la pièce. Je ne peux pas m'empêcher de garder le regard posé sur elle. Soudain, elle se penche et tend le bras pour se saisir de la grosse Bible familiale qui se trouve toujours sur la petite table à côté du vieux fauteuil déglingué qui est ma place attitrée à chacune de mes visites. Elle s'installe en face de moi et je n'arrive pas à m'empêcher de la fixer du regard, admirant la beauté de ses traits, le port de son visage et le soin qu'elle apporte à sa tenue ; Fiona a l'habitude de rester pieds nus quand elle est dans la maison et même ses pieds me fascinent.

« Arrête de me fixer comme cela, Millin. » Ses paroles me sortent brusquement de mes pensées admiratives.

« Dis-moi, Millin, est-ce que tu es croyant ? » Je lui jette un regard plein de surprise.

« Je n'en sais trop rien, Fiona, je ne me suis jamais vraiment posé la question. Je crois que je dois être croyant comme tout le monde. »

Fiona se met à tourner les pages du livre pendant quelques instants silencieusement puis elle dit : *« tu sais, cette bible sera à toi un jour si tu l'acceptes. Je te la donnerai et tu la garderas toujours ».*

« Si je me sors vivant de cette guerre, Fiona ! »

« Je suis sûr que tu en réchapperas, mon chéri » répond-elle avec un éclair de conviction dans les yeux. Elle remet le livre sur la petite table et vient s'asseoir sur mes genoux, la tête posée sur mon épaule et nous restons comme cela à contempler les flammes monter dans la cheminée.

Fiona rompt soudain le silence. *« On a bien travaillé aujourd'hui ! Que vas t-on faire maintenant ? »* ajoute-t-elle en se redressant et en me regardant avec des yeux empreints d'une timidité feinte.

« On va au lit, ma chérie. » Sur ces paroles, je la renverse un peu en arrière et pose mes lèvres sur les siennes.

Après avoir éteint le feu, je rejoins Fiona dans la chambre. Elle est assise sur le lit vêtue d'une chemise de nuit en tissu épais qui n'est pas de la dernière mode.

« Ma mère m'a donné cette chemise quand j'ai quitté les îles pour venir ici. Elle m'a fait promettre de la porter toutes les nuits pour ne pas avoir froid. » En me voyant me gratter le front en signe d'étonnement, elle se met à sourire et continue à se dévêtir. Je n'arrive pas à détacher mon regard de sa silhouette. Elle sort soudain du lit en un éclair, rejette la chemise de nuit par-dessus la tête en un tour de main et vient se dresser devant moi dans une attitude des plus provocantes, la couleur laiteuse de ses bras et de sa poitrine se détachant sur le noir de sa chevelure en désordre. Pendant un bref instant, on n'entend plus que le crépitement de la pluie contre les vitres de la petite fenêtre. *« Je n'ai pas besoin de porter cela quand tu es là, Millin. »* Fiona repousse le vêtement du pied et vient se lover dans mes bras. J'ai l'impression que c'est tout le lit qui vient à notre rencontre quand nous touchons les draps. Je sens une odeur de musc qui se dégage de ce corps et j'en goûte tout le parfum en le caressant du bout de la langue. Les joues de Fiona sont comme du feu, comme tout le reste de son corps, et nous nous mettons à tanguer dans une longue caresse silencieuse jusqu'à ce que tout s'arrête, épuisés et bercés par le bruit de la pluie qui nous a accompagné tout au long de notre étreinte amoureuse.

« Millin », me chuchote Fiona à l'oreille, *« j'ai quelque chose à te dire ! »* Je me retourne pour lui faire face.

« Oui, Fiona, qu'est-ce que c'est ? » Elle est tellement belle que j'ai envie de la reprendre dans mes bras, mais elle se met sur le dos.

« C'est quelque chose d'important, Millin, » ajoute Fiona d'une voix douce, le regard fixé au plafond de la chambre, la nudité de son corps réfléchissant la faible lumière qui passe au travers des vitres inondées de gouttes de pluie. Je pose la main sur son ventre et contemple le léger mouvement de la peau en harmonie avec sa respiration. *« Tu vas quitter les Highlands, Millin, et je ne te reverrai plus jamais. »* Fiona tourne son regard vers moi. *« Oui, Millin, un homme célèbre va bientôt arriver et tu partiras avec lui. »*

« Quel homme célèbre, Fiona ? » Je me retourne pour l'embrasser sur la joue. Fiona ne prononça qu'un seul mot : *« Low-Vat »* avec son accent typique des Highlands.

Bill Millin en 1944
(Coll. auteur.)

« Tu veux dire Lord Lovat ? » lui dis-je avec surprise en m'asseyant.*« Pourquoi veux-tu que Lord Lovat s'intéresse à moi, Fiona ? Je ne suis qu'un joueur de cornemuse et Charlie Vaughan ne vanterait certainement pas mes mérites dans ce domaine. Je fais partie des permanents à Achnacarry et ce n'est pas possible qu'on me laisse partir avec Lovat. »* Je me tourne sur le côté pour lui faire face et l'attire vers moi jusqu'à ce que nous soyons tout près l'un de l'autre, face-à-face, en l'enserrant de mes bras.

« Oui, Millin. Tu vas partir dans deux semaines et tu vas aller sur la côte sud de l'Angleterre, ensuite tu traverseras la Manche, tu débarqueras en France en jouant de la cornemuse à la tête d'une puissante armée. Lord Lovat sera gravement blessé le septième ou le huitième jour après le débarquement. Mais toi, mon chéri, tu t'en sortiras sans une égratignure et tu reviendras dans les Highlands. Lovat se remettra de ses blessures et il vivra même très vieux.»

« Ecoute, Fiona, tu crois que c'est vraiment le moment d'avoir des idées tristes. N'oublies pas que je dois me lever à quatre heures du matin et retraverser toutes les collines pour arriver à Achnacarry avant l'heure du réveil. » Pendant que je parle, la pluie redouble d'intensité et se met à battre sur les vitres de plus en plus fort.

« D'accord, Millin. Je ne t'en dirai pas plus ce soir, souviens-toi seulement que " tha gradh agam ort " » (je t'aime). Sur ces derniers mots, elle se blottit un peu plus contre moi pour me serrer plus fort et le sommeil nous gagne bientôt.

Lord Lovat du clan Frazer qui commanda la 1st Special service Brigade

Chapitre 2

Mon périple à travers les collines s'avère des plus revigorants. Le feuillage des bruyères et des fougères est encore constellé des gouttes de la pluie qui est tombée pendant la nuit. Dans le lointain sur ma droite j'aperçois le Ben Nevis qui est encore recouvert d'un manteau de neige et nimbé d'un épais diadème de brume. J'arrive à maintenir une bonne allure en dépit du sol qui est complètement détrempé et j'arrive bientôt en vue de Loch Arkaig, ce qui signifie que je ne suis plus qu'à environ une demi-heure de marche de la route qui mène au camp d'Achnacarry.

Les réflexions de Fiona à propos de mon départ présumé des Highlands n'arrêtent pas de refaire surface dans mon esprit régulièrement. C'est vrai que de temps à autre elle dit des choses qui me semblent tellement étranges... J'espère de tout cœur que quand je reviendrai la voir la semaine prochaine je serai en mesure de lui prouver le contraire.

« Mais Bon Dieu où étais-tu donc passé ? »

La voix tonitruante du sergent Moon remplit la pièce toute entière au moment où je passe le pas de la porte du mess pour aller m'asseoir à la table la plus proche, le tout sous les applaudissements des gars qui sont déjà attablés. Puis, il fait un quart de tour pour s'adresser à tout l'auditoire et ajoute *« voyez-vous, Messieurs, tout le monde sait qu'Achnacarry est au milieu de nulle part et que pour trouver des crêpes dans les environs il faut en faire des kilomètres; alors vous devriez demander à votre petit copain le joueur de cornemuse où il se ravitaille quand il va de l'autre côté des collines ».* Moon s'accoude au réchauffe-plats et arbore un large sourire de satisfaction à son propre discours. *« Et comme votre camarade ne trouve pas de quoi se satisfaire dans le voisinage, je suppose qu'il doit avoir rancard avec une chèvre du côté du Grand Glen. »* Ces dernières paroles sont ponctuées par un tonnerre d'applaudissements quand soudain un des gars assis dans le fond de la salle fait remarquer « *dites donc, sergent, vous devriez être au courant, vous, parce que depuis que vous êtes à Achnacarry, vous êtes un sacré coureur de chèvre.* » Fort heureusement, j'ai presque terminé mon petit déjeuner après avoir englouti un bol de porridge et deux œufs sur le plat, le tout arrosé d'une bonne tasse de thé et je n'ai que le temps de me joindre aux autres dans leur fuite à l'instant même où le sergent sort de ses gonds et ouvre précipitamment la porte de sa cuisine pour nous poursuivre de toutes sortes d'invectives et de menaces de représailles.

La section de démonstration a le moral gonflé à bloc et se regroupe sur la place d'armes en bon ordre. Ici, on attache beaucoup d'importance à l'entraînement au combat et aujourd'hui encore nous devons prêter main forte aux instructeurs pour un exercice de technique de camouflage.

Pour un lundi matin, j'ai la chance de me voir confier le rôle du tireur d'élite pendant que le reste de la section grimpe sur le flanc de la colline pour prendre position. Les sergents Davidson et Robertson vérifient mon emplacement sur le sol détrempé car je dois me tenir à environ vingt pas de l'endroit où va se situer le peloton de nouvelles recrues pour l'instruction et l'exercice de combat qui va suivre. Une pluie battante commence à tomber à l'arrivée des gars et je n'ai plus qu'à me faire une raison car j'en ai au moins pour une bonne heure d'attente, le temps que les instructeurs fassent leur leçon sur les différents types d'armes. Mes vêtements sont bientôt complètement gorgés d'eau et j'ai l'impression d'être comme aspiré par des sables mouvants. Je ne sens pas le froid et je me surprends même à penser qu'après tout je ne suis pas si mal que cela dans mon trou. Pour tuer le temps je me mets à écouter l'officier instructeur qui est en train de donner son cours aux nouvelles recrues à quelques mètres de moi, il est d'ailleurs si près que si c'était la guerre je n'aurais aucun mal à lui loger une balle de 303 en pleine tête.

Le cours et la démonstration tirant à leur fin, les gars de l'équipe qui se trouvent sur le flanc de la colline commencent à se lever et à se mettre en mouvement. J'écoute l'officier tout près de moi, et j'aperçois aussi les visages des nouvelles recrues dont certains ont le regard fixé sur moi. L'officier me donne le signal et je bondis sur mes pieds pour sortir des broussailles au grand étonnement des gars. Les deux sergents instructeurs ajoutent quelques commentaires sur les techniques de combat, puis le peloton se met en ligne le long de la route pour rejoindre le camp. Encore une démonstration de débarquement et puis ce sera l'heure du dîner.

Le travail au jour le jour des personnels d'encadrement n'est certes pas très varié mais on n'a ni le temps de s'ennuyer ni de sentir la fatigue, d'ailleurs il est interdit de prononcer ces deux mots à Achnacarry. Quand on a un problème, le remède consiste à appliquer une recommandation du colonel Vaughan *« prenez votre paquetage, allez faire quinze kilomètres au pas de course, et vous n'y penserez plus »*.

La semaine a passé à toute allure et on est déjà vendredi matin. Je viens de raccompagner au son de la cornemuse un peloton qui était parti faire une marche commando. Je m'étais posté à environ un kilomètre du camp pour les attendre et leur laisser le temps de se refaire une santé, puis tout le monde s'était remis en route au son de *« The Campbells are comming »* que l'un des gars m'avait demandé de jouer.

« Piper », je me retourne au son de la voix du capitaine Nash qui ajoute *« Vous êtes demandé au rapport au bureau du colonel immédiatement. Ce n'est pas la peine de changer de tenue.»*. Je salue et prends le chemin du Château où se trouve le bureau du colonel Vaughan, tout en retournant dans ma tête les motifs qui peuvent bien l'inciter à vouloir me voir si vite. Serait-ce à cause du mouton ? ou des saumons ? ou encore à cause du cerf que j'ai abattu l'autre jour ? Je monte les marches qui conduisent au bureau de Charlie avec une certaine appréhension tout en me persuadant que j'ai intérêt à rejeter toute éventuelle accusation et en tout cas de la fermer ! Je cale la cornemuse sous mon bras gauche et frappe à la porte.

« Entrez. » Cela ne ressemble pas à la voix du colonel. Je tourne la poignée de la porte et entre dans la pièce. Cela ne fait aucun doute, le type qui est assis derrière le bureau de Charlie n'est pas le colonel Vaughan. Je me raidis au garde-à-vous.

« Repos, Piper. » Je me souviens tout d'un coup de l'identité de mon vis-à-vis ! Le type assis de l'autre côté du bureau, c'est Lovat, le général de brigade Lovat ! Avant que je n'arrive à me remettre de ma stupéfaction, Lovat commence à me dire *« Millin, je souhaite que vous rejoignez ma brigade, la première brigade de commandos, et que vous soyez mon joueur de cornemuse attitré »*. Puis il me raconte quelque chose concernant le deuxième front et ensuite que je dois rejoindre la brigade qui se trouve sur la côte sud de l'Angle-

terre après une permission de deux semaines. *« Piper, est-ce bien compris ? »*

Je réponds par un *« Oui, mon général »* encore teinté de surprise à la tournure que prennent soudain les événements.

« Avez-vous des questions ? » ajoute Lovat en se levant.

« Non, mon général. »

« Très bien, rompez. Je compte bien vous entendre jouer de la cornemuse d'ici un mois dès que vous aurez rejoint mon unité dans le sud. »

En sortant du bureau, je tombe sur le colonel Vaughan qui se trouve juste en bas de l'escalier. *« Alors, Piper, qu'est-ce que vous en dites ? Vous vous rendez compte de l'importance du rôle que vous allez jouer dans les jours qui viennent ! Je vous souhaite bonne chance comme joueur de cornemuse attitré du général Lovat »*.

Sur ce, le colonel me serre la main puis monte l'escalier en direction de son bureau. Le joueur de cornemuse de Shimi Lovat ! Cela me semble tout simplement fantastique ! Je m'imagine déjà en train de me la couler douce sur la côte sud, ce qui ne manquera pas de me changer de l'existence de spartiate que je mène à Achnacarry. Je sors du château par l'arrière et me mets à jouer *« Blue Bonnets over the border »* en suivant l'allée le long de la rivière, puis je me dirige vers le pont et le Dark Mile pour m'arrêter un peu plus loin sur le pont au-dessus de l'étang où j'ai *« pêché »* mes saumons

Ce soir-là, je suis de service au mess des sous-officiers pour jouer une aubade en l'honneur des invités à une réception qui y est donnée. Les invités arrivent vers les huit heures et demie. Ils se mettent en rang et je les accompagne sur l'air *« Scotland the brave »* pendant que les sous-officiers battent la mesure en frappant des mains. Le groupe pour lequel je viens de jouer est composé de Canadiens qui viennent d'un campement de bûcherons situé de l'autre côté du Loch Lochy et qui participent à l'effort de guerre en faisant du bûcheronnage. Les six Canadiens sont bientôt aspirés par la foule et disparaissent vers le bar.

Quelqu'un me tend un verre et je profite d'un moment d'accalmie pour jeter un regard circulaire autour du mess. Il y a toutes sortes de gens ici ce soir, y compris des civils, par exemple Bob le vacher qui travaille à la ferme de Lochiel pour s'occuper du bétail et des *« Dear ponies »*. Bob est en train de parler avec deux gars de la marine dont la mission consiste à garder la péniche de débarquement de Bunarkaig sur le Loch Lochy en état de navigation. Les deux marins affichent un air plutôt perplexe car ils ont quelques difficultés pour comprendre ce que Bob leur raconte avec son accent écossais à couper au couteau. Je me fraie un chemin jusqu'à la table de Lachie McPherson à l'autre bout du mess. Lachie est berger et il fait tout le chemin depuis Glen Dessary au moins une fois par semaine pour s'offrir une pinte de bière au mess des sous-officiers d'Achnacarry. Il adore danser quand l'occasion se présente. Il y a quelques semaines de cela, nous sommes allés tous les deux à une sauterie à l'hôtel de ville de Fort William. Lachie était venu à pied de l'autre bout du Loch et m'avait rejoint au camion qui nous avait emmené en ville. Après plusieurs heures de danses folkloriques écossaises qui allaient du quadrille à la bourrée, Lachie et moi avions raté le camion qui devait nous ramener et nous avions du refaire toute la route à pied jusqu'au camp sous une pluie battante. Comment Lachie était-il parvenu à boucler son périple jusqu'à Glen Dessary ? je n'en saurai jamais rien... Je m'étais arrêté un bref instant à l'entrée du camp pour le regarder poursuivre son chemin sans broncher sous les trombes de pluie ; il allongeait le pas aussi allègrement qu'à l'aller lorsque nous avions quitté Fort William !

« Salut, Millin, ta cornemuse sonne bien ce soir » me lance Lachie alors que je m'assois à la table qu'il partage avec le sergent Comm. *« J'espère que tu es prêt à nous jouer quelques quadrilles ce soir, en particulier le « Reel o Tulloch » »,* ajoute-t-il en continuant à siroter sa bière. Le sergent Comm fait partie des Royal Marines et je me sens toujours un peu mal à l'aise en sa présence. C'est lui le spécialiste des explosifs à Achnacarry. On le voit toujours en train de vaquer à ses occupations aux environs du camp avec une tripotée d'explosifs accrochés au ceinturon. C'est lui qui a pour mission de placer les charges d'explosifs pendant les manœuvres de simulation de débarquement. Il les fait exploser sur le devant et les côtés de la péniche pour simuler les bombardements ennemis et je m'arrange toujours pour être le plus loin possible de lui pendant les manœuvres.

A mesure que la soirée avance, l'ambiance devient de plus en plus gaie. Quatre des Canadiens viennent de faire une démonstration de quadrille en compagnie de sous-officiers en virevoltant dans une danse effrénée au milieu du mess. Le sergent Taffy Alsop est accoudé au bar en compagnie du sergent Spider Leach : ils sont en train de discuter des mérites et des inconvénients du brancard de type *« Neil Robertson »*. Rien qu'à sa tête, je subodore qu'Alsop est mûr pour faire une action d'éclat et je l'imagine quitter le mess pour y refaire son apparition un moment plus tard à cheval sur une des montures de la ferme où sur un Dear Pony. Quant au sergent major Jimmy James du régiment des Coldstreams, il n'a pas l'air d'apprécier le discours de Taffy Alsop et il affiche un air plutôt absent. C'est au tour du sergent major d'y aller d'une chanson : comme d'ordinaire il entonne *« Did you see the Muffin.-. Man who lirs in Drury Lane ? »* Jimmy James se dirige vers le centre du mess pour faire sa prestation et les autres sous-officiers s'assoient par terre tout autour de lui alors que d'autres préfèrent rester accoudés contre les murs. Le sergent major commence à entonner la chanson en couvrant largement le bruit du piano qui tente de l'accompagner : *« As-tu vu le pâtissier, as-tu vu le pâtissier, as-tu vu le pâtissier de Drury Lane ? »* et ce faisant, il pointe du doigt en direction d'un de ses collègues, en l'occurrence le sergent major Morse, qui reprend le refrain et refait la même manœuvre en direction d'un autre et ce jusqu'à ce que toute l'assistance reprenne la chanson en chœur.

C'est étrange de voir cet aspect de la personnalité cachée des gens ! Qui pourrait s'imaginer que ce sous-officier revêche et d'ordinaire sérieux comme un pape serait capable de danser au milieu du mess et d'entraîner ses camarades à chanter une chanson qui est en fait une comptine pour les jeunes enfants ?

Jimmy James a à peine fini sa prestation sous un concert d'applaudissements que soudain la porte du mess s'ouvre bruyamment pour laisser passer le sergent Taffy monté sur un des chevaux de la ferme du camp. Le tonnerre d'applaudissements change de destinataire et le cheval semble si bien apprécier le compliment qu'il lève la queue et dépose une bonne dose de crottin au beau milieu du mess. Jimmy James éclate en invectives pendant que Taffy Alsop reprend le chemin de la sortie et disparaît avec sa monture dans la nuit. Il est vrai que le sergent boit rarement et qu'après ce qu'il avait descendu ce soir tout pouvait arriver...

« Salut, Piper. » Je me retourne et me trouve face à face avec le sergent Moon. *« Qu'est-ce que j'apprends : tu nous quittes la semaine prochaine pour aller rejoindre Lovat sur la côte sud ! Sacré veinard ! Quand je pense que tu vas te la couler douce là-bas*

pendant que moi je vais continuer à m'emmerder à cent sous de l'heure sous cette bon dieu de pluie qui n'arrête pas de tomber ! » Puis il ajoute : « *bonne chance, Piper* » en me tendant un verre de bière. « *Au moins, quand t'auras débarrassé le plancher, ça fera un salaud de moins ici* » et le sergent part d'un gigantesque éclat de rire pendant que nous trinquons. Je me rends soudain compte que le sergent Moon aussi possède cette double personnalité qui s'épanouit lorsqu'il n'est pas de service mais qui disparaît tout aussitôt qu'il reprend ses fonctions.

Sur le coup de minuit et demi, je sors du mess en jouant un air de cornemuse et me dirige vers la place d'armes. Je m'arrête de jouer en face du hangar des Irlandais puis je poursuis mon chemin jusqu'au baraquement qui sert pour les exercices de combat. C'est une belle nuit claire inondée par la lumière de la lune qui se reflète sur le toit du baraquement Nissen, seulement perturbée par le glapissement d'un renard qui s'élève au loin du côté du loch Lochy. Je sens que quelque part je vais regretter Achnacarry. Ce ne sont ni la pluie ni le froid ni encore les marches commandos à travers les collines qui vont me manquer : j'y suis tellement habitué. Ce qui va me manquer terriblement, ce sont mes visites chez Fiona. Cela me plonge dans une profonde tristesse d'imaginer que je vais la laisser seule mais, d'un autre côté, j'ai aussi hâte de rejoindre Lord Lovat et toutes les aventures qui m'attendent sur le « *deuxième front* ». Quand je pénètre dans le baraquement, je suis accueilli par un véritable concert de ronflements et mon odorat est assailli par les remugles émanant des rangers et des chaussettes trempés et empilés autour du poêle encore chaud. Je me déshabille et me hisse sur ma couchette, les yeux fixés au plafond, et je me mets à passer en revue les événements de la soirée dans la cacophonie des ronflements et du bruit insupportable que fait le gars qui occupe le lit en dessous en n'arrêtant pas de grincer des dents pendant son sommeil. Le toubib prétend que le fait de grincer des dents est le signe de problèmes d'ordre psychiatrique... mais cela n'est qu'une maigre consolation pour les occupants du baraquement !

Demain, c'est le jour des menus travaux. J'en profiterai pour mettre de l'ordre dans mon paquetage après m'être levé de bonne heure et puis sans perdre une minute, je prendrai la route pour aller voir Fiona, la cornemuse sous le bras, non sans avoir pensé auparavant à lui apporter quelques petits cadeaux. J'espère que je ne tomberai pas sur le garde-chasse de Lochiel ! Je m'enfonce dans un profond sommeil pour me réveiller à six heures ; le ciel est dégagé et il ne tombe plus qu'une pluie fine. Je jette un regard par la fenêtre de l'autre côté de ma couchette et j'aperçois des nuages de frimas qui ressemblent à des fantômes balayés par le vent à travers la place d'armes. Le gars qui grince des dents sur la couchette du dessous est en train de dormir sur le dos et pour une fois il a la bouche ouverte. L'espace d'une seconde, je suis tenté de lui enfourner une de ses chaussettes douteuses dans la bouche, mais je résiste à la tentation - c'est mon dernier samedi à Achnacarry et je suis bien décidé à l'utiliser au mieux.

Je commence à faire résonner ma cornemuse devant le poste de garde, puis j'entame mon tour du camp au son de « Johnnie Cope ». Je fais carrément deux fois le tour du château, histoire de faire plaisir au colonel Vaughan, puis j'amorce ma descente le long de l'avenue en direction du mess des officiers après un arrêt au retour au poste de garde pour trinquer d'une tasse de thé avec le sergent Cameron.

« J'ai entendu dire que tu nous quittais, Piper, » me lance le sergent avec un large sourire aux lèvres, ce qui ne lui ressemble pas du tout à une heure si matinale. *« Allez, prends donc une larmichette dans ton thé en l'honneur de "Auld Lang Syne" »* me dit-il en continuant à sourire. Plutôt que d'être impoli, je tends ma tasse dans laquelle il me sert une bonne rasade de whisky. Je profite d'un moment où il me tourne le dos pour vider le contenu de ma tasse dans le seau à charbon. *« Bon Dieu, Piper »,* s'écrie-t-il lorsqu'il se retourne et me surprend à me resservir une tasse de thé, *« si tu crois que je vais te remettre cela, tu peux toujours te brosser ! Y-a vraiment que des salauds comme toi pour profiter de la générosité de braves poires comme moi. »* Tout compte fait, je crois que je préfère le sergent quand il est de cette humeur-là, c'est presque irritant de le voir sourire et rester poli !

Sur le coup de midi, j'arrive à la fermette de Fiona. La pluie a cessé de tomber vers les neuf heures et j'ai bien allongé le pas. J'enlève mes rangers gorgées d'eau ainsi que mes chaussettes et je les aligne sur le rebord de la fenêtre. Au moment où je me retourne, Fiona est juste derrière moi dans l'encadrement de la porte.

« Salut, Millin. Je suis si contente de te voir. Je vois que tu as apporté ton biniou ! cela veut-il dire que tu as l'intention de me jouer une aubade ce soir ? » ajoute-t-elle en tendant les bras vers moi. Je la prends par la taille et la fait virevolter tout en l'embrassant avec passion comme si nous avions été séparés pendant des mois, puis je la laisse toucher terre et faire un pas en arrière.

« Oui, Fiona, et pourquoi ne nous ferions-nous pas une aubade rien que pour nous deux ? toute une soirée de chansons, d'histoires et de danses sans oublier bien sûr les airs de cornemuse. » Nous entrons dans la maisonnette accueillis par l'odeur des bûches en train de brûler dans la cheminée à laquelle se mêle le fumet de ce que Fiona a mis à mijoter. Je m'assois à même le sol devant le feu pour me sécher les pieds pendant que Fiona met mes chaussures et mes chaussettes à sécher en équilibre sur le pare-feu.

Fiona est assise sur les talons devant le feu et elle me dit : *« Tu as quelque chose à me dire, Millin ? »* Elle prend une bûche qu'elle met dans les flammes, puis se retourne vers moi avec un air d'interrogation dans le regard. Je réfléchis l'espace d'une seconde et lui tends les bras.

« Viens près de moi, Fiona. » Elle prend mes mains dans les siennes et vient se blottir contre moi. *« Oui, ma chérie, j'ai quelque chose à te dire, mais je crois que ce n'est pas très gai pour nous deux. »* Je détache mon regard de son visage pour scruter le feu et lui rapporte ce qui s'est passé le matin. *« L'autre jour, Lord Lovat était à Achnacarry et il m'a convoqué pour me demander de rejoindre sa brigade qui se trouve dans le sud de l'Angleterre. Vendredi prochain, ce sera mon dernier jour à Achnacarry. »* Je lui dis tout cela dans un souffle et un long silence s'installe entre nous.

« Et qu'est-ce que tu auras à faire quand tu rejoindras Lord Lovat ? » me demande Fiona d'une voix tranquille.

« Je serai son joueur de cornemuse attitré, Fiona; c'est une mission très importante. Il faudra que j'accompagne son unité pendant le débarquement sur le continent. Tu sais, j'ai beaucoup de peine. On m'envoie là-bas et j'aimerais tant rester à Lochaber avec toi, mais quand on fait partie des unités d'entraînement commando à Achnacarry, on est à la merci d'être envoyé n'importe où à n'importe quel moment. Et puis, si je dois m'en aller, je préfère que ce soit comme joueur de cornemuse de Lovat. » Sur ces mots, je me retourne vers Fiona pour l'embrasser. *« Tu te souviens, tu m'avais bien dit*

la semaine dernière que Lovat viendrait ici pour me demander de le rejoindre plus tard en Angleterre. »

« Je le sais, Millin, et je sais aussi que tu me manqueras terriblement. Mais, oublions tout cela pour le moment et profitons du moment présent ! Pourquoi ne me joues-tu pas un petit air de cornemuse pendant que je prépare le déjeuner ? » ajoute-t-elle en me déposant un baiser sur la joue. *« Je t'aime, mon chéri, allez, joue-moi d'abord une marche et puis après un quadrille. »* Je me dépêche d'assembler ma cornemuse pour entonner *« Balmoral Highlanders »* tout en faisant le tour de la maisonnette. Fiona reste debout dans l'encadrement de la porte et frappe dans les mains au rythme de la musique, un sourire enjoué aux lèvres. Après la marche, je continue avec *« Lady Louden »* et *« Colonel MacLeod »*. La cornemuse résonne toujours très bien sur ce versant de la colline ; les notes montent avec clarté comme avec un écho et donnent l'impression de rebondir sur les bruyères pour aller se perdre au loin dans le loch voisin. Je continue à jouer alors que Fiona a disparu à l'intérieur de la cuisine ; puis je la vois revenir au bout de quelques instants avec la théière dans une main pour me signifier que le repas est prêt.

« Tu as très bien joué, Millin, » me complimente Fiona pendant que nous prenons place à table. *« Ta présence ne disparaîtra jamais de ces collines car elles ont enregistré ta musique et moi, je t'entendrai toujours jouer. Allez, dépêche-toi de manger. Après, nous irons faire une ballade de l'autre côté de la colline jusqu'au loch. »*

Pendant le reste de l'après-midi, nous ne reparlâmes plus de mon départ. Fiona était enjouée et toute démonstrative de tendresse alors que nous nous reposions, étendus sur le versant de la colline à admirer le scintillement des eaux du loch.

La voix de Fiona brise soudain le silence.

« Millin. »

« Oui, je t'écoute, Fiona. »

« Tu sais, je t'aimerai toujours. Seulement, je suis un peu triste, mais je suis aussi très heureuse de t'avoir rencontré et de t'avoir gardé pendant tout ce temps. »

Je me retourne lentement vers elle pour la regarder. Elle est étendue sur les bruyères, le regard dirigé vers le ciel, un sourire illumine son visage.

« Tu es si belle, Fiona. Je n'ai jamais rencontré quelqu'un dont j'ai été aussi amoureux. »

Fiona éclate de rire, puis elle noue les bras autour de mon cou et nos lèvres se rencontrent dans un baiser passionné. Pendant que nous faisons l'amour, je respire le parfum délicat des fougères et j'ai vraiment l'impression que nous nous trouvons à des milliers de kilomètres de nulle part. Tout est calme et le silence de la nuit n'est rompu que par le cri d'un héron qui vole de l'autre côté du loch.

« Millin, il se fait tard ! Il faut retourner à la maison. N'oublies pas que tu dois être de retour à Achnacarry à six heures du matin pour sonner le réveil. »

« Nous avons encore plein de temps. Je serais capable de rester là toute la nuit avec toi. » Je me penche légèrement en avant pour lui déposer un baiser sur le bout du nez *« Je t'aime »*.

« Moi aussi, je t'aime, Millin. »

Nous redescendons lentement le versant de la colline en nous tenant par la main pendant qu'une légère brume se dépose sur le loch et que l'air commence à se rafraîchir.

A Achnacarry, on commence à voir quelques signes de l'arrivée du printemps. Des fleurs apparaissent sur les arbres et les couleurs changent sur les collines. Même la pluie donne l'impression d'être presque tiède. Mais ce n'est pas l'arrivée du printemps qui change quoi que ce soit dans l'organisation quotidienne des activités au camp. Dimanche matin, nous sommes tous à nouveau sur la colline devant le camp pour un exercice de combat. Notre travail consiste à montrer aux nouveaux comment s'organise une manœuvre *« feu et mouvement »*. Nous faisons la démonstration avec des munitions réelles, essentiellement des armes de petit calibre et des mortiers de deux pouces. J'ai l'impression de devenir meilleur au mortier car maintenant j'arrive à toucher la cible assez souvent.

A deux heures de l'après-midi, je suis désigné avec trois autres gars pour accompagner un peloton d'officier pour une marche commando jusqu'à Spean Bridge à environ dix kilomètres du camp. *« Tu as intérêt à tirer le meilleur parti possible de ta semaine, Piper. C'est ta dernière chance de profiter de la vie à Achnacarry avant de rejoindre Lovat dans le sud.* » Je reconnais la voix du sergent major Jimmy James qui traverse la cour d'un pas chaloupé pour aller rejoindre une section à l'entraînement, la badine solidement fixée sous le coude gauche. Je me retourne et l'aperçois, la tête haute, le regard droit devant ; il marche d'un pas rapide et m'a déjà dépassé de plusieurs mètres. J'ai l'impression de lire dans ses pensées et j'imagine qu'en ce moment il est en train de se répéter *« Bien, tout le monde est prêt ? Remontez-moi vos manches et ouvrez vos cols de chemise ! »*

L'instructeur nous fait mettre au garde-à-vous puis nous partons aussitôt en direction de Spean Bridge. Les gars sont disposés en ordre de combat avec le fusil à l'épaule gauche et c'est à nous de donner la cadence. Au moment où nous atteignons le pont de Gairlochy, avant de descendre la route en direction de Spean Bridge, l'allure soutenue commence à se faire sentir chez un ou deux gars. Je jette un regard circulaire pour constater qu'au moins personne n'a décroché - tout le monde est là en peloton bien regroupé- on a seulement fait mettre les deux gars qui montraient des signes de fatigue au centre du groupe pour que leurs copains puissent leur donner un coup de main au besoin.

Enfin arrivés à Spean Bridge, nous observons une courte pose pour remettre de l'ordre dans notre équipement puis je me place en rang en compagnie de mes trois collègues avant de prendre le chemin du retour. *« Gauche, droite, gauche, droite, »* scande l'instructeur en guise d'encouragements en se déplaçant d'un côté à l'autre du groupe. Soudain, l'allure change et nous passons de la marche au pas à la petite foulée. Je jette un œil aux deux officiers qui montraient précédemment des signes alarmants de fatigue ; ils sont toujours au centre du peloton et leurs visages affichent une teinte rouge écarlate qui résume bien leur état de fatigue, mais ils semblent avoir plutôt récupéré et continuent leur course la bouche grande ouverte avec une expression dans le regard qui en dit long sur leur détermination. Nous passons à nouveau par Gairlochy : le pont de bois est traversé au pas de course et le bruit de nos rangers frappant le tablier se répercute en écho dans l'air tranquille puis il se transforme en un claquement sourd au contact du bitume de la pente raide qui mène à Achnacarry. Environ trois kilomètres plus loin, nous croisons un peloton qui se dirige au pas de course vers Spean Bridge. L'un des gars de notre groupe fait remarquer : *« vous croyez qu'on a l'air aussi lessivés que ces autres pauvres mecs ? Quand on pense qu'ils sont à peine partis !* » Le groupe que nous venons de croiser est maintenant hors de vue et nous approchons d'Achnacarry, certainement pas aussi frais que lorsque nous sommes partis, mais après une quinzaine de kilomètres ce n'est pas si mal, d'autant plus que nous revenons au complet ! Nous nous arrêtons à environ un kilomètre et demi du camp pour reprendre figure humaine, puis nous reprenons la route cette fois-ci en marchant. Nous passons le minuscule bureau de poste avec fière allure, moment auquel nous croisons le colonel Vaughan et le capitaine Nash. Le colonel nous manifeste sa fierté de nous voir en si grande forme, mais nous, nous n'avons qu'une hâte, celle de nous débarrasser de nos rangers au plus vite et de soigner nos ampoules aux pieds ! Le peloton d'officiers disparaît bientôt de l'autre côté de la place d'armes en direction de ses quartiers, et il me vient soudain à l'esprit que c'est peut- être la dernière fois que je les vois. Si ce n'est pas le cas, je serai certainement incapable d'en reconnaître un seul dans l'avenir car tout ce que j'ai pu voir cet après-midi se résume à des visages rendus écarlates par l'effort et à des têtes qui dodelinaient toutes de la même façon tout le long du chemin.

La semaine a passé très vite et nous sommes déjà jeudi. J'ai déjà fait mes adieux à pratiquement tout le monde, y compris aux habitants du coin : à Donald Cameron, le garde-chasse de Lochiel, à Rebecca Stewart, la vieille dame qui habite une maisonnette juste à côté du camp, sans oublier Bob le vacher ni Lachie McPherson qui habite à l'autre bout du loch. Hier soir, j'ai traversé le loch en barque pour aller dire au revoir à mes amis d'Inver Mallie et pour l'occasion je n'ai pas manqué d'apporter ma cornemuse pour des adieux en musique. Les eaux du loch étaient calmes et la lune brillait dans un ciel immensément tranquille et serein pendant la traversée au retour vers Achnacarry.

Ma visite à Inver Mallie fut une vraie soirée musicale avec des airs de cornemuse et un accompagnement de chants gaéliques par les deux frères qui n'oublièrent pas de me servir des whiskies bien tassés pour me donner de l'entrain. Comme je ne me sentais pas dans un état de toute première fraîcheur, j'étais bien content d'avoir la pleine lune pour guide à mon retour cette nuit-là. Quelques semaines auparavant, j'avais fait une tentative de traversée par nuit noire et j'avais essayé de me repérer en fonction du bruit de l'eau qui passe sous le pont de l'Arkaig, mais j'avais mal estimé les distances et je m'étais brusquement retrouvé entraîné à toute allure sous le pont. J'avais juste réussi à m'agripper à une des piles du pont au dernier moment et ma barque avait été entraînée à pleine vitesse par les courants violents pour aller se perdre dans les eaux du loch Lochy.

Le lendemain matin, la barque était retrouvée complètement enchevêtrée dans les filets de protection qui séparent la rivière Arkaig du loch Lochy. Plus tard dans la matinée, le sergent major et celui de la sécurité militaire débarquent au baraquement de la section pour faire leur enquête au sujet d'une certaine barque qui venait d'être retrouvée abandonnée à Bun Arkaig. Ils se tiennent tous les deux dans l'encadrement de la porte à épier toute expression sur nos visages pendant que nous, nous restons immobiles au garde-à-vous au pied de notre lit. Le sergent major fait lentement le tour de la pièce en scrutant chaque visage puis il s'arrête au centre de la chambrée près du poêle. *« Je parierais bien que l'un d'entre-vous ou même peut-être plusieurs auraient essayé de traverser le loch en barque cette nuit... Qu'est-ce que vous dites de ça, bande de salauds? »* J'ai l'impression que le sergent ne me quitte pas des yeux et qu'il est en train de dire cela pour moi. Personne ne pipe mot. Je garde les yeux fixés droit devant moi et je me raidis un peu plus quand j'entends le sergent major gueuler au sergent de la sécurité : *« sergent, le con qui a réduit en miettes le cul de cette barque se trouve dans cette pièce, alors trouvez-le moi ! »*

Comme le coupable n'a jamais été déniché, j'ai tout intérêt à prendre soin de cette barque toute neuve que je manœuvre avec la plus grande attention à travers les eaux miroitantes du loch Arkaig. J'attache précautionneusement la barque à son amarre vers une heure et demie et pense que c'est mon dernier soir à Achnacarry. Finis les défilés le matin...

Je me retourne dans mon lit pour jeter un œil par la fenêtre, la lune brille haut dans le ciel et répand une lueur argentée sur le baraquement Nissen. Tout le camp repose dans un silence presque féérique. Dans quelques heures, les pelotons vont se mettre à courir en petite foulée autour de la place d'armes, les instructeurs vont hurler leurs commandements et un jour nouveau va commencer à Achnacarry. Je me retourne une fois encore et sombre dans le sommeil, oubliant même les grincements de dents de mon voisin du dessous.

Il est huit heures et demie, j'ai chargé mon paquetage sur le jeep et, après un arrêt de quelques secondes au poste de garde pour y retirer mon billet de train pour je ne sais plus quel endroit du Sussex après un changement à Glasgow, je me retrouve pied au plancher sur la route en direction de Fort William. Le sergent du garage a accepté de me prêter la voiture à condition que je la laisse au poste de police où il pourra la faire récupérer dans la soirée. Cela me rend bien service car je vais pouvoir m'en servir une bonne partie de la journée.

Ma cousine Kate McKay est très contente de me voir. Elle est ravie car elle est persuadée que je vais passer plusieurs jours chez elle, mais son sourire s'efface quelque peu lorsque je lui annonce que je me contente de laisser mon paquetage et ma cornemuse chez elle pour aller rejoindre Fiona chez laquelle j'ai l'intention de rester jusqu'à dimanche soir. Après un délicieux souper chez Kate, je charge la bicyclette de son mari sur la jeep et comme le temps se met à la pluie, je préfère enlever mon kilt pour le remplacer par un vieux treillis. Après avoir laissé la jeep au poste de police, je prendrai le vélo pour aller chez Fiona. Kate m'accompagne jusqu'à la porte :

« *Tout va redevenir bien calme à Fort William quand tu vas partir en Angleterre, Bill Millin.* »

« *Tu sais, Kate, je ne m'en soucie guère. Il y a une quantité d'autres joueurs de cornemuse dans les environs, comme Major Patterson, John McDonald et Ewan Cameron, pour n'en citer quequelques-uns !* »

« *Tu sais très bien de quoi je veux parler,* » me répond Kate en m'aidant à mettre mon ciré. « *Tous les joueurs de cornemuse dont tu parles ne passent pas leur temps à courir les collines. Il serait temps que tu t'assagisses un peu. C'est sans doute une bonne chose que tu partes avec Lovat, au moins, ça t'empêchera de faire des bêtises !* »

Je lui crie en retour « *tu as sans doute raison, Kate* » en dévalant l'allée du jardin pour atteindre la Jeep. « *A dimanche soir, Kate.* » Je lui fais un signe de la main et je démarre sous une pluie battante qui déverse des trombes d'eau sur le capot de la Jeep. Kate reste près de la porte, le regard consterné. C'est vrai, à chaque fois que je lui rends visite, c'est pour partir presqu'aussitôt chez Fiona. De toutes manières, je me rattraperai en restant chez elle lundi et mardi prochains.

Le sergent de police accepte de prendre les clefs de la Jeep en remarquant toutefois « *je me demande ce que nous allons devenir lorsque tous les commandos auront quitté Lochaber et que la guerre sera terminée.* » Le sergent est un homme de cœur, il est toujours prêt à offrir l'hospitalité à n'importe quel soldat qui se perd dans sa circonscription. Il ajoute : « *ici, on est heureux d'offrir le gîte et le couvert et même de quoi garer sa voiture...* »

« *C'est bien vrai, sergent, mais songez aux soirées chantantes que l'on s'offre de temps en temps !* » Le visage du sergent s'adoucit en pensant aux concerts de cornemuse, c'est un joueur émérite et il prend un réel plaisir à participer à nos concerts à l'hôtel de ville quand l'occasion se présente. Je descend le vélo de la Jeep et au moment où je vais l'enfourcher le sergent me retient par le bras : « *Tu sais, Millin, je voudrais te souhaiter bonne chance et j'espère te revoir bientôt ? Je suis sûr qu'on n'a pas fini d'entendre ta musique.* » Nous nous serrons la main et je me lance sur la route à travers la campagne en pédalant de toutes mes forces, déjà presque transi par la pluie.

« *Millin, as-tu vu de quoi tu as l'air ? Est-ce que tu t'es-tu amusé à venir à la nage ?* »

Je laisse le vélo contre le mur de la fermette et j'aperçois Fiona debout devant la porte, un sourire radieux aux lèvres. Ce n'est pourtant pas la première fois que je viens à bicyclette et que j'arrive complètement trempé. J'enlève mes vêtements pour les étendre à côté du pignon de la maison, je m'enveloppe dans une grande serviette et je m'installe devant le feu pendant que Fiona m'apporte une grande tasse de thé sucré.

Ce soir-là, Fiona et moi restons un peu plus longtemps que d'ordinaire assis devant la cheminée à parler de tout et de rien en évitant de faire allusion à mon prochain départ. Le dîner était excellent et nous l'avons terminé avec un verre de mon whisky favori. Je me sens complètement décontracté et serein, la tête appuyée sur la main gauche, et je ne me lasse pas de contempler Fiona à mes côtés. Elle est assise jambes croisées à même le sol devant le feu, ses longs cheveux tombent en cascade sur ses épaules, les flammes dansent et virevoltent dans la cheminée en créant des ombres qui se projettent tout autour de la pièce. Fiona se tourne vers moi : « *Pourquoi me fixes-tu comme cela, Millin ?* »

« *Parce que tu es la personne la plus séduisante que j'ai jamais rencontrée et je voudrais m'imprégner de ton image pour ne jamais t'oublier, comme tu es là ce soir avec la lueur des flammes qui se reflète sur ton visage.* » Fiona tourne la tête et se penche vers moi pour me déposer un baiser sur le front.

« *Tu sais, Millin, cela me surprend toujours quand tu me dis des gentilles choses comme cela sans paraître gêné. Je t'aime, tu sais.* »

« *C'est impossible que je me sente gêné par ce que je te dis ou parce que nous faisons ensemble. Je me souviendrai toujours de cette soirée et je sais que ton image restera à jamais gravée dans ma mémoire.* » Nous nous étirons sur le dos, les pieds en direction du feu et les yeux fixés au plafond à regarder les ombres projetées par les flammes de la cheminée. Fiona rompt ce long moment de silence.

« *Millin, tu ne crois pas que nous serions mieux au lit ?* » Je l'attire doucement vers moi et nous nous étreignons avec passion.

Je lui murmure à l'oreille : « *Tu as raison, Fiona, cela serait beaucoup plus confortable si nous étions au lit.* »

Nous passons toute la journée de samedi à couper du bois et à nous affairer à diverses tâches autour de la maison. L'idée de devoir partir demain me paraît tout à fait irréelle. Je n'arrive pas à me persuader que c'est déjà demain que je passerai la nuit chez ma cousine Kate McKay à Fort William avant de partir pour Glasgow passer quelques jours de permission chez mes parents. Pendant tout l'après-midi, Fiona affiche un grand calme, une attitude que je prends presque pour de la réserve. J'ai l'impression qu'elle évite même de m'adresser la parole. Après le repas je réussis à la persuader de venir faire une promenade sur la colline derrière la maison. Nous faisons une halte à notre endroit favori pour admirer le loch au loin au-dessous de nous.

« *Tu as vu tous ces nuages, Millin, je crois que nous allons avoir une grosse averse.* » Le paysage en face de nous donne une impression de tristesse infinie. Les collines de chaque côté du loch sont devenues sombres et projettent leur ombre inquiétante dans l'eau. Aujourd'hui, tout est si différent des moments heureux que nous avons passés à cet endroit. « *Excuses-moi si je n'ai pas été de com-*

pagnie très agréable aujourd'hui, Millin, mais je suis si malheureuse que tu t'en ailles demain et, je sais que je ne te reverrai plus jamais. » Fiona se tourne vers moi, elle noue les bras autour de mon cou, vient se blottir contre moi et me regarde droit dans les yeux : « *Tu vas quitter Lochaber, Millin, et quand tu reviendras dans cinq mois je ne serai plus là. Je mourrai la semaine qui précédera ton arrivée à Fort William.* »

« *Ne dis pas de bêtises, Fiona, tu es en pleine santé ! Allez, arrête d'être si triste et morose et viens à la maison avant que la pluie ne se mette à tomber.* » Je la prends par la taille et nous commençons à descendre le versant de la colline d'un pas rapide.

Cette nuit-là, nous n'avons pas réussi à dormir beaucoup, préférant rester éveillés à écouter le bruit de la pluie contre la fenêtre et ce n'est que vers le matin que le sommeil nous emporte dans un court voyage.

Les premières lumières de l'aube me réveillent. C'est une lueur blafarde qui se fraie un chemin à travers la fenêtre et la pluie tombe toujours. J'éprouve une sensation très curieuse, une sorte d'oppression qui ressemble à un mal d'estomac, comme une peur indicible sans qu'il y ait pourtant une raison à cela. Je tourne les yeux vers Fiona. Elle dort paisiblement, la tête reposant sur le bras gauche, ses longs cheveux de jais tranchent avec la blancheur extraordinaire de sa peau. Elle ouvre soudain les yeux et se tourne vers moi, comme réveillée par une sorte de sixième sens et me murmure : « *The gaol agam ort, Millin* » (je t'aime, Millin). « *Allez, essayons de passer cette dernière journée ensemble du mieux possible. Est-ce que tu crois qu'on devrait rester au lit toute la journée, ou en tous cas une bonne partie de la journée ?* » Je me rapproche d'elle pour lui murmurer à l'oreille : « *au moins jusqu'à midi* », mes paroles à demi couvertes par le crépitement de la pluie contre la fenêtre.

L'après midi passe comme un éclair et à mesure que l'heure du départ approche, Fiona entreprend de vaquer à quelques occupations ménagères pour me laisser préparer mon paquetage.

« *Tu peux prendre la bible qui se trouve sur la petite table à côté de ton fauteuil, Millin. Je voudrais que tu la prennes. Tu pourras la laisser en garde à ta cousine de Fort William jusqu'à ce que la guerre soit finie.* » Je prends le gros livre et le met dans mon sac avec le reste de mes affaires.

« Je te remercie beaucoup, Fiona. Cette bible m'aidera à me souvenir toujours de toi et je suis sûr que Kate McKay sera heureuse d'en prendre soin jusqu'à mon retour. » Je suis maintenant prêt à partir et j'ai déjà le sac à l'épaule. Nous sommes debout l'un en face de l'autre, mais nous n'arrivons pas à prononcer un seul mot. J'ai toujours cette sensation bizarre à l'estomac, la même que ce matin au réveil, cette peur inexplicable que je n'arrive pas à expliquer. Des larmes abondantes coulent des yeux de Fiona, ces yeux que jusqu'à aujourd'hui je n'avais jamais vu ciller n'arrêtent pas de cligner et de répandre leurs larmes sur son visage. Je la prends dans les bras et l'attire doucement vers moi. Nous nous embrassons, doucement d'abord, puis avec passion, en nous étreignant de toutes nos forces. J'ai le goût salé des larmes de Fiona dans la bouche alors que je commence à m'éloigner vers la porte. La pluie vient de s'arrêter de tomber et un faible soleil essaye de percer les nuages bas. *« Au revoir, Fiona. »* Je n'arrive pas à me décider à lui lâcher les mains. *« Je reviendrai dans les Highlands pour te voir, peu importe le temps que cela prendra, mais je reviendrai, je te le jure. »* Nous nous embrassons encore, un long baiser plein d'une tendresse infinie, nos deux corps soudés pendant encore un bref instant, puis je me sépare d'elle pour un dernier *« au revoir, Fiona, j'espère te revoir très bientôt ».*

Elle me retient par la main un instant encore, *« Millin, c'est la dernière fois que nous nous voyons. Il ne faut pas avoir peur quand tu traverseras la mer, car tu reviendras ici à Lochaber sain et sauf. »* Elle m'embrasse sur la joue et me laisse partir. Arrivé au minuscule pont sur le ruisseau, je me retourne pour faire un geste d'adieu de la main et Fiona me répond par le même geste. Je presse le pas le long de l'étroit sentier qui passe entre les collines et descend vers Corpach et Fort William. J'ai peur de me retourner et l'image de Fiona, debout sur le pas de la porte, ses longs cheveux noirs descendant en cascade le long de son visage reste gravée dans ma tête. Pendant tout mon périple la vision de Fiona s'impose à moi en permanence et quelque part je sais que je ne la reverrai plus jamais.

Des bourrasques glaciales balayent le quai de la gare de Fort William où ma cousine Kate McKay a tenu à m'accompagner avant mon départ et à l'instant où le train commence à s'ébranler, elle m'a crié : *« n'oublies pas de descendre du train à Glasgow ! et de m'envoyer une carte postale quand tu seras en Angleterre »*. Je reste un moment penché à la fenêtre jusqu'à ce que Kate ait disparu au lointain puis je prends place sur la banquette, le regard toujours fixé sur les collines dans la direction de la fermette de Fiona. Son image persiste dans ma tête et j'essaie de m'imaginer ce qu'elle est en train de faire en ce moment. Mes pensées sont interrompues lorsque le train arrive à Spean Bridge. Je jette un regard par la vitre, il n'y a pas un chat sur le quai ; après un coup de sifflet strident, le train reprend de la vitesse petit à petit dans un nuage de fumée. Ce quai n'est pas toujours aussi désert, je l'ai souvent fréquenté ces derniers temps quand j'allais attendre les pelotons de nouvelles recrues qui venaient suivre l'entraînement à Achnacarry. Le paysage est toujours le même à cette époque de l'année, le froid est intense dans la vallée et une épaisse couverture de neige recouvre encore le sommet des collines.

Des images défilent dans ma tête, entre autres celles des nouvelles recrues qui se mettent en colonne à la sortie du train. On devine toute leur appréhension en regardant leurs visages et aussi leur première inquiétude à l'annonce qu'ils vont devoir faire toute la route à pied jusqu'au camp. Pendant que les gars se mettent en ordre de marche, je remonte en tête de la colonne et mes doigts sont tellement engourdis par le froid que je me demande si je vais arriver à jouer de la cornemuse tout le long du chemin. Curieusement, j'y arrive toujours, cette fois-ci et la suivante et toutes les autres fois, même lorsque je dois jouer de mon instrument sous une pluie battante pour donner de l'ardeur aux gars.

Le paysage change, le train file maintenant à travers la lande de Rannoch, puis traverse Achnacarry, laissant Fiona et tous mes autres amis à des kilomètres derrière. Mon regard est attiré par un groupe de cerfs dans le lointain et je me demande si j'aurai un jour l'occasion de revenir ici.

La nuit est déjà tombée lorsque le train arrive à Glasgow. J'attends une dizaine de minutes à un arrêt d'autobus dans l'obscurité pour enfin parvenir à en prendre un qui m'emmène lentement à travers la ville puis dans la banlieue. Selon le chauffeur, les Allemands ont bombardé le secteur de Clydeside les deux nuits précédentes. La maison de mes parents est complètement dans l'obscurité. J'ouvre la grille du jardin et contourne la maison jusqu'au jardinet qui se trouve derrière. Je trouve mes parents installés dans l'abri « *Ander-son* » qu'ils ont fabriqué au fond du jardin. « *Nous sommes désolés de devoir te faire passer ta première nuit de permission dans l'abri, mon petit* » me dit ma mère sur un ton d'excuses, pendant que mon père s'installe inconfortablement dans le fond de l'abri pour lire son journal à la lumière d'une minuscule bougie. Je viens m'asseoir près de lui et il me lance d'une voix où transparaît la colère : « *on aurait du leur régler leur compte définitivement pendant la Grande Guerre ! C'est incroyable, on a passé quatre ans dans les tranchées et tout cela pour que ces sales cons de boches viennent aujourd'hui nous bombarder jusque dans notre jardin.* » Une sirène annonce la fin de l'alerte sur le coup de deux heures et demi du matin, nous pouvons enfin rejoindre la maison. En me servant une tasse de thé, ma mère m'annonce que mon frère Ramsay est venu passer une permission à la maison il y a une quinzaine, puis il est parti rejoindre son bâtiment à Leith. Ma sœur Olive est toujours à Londres dans une unité de défense anti-aérienne. « *Cela serait bien si on pouvait vous avoir tous les trois ensemble à la maison à l'occasion d'une permission* » ajoute ma mère avec un soupir avant de se lever de sa chaise pour aller préparer quelques tartines de pain grillé supplémentaires à la cuisine. Je commence à sortir ce que j'ai amené dans mon baluchon et je tends à mon père un beau morceau de gibier qu'il s'empresse de mettre à tremper dans l'évier de la cuisine. Ma mère jette un regard de côté et fait remarquer : « *Sir Donald Cameron est vraiment un homme d'une grande bonté pour nous envoyer du gibier. Tu sais qu'il nous en envoie même parfois par la poste. N'oublie pas de l'en remercier, mon fils, parce qu'avec toutes ces restrictions, le gibier qu'il nous envoie nous permet de bien manger pendant des semaines.* » Mon père achève de remplir l'évier et avec un sourire en coin vers ma mère il déclare sur un ton faussement indigné : « *oui, fiston, tu le remercieras mais tu lui diras aussi que ce qu'il nous a envoyé hier par la poste commençait à être truffé d'asticots !* » Il faut dire que pour mon père les asticots ne sont pas un problème. Il mit la viande à mariner toute la nuit dans du vinaigre et ma mère cuisina un ragoût délicieux pour le repas du dimanche qui fit aussi le régal de mon cousin Chris . Mon cousin est officier dans un régiment canadien du Saskatchewan qui se trouve actuellement à Glasgow. « *Bon Dieu, tante Liz, c'est le meilleur repas que j'ai fait depuis que j'ai quitté la maison* », déclara-t-il en nettoyant avec soin son assiette à l'aide d'un morceau de pain.

Ma permission, comme toutes les permissions d'ailleurs, est passée avec une vitesse folle et je me retrouve bientôt dans le train qui m'emmène vers le sud pour rejoindre la première brigade de commandos après que mes parents m'aient accompagné à la gare pour me dire au revoir. Je déteste les adieux, surtout lorsqu'ils ont lieu sur les quais de gare. Je suis là debout à attendre mon train à ne savoir quoi dire pendant que ma mère s'agite autour de nous. *« N'oublies pas de changer de chaussettes, fais bien attention de manger comme il faut et surtout couches toi de bonne heure. »* Elle ne laisse même pas mon père placer un mot. Finalement, je grimpe sur le marche-pied du wagon. Mon père me donne une solide poignée de main en ajoutant avec son ton habitué à donner des conseils : *« garde la tête sur les épaules, petit, et surtout prends bien soin de ta cornemuse. Souviens toi de nous quand tu joueras "Mist covered Mountain". »* Comment pourrais-je l'oublier, c'est son morceau préféré ! Chaque fois que l'occasion s'en présentait, il n'omettait jamais de me dire : *« allez, Bill, joues-nous notre air bien de chez nous »*. Toutes ces pensées se bousculent dans ma tête. Pendant que le train continue sa course, j'observe mon image qui se reflète sur la vitre du compartiment, puis les visages à peine éclairés des autres voyageurs qui sont tous des militaires comme moi. Je me demande si ce sont tous des gars qui reviennent de permission comme moi, ou peut-être vont-ils en permission ? Je me dis qu'en tous cas nous avons tous un point commun, c'est celui de devoir garder la tête froide !

Au bout d'un instant, je fais comme les autres gars ; après avoir accroché mon manteau de drap gris près de la fenêtre, je me laisse gagner par un profond sommeil, laissant les lumières des agglomérations que nous traversons défiler au fil de la course du train.

Il est sept heures du matin et mon train vient d'arriver à Londres. Je me dépêche de traverser la gare pour prendre ma correspondance pour Midhurst dans le Sussex.

Les gars de l'état-major sont plutôt interloqués lorsque je me présente au bureau central tiré à quatre épingles avec mon kilt et ma cornemuse. Le sergent major jette un œil dans ma direction et me lance sur un ton plutôt sarcastique *« je suppose que vous venez pour les olympiades écossaises ? »*

« Non, sergent, je suis le joueur de cornemuse attaché à Lord Lovat et je vous serais reconnaissant de me faire conduire à mes quartiers. »

Le sergent se retourne vers un des plantons : *« eh bien, dites-donc, on vient de toucher un drôle de numéro ! encore un de ces bougres de cons d'Achnacarry. Trouves-lui de quoi crêcher »*. Puis, en se dirigeant vers la porte de sortie, il se retourne vers moi et me gueule : *« t'es prié d'être au défilé demain matin à huit heures et demi pétantes, là, devant le bureau, et on verra ce que tu vaux à la cornemuse »*.

On m'a attribué une chambre chez des civils, quel changement avec Achnacarry ! Je suis accueilli à la porte d'entrée par une vieille dame toute proprette qui me dit : *« Mon mari et moi, nous vous appellerons Piper si cela ne vous ennuie pas. Vous allez partager une chambre avec le caporal Bill, vous comprenez, on ne peut pas avoir deux Bill dans la même maison. Une chose encore, Piper, je vous serais reconnaissante de retirer vos rangers avant d'entrer dans la maison. »*

Je m'assois sur le seuil de la porte d'entrée pour retirer mes rangers ; ma première impression est que les choses vont être radicalement différentes ici en Angleterre. Le caporal Bill me résume la situation en une seule phrase lapidaire et péremptoire : *« Tu sais, Piper, les proprios sont deux vieux cons complètement à côté de leurs pompes qui ne se rendent même pas compte que nous sommes en guerre. »*

Ce matin, c'est l'heure de mon premier défilé avec la première brigade de commandos. Je prends position à droite des troupes alignées pendant la tournée d'inspection du général Lovat. Il s'arrête en face de moi et me dit : *« vous jouerez "Highland laddie" pendant la revue. »*

« A vos ordres, mon général. »

Lovat se dirige vers la tête de la colonne et le sergent major se met à aboyer ses commandements : *« A droite, droite, en avant, marche »*, puis toute l'unité s'ébranle le long de la route sur l'air de *« Highland laddie»* pendant que des voisins du camp viennent s'agglutiner à leurs portails pour nous regarder défiler. Je suis maintenant accepté comme le joueur de cornemuse attitré de la brigade. J'ai pris pour habitude de ne porter que le kilt et je me déplace toujours avec ma cornemuse. Je sens que je ne vais pas chômer pendant les semaines à venir ! Au moins, c'est un changement radical par rapport à la vie que je menais de Achnacarry à passer mon temps à courir les collines !

Le caporal Bill n'est pas encore rentré, il a dû être envoyé quelque part pour une revue de troupes. J'ai le sentiment qu'il a dû être désigné avec quelques autres gars comme garde du corps de Montgomery. C'est un type curieux du genre croyant et pratiquant : il ne fume pas et il ne boit pas ! Je me demande si nous allons faire bon ménage. En tout cas, ce n'est pas le genre de type à qui je demanderais de m'accompagner pour aller boire un coup au café du coin, et encore moins pour aller à une sauterie. Si j'ai envie de prendre du bon temps, j'ai l'impression que je ferai mieux d'aller chercher ailleurs !

Ainsi se termine ma deuxième journée avec la première brigade spéciale du général Loval. Il faut que je fasse attention à tout ce que je consigne dans mon journal, car comme nous l'a fait remarquer le sergent major, s'il nous arrivait par malheur d'être fait prisonnier par ces cons de fridolins comme il les appelle, on doit éviter de mettre entre leurs mains toutes sortes d'informations qui pourraient être utiles à leurs services de renseignements. Je referme mon cahier d'écolier et le remets en sûreté dans mon sac. Je jette un dernier regard autour de la pièce et mes yeux s'arrêtent sur le lit vide du caporal, puis j'éteins la lumière et je me couche face contre le mur. Je me demande si j'arriverai jamais à me trouver à l'aise dans des draps aussi propres ? Pour l'instant, je me contente de me délecter dans cette sorte de luxe d'une propreté quasiment clinique ! Je me mets à penser à Fiona, à sa maisonnette dans les collines de Lochaber ; tous ces souvenirs défilent dans ma tête avant de céder la place à un profond sommeil.

Sept heures du matin. Je me réveille en sursaut tout hébété. J'ouvre les yeux avec difficulté et je m'assois dans mon lit. Je suis le spectateur d'une scène inimaginable ! La proprio se tient près de l'encadrement de la porte de la chambre et elle est en train de donner des claques au caporal Bill debout à côté de son lit, l'air complètement ahuri ! Son mari est juste derrière elle et il n'arrête pas de répéter la même phrase *« vas-y, très chère, encore, ce n'est pas possible de tolérer un tel comportement dans cette maison ! »*

« Vous devez quitter cette maison immédiatement, caporal. Nous n'accepterons aucune excuse ! J'ai dit immédiatement ! Le mari suit sa femme en dehors de la pièce en continuant "oui, immédiatement".» Toujours sans comprendre de quoi il retourne, je m'assois sur le bord du lit.

« Qu'est-ce qui lui arrive, caporal ? »

Le caporal repousse draps et couvertures et me lance d'un air renfrogné : *« ce qu'ils ont, ces deux vieux cons, c'est que j'ai pissé dans leur putain de lit ! »*

« Mais, vous ne buvez même pas, caporal, » je lui réponds avec une furieuse envie d'éclater de rire.

« Je sais que je ne bois pas, Piper. Seulement, on a fait la fête hier soir après la revue avec Montgomery et j'ai descendu une ou deux pintes de bière. J'ai pas l'habitude, et voila ce qui arrive ! »

Sur ces mots, je me recouche non sans jeter un œil auparavant sur le lit complètement détrempé du caporal.

« Dites-moi, caporal, rien qu'à vue de nez, vous avez du descendre plus d'une ou deux pintes hier soir ! »

Quelque part, je suis désolé qu'on le mette dehors, car je crois que tous compte fait on aurait pu bien s'entendre !

C'est mon troisième jour sur la côte sud et je me retrouve déjà tout seul ! J'ai comme le pressentiment que l'aventure qui vient d'arriver au caporal va me faire radicalement changer mes habitudes et que je vais devoir modérer ma consommation dans les cafés du coin.

Les jours passent ; personne n'est encore venu prendre la place laissée vacante par le caporal dans le lit en face du mien. La proprio et son mari sont très gentils mais je me sens toujours un peu ennuyé par ce qui est arrivé à mon voisin de chambre. Ils ont l'air d'apprécier la cornemuse et ils m'encouragent à aller m'entraîner presque tous les soirs dans leur jardin derrière la maison. J'espère que les voisins apprécient aussi ! Je peux me tromper, mais j'ai l'impression que le type d'un certain âge et sa femme qui habitent à côté semblent en avoir ras le bol d'entendre mon biniou !

Après la séance d'entraînement de ce matin, le sergent major nous annonce que l'état-major de la brigade va faire route aux premières heures de la matinée. Ma proprio n'a pas trop bien pris la nouvelle quand j'ai annoncé cela au souper. Elle s'est mise à éclater en sanglots et a quitté la table, rapidement suivie dans la cuisine par son mari. Puis, ils sont revenus quelques instants plus tard pour terminer le repas.

« Je suis triste que vous nous quittiez déjà, Piper, nous commencions à nous habituer à vous. »

La proprio garde les yeux baissés vers son assiette tout le long du repas et jette un regard de temps à autre dans ma direction, puis, elle range son couteau et sa fourchette dans son assiette et elle se lève de table. *« Piper Bill, comme vous allez nous quitter tôt demain matin, est-ce que cela vous ennuierait de nous jouer un petit air de cornemuse pour mon mari et moi ? »* Je vais chercher mon instrument dans ma chambre et je leur joue un air en faisant plusieurs fois le tour de la table. Je joue le morceau préféré de la vieille dame *« Road to the isles » ;* cet air lui rappelle sa lune de miel en Ecosse avant la guerre.

La brigade est en train de se mettre en ordre de marche le long de la route devant le quartier général en attendant les camions. J'ai fait mes adieux à ma proprio et à son mari et je leur ai promis de revenir les voir si jamais j'avais l'occasion de repasser dans ce coin du Sussex. Les camions arrivent, nous grimpons tous dans les véhicules qui ne tardent pas à se mettre en branle. Selon les rumeurs qui circulent, nous allons à Southampton. *« On dirait bien qu'on est en route pour le deuxième front »*, s'exclame une voix derrière moi dans le camion, *« tu ferais bien d'accorder ta cornemuse pour mieux te préparer à démoraliser l'ennemi ! »*

Chapitre 3

Le 2 juin, la première brigade commando fait mouvement vers la zone de regroupement appelée le « *Common* ». C'est une vaste étendue de prairies plantées d'arbres située à proximité de la route principale en direction de Southampton. C'est là que nous allons vivre, sous la tente, entourés de barbelés, jusqu'à ce que le moment soit venu de monter à bord des péniches de débarquement qui nous emmèneront en France. Dans le camp, on trouve aussi beaucoup d'autres unités de nationalités très diverses telles que des Américains, des Français, des Polonais, des Hollandais, des Belges et d'autres encore sans doute. Je connais très bien la région de South ampton. Ma sœur est mariée avec un sergent major de l'artillerie royale et elle y habite une maison qui se situe à environ dix minutes à pied du Common. Il est interdit aux troupes résidant dans le camp de se mêler à la population civile, aussi j'espère que la rumeur va faire circuler la nouvelle que la brigade du général Lovat se trouve dans le coin ; dans cette hypothèse, le bruit viendra peut-être jusqu'aux oreilles de ma sœur et elle essaiera de passer me voir. J'ai déjà passé plusieurs permissions chez elle et j'en avais profité pour prendre part aux sauteries locales en compagnie d'une petite amie que j'avais à cette époque.

Pour vaincre l'ennui et essayer de garder les esprits occupés, le commandement organise des séances de cinéma, des matches de football et même des conférences sur le débarquement qui s'annonce maintenant comme imminent. On nous montre des cartes et des maquettes des côtes françaises sans que personne y comprenne vraiment grand chose et lorsqu'on pose une question du genre *« à quel endroit allons nous débarquer ? »*, la réponse de l'officier est invariablement la même : *« ça, c'est encore secret pour le moment ! »*

Je passe mon temps à jouer de la cornemuse au profit des différentes unités de la brigade en prenant soin de ne pas leur imposer ma musique à tout crin car je comprends fort bien que l'on n'aime pas ça... Heureusement pour moi, la grande majorité des troupes de la première brigade commando apprécie ce genre de musique et les gars m'accueillent toujours très poliment à chaque fois que je leur rends visite. Parfois, je les soupçonne quand même de faire semblant d'être polis du fait que je suis le joueur de cornemuse officiel de la brigade et en plus le joueur attitré de Lovat. Le général jouit d'une grande popularité parmi ses hommes, surtout auprès de ceux du 4e commando qui est composé en grande partie de soldats français. Un jour, un soldat américain se montre très intrigué par le rôle que j'ai à jouer dans le débarquement. Il me demande : *« Dis-moi, Piper, qu'est-ce que tu as comme armement individuel ? »*

Je lui réponds : *« ma cornemuse, un point c'est tout... »*

Il se gratte alors la tête d'un air pensif et s'exclame : *« Bon Dieu, t'as rien pour te défendre ? tu sais, t'es vraiment mal barré si les Allemands n'aiment pas la cornemuse ! »*

Les faits les plus marquants du quotidien sont les marches que l'on nous fait faire en dehors du camp et dans les environs de Southampton. On nous emmène généralement jusqu'à la station d'épuration où il y a une buvette où l'on peut se rafraîchir avant de rentrer au camp. En général, le matin je joue pour le 45e des Royal Marines que j'accompagne en dehors du camp le long de la route que l'on appelle *« l'avenue »* sur l'air de *« Highland laddie»,* puis nous poursuivons notre périple dans la campagne environnante où la population locale se rassemble pour nous voir défiler. Je m'ennuie tout de même un peu et j'espère que ma sœur Olive va bientôt trouver le moyen de passer me voir.

Je n'ai pas longtemps à attendre ! Alors que je suis en train d'accompagner les Marines de retour au camp après une marche - nous étions en train de remonter *« l'avenue »* sur l'air de *« Blue Bonnets over the border »* - j'aperçois deux silhouettes sur le bas-côté de la route en train de faire des signes pour attirer mon attention. C'est ma sœur Olive et mon ancienne petite amie Mary. J'en crache presque l'embouchure de l'instrument sous l'effet de la surprise pendant qu'elles se mettent à m'emboîter le pas ! Je jette un regard interrogateur en direction de l'officier des Royal Marines ; il me fait signe qu'il va donner l'ordre de prendre la première entrée du camp sur la gauche. Je prends donc aussi à gauche et marque une pause à l'entrée du camp pendant que les commandos continuent à défiler au son de *« Highland Laddie »*. Je m'arrête de jouer une fois toute la troupe hors de vue après le premier virage à l'intérieur du camp. Olive et Mary n'ont guère le temps de tailler une bavette avec moi car les plantons de service au poste de police arrivent dans la seconde pour leur dire de passer leur chemin, mais j'ai quand même le temps de les embrasser et de leur donner quelques nouvelles pour mes parents à Glasgow.

J'apprécie tout particulièrement mes ballades en compagnie des Français du 4e commando. Au début, ils avaient quelques difficultés pour marcher en phase avec la cornemuse, mais au bout de peu de temps j'avais appris à jouer un peu plus vite pour m'accorder à leur rythme et ils avaient vite compris l'esprit de la manœuvre.

Ces jours derniers, je raccompagne le 3e commando au retour d'une marche et, à proximité de l'entrée du camp, je jette un œil en direction de l'officier. Il me fait signe que nous allons passer par la deuxième entrée. Je continue à jouer *« Nut brown Maiden »* quand soudain, sans crier gare, l'officier fait prendre la première entrée à tout son monde en me laissant tout seul remonter la rue principale de Southampton sans que je me sois aperçu que je n'avais plus personne derrière moi. Je suis heureux comme tout car la cornemuse sonne particulièrement bien et je ne me rends compte du grotesque de la situation que lorsque j'aperçois des badauds hilares en train de me regarder ! Ce fut un vrai moment d'anthologie...

Ce soir-là, la rumeur circule dans le camp comme quoi nous devrions faire route d'ici peu pour la zone d'embarquement. Le lendemain, Shimi Lovat convoque l'ensemble de la brigade pour un dernier briefing. Nous nous regroupons tous autour de lui pour savoir quand nous allons quitter le camp et pour quelle destination.

Lovat prend d'abord la parole en anglais, puis en français. Il nous apprend que nous plions bagage dès cet après-midi. Puis il poursuit par ces mots : *« je vous souhaite à tous bonne chance pour ce qui va suivre : ce sera la plus grande aventure militaire de tous les temps, n'oubliez surtout pas que la brigade commando a un rôle important à jouer ! »* Il poursuit en nous disant que notre mission sera de constituer l'avant-garde des troupes qui débarqueront et que nous devons être fiers de jouer un rôle aussi déterminant dans l'attaque. *« Dans cent ans, les fils de vos fils diront : les hommes de cette époque devaient être des géants. »*

Cet après-mid-là, je fais le tour du camp pour serrer la main des gars avec qui je me suis lié d'amitié pendant mon bref passage dans la zone de regroupement. Tout le monde se montre très amical, même cet officier qui déteste la cornemuse et qui avait l'habitude de se mettre en colère à chaque fois que je passais à côté de sa tente à six heures et demie pour le réveil. Je me souviens qu'il sortait immanquablement de sa tente en pyjama pour me montrer le poing et me lancer *« dis-donc, toi, espèce de braillard de mes deux, tu ne pourrais pas aller faire ton boucan de l'autre côté du camp ? »* Aujourd'hui, il prend la peine de me rendre visite à ma tente le sourire aux lèvres et me donne une poignée de main chaleureuse en ajoutant : *« bonne chance, Piper, je suis désolé de te voir partir. Tu vas nous manquer toi et ta cornemuse »*. Lui, il fait partie des personnels permanents du camp et à ce titre il ne risque pas d'être envoyé au front, mais je le soupçonne néanmoins d'être bien content de nous voir partir, moi et ma cornemuse !

Après avoir fini de mettre de l'ordre dans notre paquetage, nous nous dirigeons vers la sortie du camp pour grimper dans les camions et nous nous retrouvons bientôt sur des routes complètement

Le 4 juin Lord Lovat harangue ses commandos avant le départ. Ci-contre : Bill Millin joue devant ses camarades à Tichfield sur le terrain de Football (IWM).

embouteillées par des véhicules militaires de toutes sortes. Il y a des chars lourds et aussi des blindés légers, des auto-mitrailleuses et une quantité de véhicules de transport de troupes. La police militaire n'arrête pas d'aller et venir le long des convois pour essayer de

dégager les itinéraires. De temps à autre, nous croisons des groupes de civils qui se sont regroupés aux carrefours ou le long des routes. Peu d'entre eux nous manifestent des encouragements, pour la plupart ils se contentent de nous regarder passer l'air pensif et même plutôt absent.

Je jette un œil par la ridelle arrière du camion et je me rends compte que ce coin me semble tout à fait familier : devant, je reconnais la Hamble, une petite rivière, puis le *« Soleil levant »,* un café où je suis allé plusieurs fois avec mon ancienne copine il y a de cela deux ans. Aujourd'hui, les circonstances sont bien différentes. Quelques minutes après avoir passé le café, le camion tourne à gauche le long de la rivière sur une petite route étroite puis s'arrête au milieu d'un champ. Çà y est, nous sommes arrivés à notre zone d'embarquement. Nous descendons des camions et je m'aperçois avec surprise que nous ne sommes qu'à quelques centaines de mètres du *« Soleil levant ».* Je me dis que j'aurai peut-être l'occasion de m'éclipser pour aller y descendre une ou deux pintes ! Le terrain est bordé sur la gauche par la rivière et sur la droite on distingue un long appontement où sont amarrées des douzaines de péniches de débarquement, à la queue leu leu, jusqu'à perte de vue.

Les embarcations ont l'air toutes petites. Je me dis que ce n'est pas possible que l'on nous fasse traverser la mer dans ces trucs-là ! Je n'ai pas le pied marin et je ne peux pas m'empêcher de penser à ce qui nous attend si le temps vient à se gâter. Pour tuer le temps, certains jouent aux cartes alors que d'autres ont l'air de bien s'amuser à faire des signes à des filles qui se penchent à la fenêtre d'une maison non loin de là. Les filles sont habillées en bleu marine et la maison a certainement été réquisitionnée pour abriter l'un des états-majors de la marine. Les filles continuent toujours à répondre aux signes de la main des soldats et les plaisanteries vont bon train. D'autres types sont en train de jouer au foot un peu plus loin. C'est une belle soirée d'été et la nuit commence à peine à tomber. Je suis juste en train de me demander quel subterfuge je vais bien trouver pour m'éclipser jusqu'au *« Soleil levant »* pour y prendre un verre qu'une voix résonne à travers le champ *« Dis, Piper, tu nous joues un air ? »* Désappointé, je réponds *« Pourquoi pas »* en essayant de me faire une raison : de toute façon, à cette heure le troquet est sans doute fermé.

Je me saisis de la cornemuse pour la gonfler et commence un périple autour du champ en m'arrêtant devant les emplacements des divers commandos pour jouer des morceaux à la demande. Mon instrument sonne bien et je me sens suffisamment en forme pour continuer comme cela pendant des heures.

Le scène que j'ai en face de moi pourrait aussi bien être un regroupement de boy-scouts sur le point de partir en colonie de vacances. Le seul indice qui infirme cette image est révélé par la présence de tout le matériel militaire éparpillé sur toute la zone. Des journalistes s'affairent un peu partout à prendre des photos et à interviewer les gars des commandos.

Je m'arrête de jouer lorsque quelqu'un me fait signe qu'il faut se tenir prêt à embarquer. « *Bon, à Dieu va...* » Je glisse mon sac à dos en bandoulière, la cornemuse de l'autre côté, et je commence à me diriger vers l'autre bout du terrain en direction des embarcations. Mes yeux s'arrêtent sur les armes que mes copains sont en train de transporter : fusils, grenades, armes automatiques, mortiers et tout un attirail conçu pour faire la guerre. Je pense au seul armement que j'ai à ma disposition, ma cornemuse, et je me dis que j'aurai bien de la chance si les Allemands aiment le son de cet instrument. Je cherche Lovat du regard, mais c'est lui qui me repère le premier. « *En avant, Piper, montez dans la première péniche !* » Une fois à bord, je dépose mon sac à dos dans la cale. C'est un endroit minuscule et inconfortable au possible. Je remonte sur le pont et cherche Shimi Lovat du regard. Il veut sans doute que je lui joue un air du folklore écossais, mais en ce moment il est en train de parler avec l'officier de marine qui commande la flottille.

Je me trouve sur la péniche de débarquement qui va tracer la voie en aval de la rivière, le long de l'île de Wight, et enfin à travers la mer de la Manche. Quelqu'un s'approche de moi pour me dire que le général veut que je joue quelque chose pendant la descente de la rivière. Je jette un œil en direction de Lovat qui se trouve sur la dunette, il me fait signe de la tête pour que je prenne position à l'avant de l'embarcation.

Le bâtiment glisse lentement sur l'eau au moment où j'entonne « *The road to the Isles* ». Je me sens en pleine forme, avec seulement un peu d'appréhension sur la suite de la traversée. L'île de Wight est devant nous à droite et tout autour de notre embarcation on aperçoit des centaines de navires de toutes sortes, du plus petit au plus gros, ainsi qu'un nombre incalculable de péniches de débarquement. Cette véritable armada constitue un spectacle extraordinaire avec tous ses bâtiments en attente de prendre leur place dans la longue file de navires. J'entonne maintenant la « *The Skye boat Song* » et un des marins réussit à faire passer le son de ma cornemuse dans le système de haut-parleurs. Cela a un effet extraordinaire sur le reste des bâtiments. Les gars se mettent à lancer leurs casques ou leurs bérets en l'air en signe d'allégresse et me font une véritable ovation. Pour moi, c'est un moment de fierté inoubliable de savoir que je fais partie de l'équipage qui va tracer la voie du débarquement.

La mer devient un peu plus agitée, et un vent mordant balaye le pont. Je m'arrête de jouer car cela devient trop difficile de rester debout. Nous venons de passer en haute mer, l'île de Wight est maintenant loin derrière nous et c'est le moment pour moi de mettre ma cornemuse à l'abri pour un certain temps. J'ai toutes les peines du monde à me frayer un chemin jusqu'à l'écoutille qui donne accès à la cale tant la houle et le roulis baladent la péniche dans tous les sens.

L'arrière du LCI 501 sur lequel montent Lord Lovat et Bill Millin, navire qui avancera sur la mer en tête de la Brigade de commandos (IWM).

En bas, les gars sont serrés comme des sardines et ils marinent dans un brouillard épais de fumée de cigarettes. Un des types est en train de vomir tripes et boyaux dans ce qui sert de latrines pendant que d'autres sont en train de l'observer avec autant d'attention que d'appréhension, le visage tournant déjà au vert kaki. Maintenant, l'odeur du vomi se mélange à celle du tabac et j'imagine qu'avant la fin de la nuit il y aura encore bien d'autres odeurs dans ce cocktail.

Avant de finir de descendre la coupée, je me dis que j'ai le choix : ou bien continuer à descendre quitte à étouffer dans tous ces remugles, ou bien remonter sur le pont et affronter le vent glacial. Tout compte fait, je préfère encore me joindre aux autres et tant pis pour mes narines.

Je trouve une place à côté de quatre types en train de jouer aux cartes qui condescendent à se pousser un peu en rechignant. De toute évidence, mon arrivée les dérange au cours d'une partie qui semble captiver toute leur attention, leur concentration n'étant interrompue que par le bruit des mises qu'ils jettent dans un béret vert. Deux autres soldats sont en train de vérifier leur armement, d'autres se couchent en chien de fusil pour essayer de trouver le

Les hommes du LCI 502 saluent Bill Millin qui joue de la cornemuse en passa côté d'eux sur le LCI 501. (IWM).

sommeil. Le gars qui était malade a maintenant été rejoint par ses voisins, ceux qui commençaient à virer au vert, et une forte odeur de vomi envahit les moindres recoins de la cale.

La péniche continue à être bourlinguée par un roulis inquiétant. A certains moments le tangage est tellement fort que le bâtiment tout entier vibre de la proue à la poupe. Nous ne devons plus en avoir pour longtemps avant d'atteindre notre objectif. Je commence moi aussi à ressentir les effets du mal de mer et rejoins les autres précipitamment aux latrines pour me soulager. Cela me remet un peu d'aplomb et me permet de m'assoupir un bref instant, quelques minutes peut-être, au bout desquelles je suis réveillé par une violente nausée. Les joueurs de cartes sont toujours concentrés sur leur partie, ponctuée par le tintement des pièces qu'ils jettent dans le béret vert. Un soldat est en train de lire un livre de cow boys qui a l'air de le faire bien rire, quant à ceux qui étaient malades comme des chiens, ils sont toujours entassés dans les toilettes et l'un deux se met soudain à gueuler : *« mais, bon Dieu, pourquoi ce foutu bâteau ne coule-t-il pas et qu'on en finisse ? »*

Je m'élance aussi vite que je peux vers les latrines en me frayant un chemin parmi les corps étendus et j'arrive juste à temps pour y ajouter ma contribution. J'ai le souvenir de plusieurs autres allées et venues avant de sombrer dans un demi-sommeil. Lorsque je me réveille pour de bon, il est quatre heures du matin et le bâteau poursuit toujours sa route mais le roulis semble s'être apaisé. Le grondement des machines est moins fort et j'ai le pressentiment que nous ne devons plus être loin des côtes françaises. Je m'étire comme je peux tout en jetant un œil en direction des joueurs de cartes. L'un d'entre eux est un homme marié ; maintenant je me souviens de lui parce qu'il m'avait montré une photo de sa femme à Southampton avant de partir. C'est curieux, la seule chose qui semble importante pour lui à cet instant c'est sa partie de cartes. Je suis content de ne pas être marié, je me dis que je ne pourrais pas m'empêcher de me faire du mauvais sang rien qu'à l'idée de savoir que ma femme s'en ferait pour moi. Je regarde à nouveau ma montre et décide d'aller faire un tour sur le pont. J'enfile ma veste et me dirige vers l'échelle de coupée à travers les corps endormis. Le bâtiment est encore agité par un fort roulis, la mer est toujours presque aussi mauvaise, parsemée de paquets d'écume laiteuse et balayée par un violent vent debout. *« Quel froid de canard ! »* me dis-je en moi-même en m'extrayant de l'écoutille. Les rampes de débarquement sont déjà en position basse, prêtes pour le débarquement. Il ne fait pas bien beau sur le pont, mais l'air y est tout de même plus respirable que dans la cale. La fraîcheur du vent m'aide à reprendre du poil de la bête et je retrouve mes esprits petit à petit. Tout en m'agrippant à la porte de la cale, je me dis presque tout haut *« je me fous de savoir combien il y a d'Alemands en face et ce qui nous attend sur les plages de Normandie, mais pourvu qu'on sorte de cette maudite péniche le plus vite possible ! »*

Au lointain, on commence à distinguer la côte française. Je me déplace avec précaution vers l'avant du bateau, presque en rampant, et m'agrippe à un gros anneau métallique pour ne pas être emporté par-dessus bord. Je n'ai pas intérêt à tomber à l'eau parce qu'il n'y a pas âme qui vive sur le pont pour venir me repêcher !

Je me demande bien où sont passés les hommes d'équipage. Je me retourne pour jeter un regard à la passerelle ; le commandant du navire et Shimi Lovat sont en train de scruter la côte à la jumelle. Je me retourne vers l'avant, j'arrive maintenant à distinguer des maisons sur le front de mer, elles sont à moitié détruites par les bombardements.

Je me dépêche de redescendre à la cale pour récupérer mon sac à dos et ma cornemuse. Les gars sont en train de se préparer, personne ne dit mot, pas même ceux qui étaient si malades pendant la traversée, eux aussi sont en train de s'affairer à rassembler leur équipement.

Pendant que nous nous regroupons sur le pont, le navire donne l'impression de s'être stabilisé. Des vaisseaux de guerre de toutes sortes sont en train de pilonner des objectifs sur la côte. Certaines de leurs salves nous passent par-dessus la tête avec un grondement inquiétant. Il y a maintenant une intense agitation sur le pont, les commandos sont en train de se mettre en rang vers l'avant du navire près des rampes et les hommes d'équipage s'affairent de partout. Je passe à l'arrière pour y déposer l'étui de ma cornemuse, c'est un paquet dont je n'ai pas envie de m'encombrer une fois à terre... L'officier de marine a fini de rassembler ses hommes et il est en train de leur souhaiter bonne chance à renfort de solides poignées de main.

« Est-ce que cela vous dérange si je laisse mon étui ici ? » L'officier se contente de me regarder de bas en haut avec un air perplexe

Le LCI 502 (en haut) vu du LCI 501 transportant Lord Lovat et Bill Millin et l'arrière (en bas) de celui-ci. (IWM).

comme pour me dire *« qu'est ce que vous voulez que ça me foute ? »*

Je rejoins les autres commandos à l'avant du navire. Les canonniers allemands commencent maintenant à entrer dans la danse. Leurs tirs sont terriblement précis et soulèvent des paquets de mer tout autour du bâtiment. Sur notre droite, une péniche de débarquement vient d'être frappée de plein fouet et l'incendie fait rage. Les occupants sont en train de sauter par-dessus bord dans une bousculade inimaginable. Personne ne semble prêter attention aux salves d'artillerie ni même aux infortunés soldats du navire en flammes. Tous les yeux sont rivés sur la côte à mesure que les péniches s'en rapprochent. J'arrive maintenant à distinguer tous les détails du littoral. En bas de la plage, deux chars sont en flammes et dégagent une épaisse fumée noire qui se propage le long des du-nes ; ils ont dû être pris à partie avant même d'avoir pu atteindre la côte.

J'ai toujours les yeux rivés sur cette scène quand une nouvelle salve d'artillerie siffle par-dessus ma tête et vient détruire une maison sur le front de mer, propulsant d'énormes mœllons dans les airs. Nous nous tenons prêts à accoster, au milieu du fracas des balles et des éclats d'obus ; quant à moi, je me trouve juste derrière Shimi Lovat, à proximité de la rampe babord. Les premiers com-

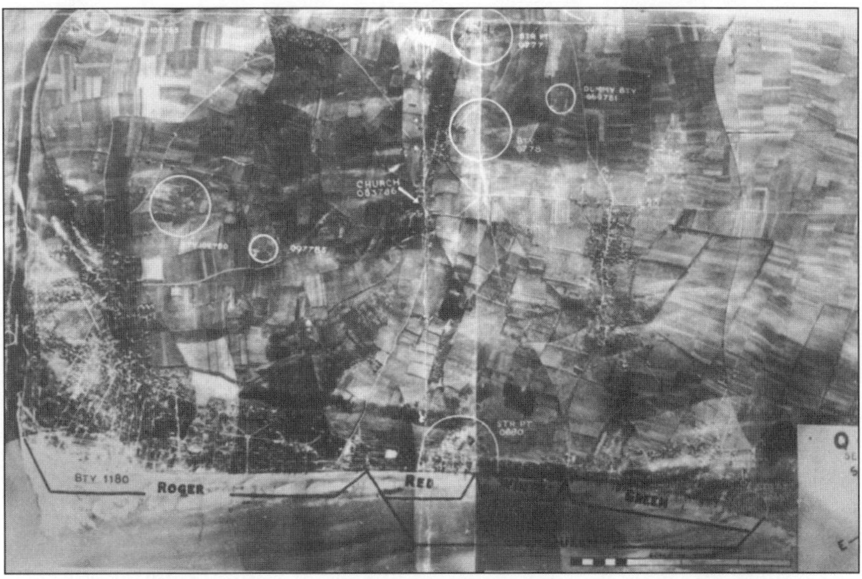

Photo aérienne montrant le secteur de la plage Sword où débarqua Bill Millin.

mandos se jettent soudain à l'eau. L'un des joueurs de cartes, l'homme marié, est atteint au visage par un éclat d'obus au moment où il pose le pied sur la rampe pour descendre de la péniche. L'espace d'une seconde, il essaie de se raccrocher mais est aussitôt happé par les vagues.

Une centaine de mètres nous sépare encore de la plage. Lovat saute du navire et commence à se frayer un chemin vers le sable en s'aidant des bras dans un mouvement de brasse. Je prends sa suite, les bras au-dessus de la tête pour tenir la cornemuse au sec et je me retrouve avec de l'eau jusqu'à la ceinture. Le poids de mon sac à dos me fait basculer en arrière, mais par bonheur quelqu'un me pousse violemment en avant pour me faire retrouver un équilibre qui me permet de sauver mon instrument de la noyade. Shimi Lovat est à quelques mètres devant moi, je me débats du mieux que je peux pour essayer de le rejoindre.

Les rampes du LCI 501 vont s'abattre. Lord Lovat et Bill Millin sont prêts à débarquer. (IWM).

L'eau ne m'arrive plus qu'aux genoux, il s'en faut de quelques mètres pour atteindre le sable ; le claquement des armes automatiques est assourdissant, renforcé encore par les explosions d'obus qui arrosent la partie droite de notre secteur. Je mets précipitamment la cornemuse en position pour jouer « *Highland Laddie* » au moment où j'atteins enfin les premiers mètres de la plage. Lovat se retourne au son de la musique, il me lance un bref sourire de contentement et reprend sa progression.

Au moment où je pose les pieds sur le sable, le fracas des explosions s'amplifie et le sifflement des balles se rapproche encore davantage en se mêlant au son de la musique.

Des soldats me dépassent au pas de course pour se diriger vers le haut de la plage ; je m'arrête un instant de jouer en passant à côté de deux types qui viennent de se faire descendre ; l'un d'entre eux a la moitié du visage arraché et les deux corps sont entraînés dans un

Lord Lovat est déjà dans l'eau, on l'aperçoit. Bill Millin est au premier plan à droite avec sa cornemuse. (IWM).

macabre mouvement de va-et-vient au gré des vagues. Dans un éclair de lucidité, je me souviens des derniers conseils qui nous ont été donnés avant de partir : *« débrouillez-vous pour remonter la plage le plus vite possible. »* Plusieurs soldats se sont mis à l'abri du feu de l'ennemi derrière un petit mur, parmi eux il y a des blessés que l'on a adossé au mur, leurs visages ont pris une étrange teinte grisâtre. D'autres soldats essayent de s'enterrer pour se mettre à couvert. L'impression générale que j'ai de la situation est quc nous sommes en train de nous faire massacrer sans pouvoir riposter. Je jette un regard circulaire pour essayer de retrouver Lovat et j'arrive enfin à le localiser non loin de moi vers le haut des dunes, en train de parler avec quelqu'un. Je prends mes jambes à mon cou pour essayer d'atteindre un chemin qui descend vers la plage. Près de la route, j'aperçois un groupe de soldats étendus de tout leur long. Ils doivent être huit ou neuf et ont l'air d'être tous blessés. Ils sont là à la limite du chemin et de la plage, sans doute après avoir été fauchés par une rafale de mitrailleuse ou par un obus de mortier au moment où ils essayaient de rejoindre la route. Deux d'entre eux me crient à plusieurs reprises : *« Bon Dieu, l'Ecossais, est-ce que t'as vu les toubibs ? »* Je leurs réponds qu'ils ne vont pas tarder à arriver... Je m'agenouille près de l'un des blessés pour essayer de le tirer à couvert près d'un mur, mais une longue rafale de mitrailleuse en provenance de la route me contraint à me jeter à l'abri dans l'encadrement d'une porte où je me fais aussi petit que possible. Je reste là, complètement hébété, à regarder les blessés étendus sur le sable en face de moi. Ils portent tous cette étrange couleur grîsatre sur le visage et l'un d'entre eux continue à appeler au secours. Je jette un regard de côté et aperçois un char de déminage en train de remonter la plage dans notre direction. Son système de chaînes à l'avant frappe le sol avec un bruit sourd et à mesure qu'il se rapproche je distingue de mieux en mieux le visage du chef de char qui dépasse de la tourelle. Je me rends soudain compte que l'engin est beaucoup trop large par rapport au chemin et qu'il va m'écraser contre le mur ! Je me jette de côté pour l'éviter, sous le tir des mitrailleuses allemandes qui sont toujours en position plus haut sur la route. J'essaie de faire signe au chef de char pour lui indiquer les blessés qui se trouvent sur son chemin, mais il ne semble pas me voir. Le canon du blindé continue à tirer sur la position allemande et l'engin détruit les murs de chaque côté du chemin en poursuivant sa progression. Je jette un regard impuissant aux corps déchiquetés des

Octobre 1993 : Bill Millin joue de nouveau sur la plage où il débarqua le 6 juin 1944. (Heimdal).

blessés après le passage du char et après quelques secondes qui me paraissent des heures je me résouds à m'élancer le long de la plage pour rejoindre Lovat et les autres.

La plage est toujours sous le feu des Allemands, auquel s'ajoutent les salves de l'artillerie de marine alliée qui pilonne une position de l'autre côté des dunes. Les deux chars sont toujours en flammes et continuent à dégager une fumée noire qui remonte vers le rivage.

Je rattrappe Lovat au moment où le major de la brigade lui annonce qu'il vient de recevoir un message comme quoi les parachutistes qui ont été largués pendant la nuit ont réussi à prendre les ponts sur l'Orne et sur le canal. C'est une bonne nouvelle pour nous car nous pourrons nous servir des ponts plutôt que de devoir traverser les rivières à la nage.

Mais, les ponts en question sont encore loin devant et nous allons devoir faire face à bien des événements avant d'atteindre l'Orne. En me voyant, le major interrompt sa conversation avec Lovat et il me lance : *« Dites, Piper, ça vous dirait de nous jouer quelque chose ? »*

« Que vous préférez-vous comme morceau, mon commandant ? »

Il réfléchit un moment, puis me répond *« jouez nous donc "The road to the isles". »*

« Voulez-vous que je joue en marchant le long de la plage, mon commandant ? »

« Oui, ça serait bien » me répond-il. Sur ce, je mets la cornemuse en position sur l'épaule gauche et commence à entonner le morceau qu'il m'a demandé de jouer sur un rythme assez rapide en longeant le bord de la plage. J'ai à peine parcouru une cinquantaine de mètres que j'entends quelqu'un gueuler sur ma gauche : *« Qu'est-ce que t'es en train de déconner à jouer de ce truc, espèce de con ! Tu crois pas que c'est assez la merde ici comme çà sans que t'aies besoin de rameuter ces putains d'Allemands avec ton engin ? »* C'est un sergent, je conclus que de toute évidence ce type-là n'aime pas beaucoup la cornemuse, en tout cas, pas dans ce contexte ! Je continue néanmoins mon morceau pendant qu'il me dépasse et prend la peine de se retourner pour me jeter un regard assassin. D'autres gars me font le signe de la victoire du haut de la plage et je tombe pour la deuxième fois sur les deux cadavres de soldats qui continuent leur ballet mortuaire au gré des vagues. Les troupes continuent à débarquer des péniches, elles me croisent sans s'attar-

der du regard et poursuivent leur progression vers le haut de la plage ventre à terre. Je m'arrête de jouer au moment où je me rends compte que Lovat et le major ont disparu. Je remonte vers les dunes en petite foulée pour les rattraper au moment où je les aperçois en train de traverser un champ de l'autre côté de la plage.

Nous entamons maintenant notre progression à travers les terres en commençant par deux champs de mines qui sont encore signalés par des pancartes marquées ***« Achtung ! Minen »***. Les troupes allemandes n'ont sans doute pas eu le temps d'enlever les écriteaux, prises de court par l'arrivée des troupes alliées.

Des armes automatiques continuent à tirer tout près. Les rafales semblent venir d'un secteur sur notre gauche, à proximité de la tête de la colonne. Tout le monde se jette à plat ventre. Je me laisse tomber sur le dos et ma chute est amortie par mon sac à dos qui me maintient à moitié assis. Je reste dans cette position à scruter le ciel et constate que c'est une journée de beau temps qui s'annonce. Le ciel est bien dégagé et j'entends même le cri d'un oiseau pendant un moment d'accalmie, seulement rompue par le crépitement des armes automatiques sur notre gauche.

Le regard toujours dirigé vers le ciel, je me surprends à découvrir ce à quoi ressemblent les salves de mortier ! Les obus décrivent une courbe juste au-dessus de moi en direction de la plage à quelques centaines de mètres plus loin en arrière de notre position. Quelques secondes plus tard, les obus éclatent les uns après les autres avec un bruit sourd. Ils sont rapidement suivis par une autre salve qui émet à son tour un sifflement inquiétant à mesure qu'elle descend vers l'objectif. Nous sommes en train de vivre notre première expérience des obus allemands à fragmentation. Ce sont des bombes qui explosent avant de toucher le sol avec un énorme vacarme sourd et répandent une épaisse fumée noire.

Les Allemands ont certainement trouvé les bonnes coordonnées de tir et j'imagine que les troupes qui sont en train de débarquer doivent avoir droit à une sacrée réception !

Nous reprenons notre progression à travers d'autres champs de mines. Un coup de fusil claque tout près, puis un autre. Le gars qui lisait un livre de cow-boy sur le bateau pendant la traversée est atteint à la poitrine. Il tombe face contre terre au bord de la route. Quelqu'un le retourne, le type a déjà cette pâleur livide propre aux blessés sur le visage. Pendant que le groupe reprend la route, un médecin s'affaire à déboutonner la veste de treillis du gars pour se rendre compte de l'état de gravité de la blessure. Chacun de nous se pose la même question : d'où va venir la prochaine balle et pour qui va-t-elle être ?

A mesure que nous progressons vers l'intérieur des terres, les tireurs isolés se font de plus en plus menaçants ; en revanche, les détonations d'armes lourdes et le fracas des bombardements semblent s'apaiser quelque peu.

Nous pénétrons dans un petit village et je suis surpris d'y voir des gens sur les trottoirs. Ils crient *« des Anglais, des Anglais »* en nous faisant des signes de la main. Je suis en train de jouer de la cornemuse, ce qui a le mérite de déclencher des applaudissements de la part des villageois, pendant que deux religieuses sont en train de servir des verres de vin aux soldats. D'autres commandos se trouvent de l'autre côté de la route à une cinquantaine de mètres devant moi, ils sont arrêtés et arrosent de leurs mitraillettes une maison à proximité de la tête de la colonne.

Je m'arrête de jouer pendant que des villageois s'enfuient à toutes jambes vers l'arrière pour se mettre à couvert des tirs en provenance de la maison. Un soldat est en position du tireur couché près du fossé, face contre terre, en train d'ajuster la hausse de son Piat. Il fait feu et l'obus vient frapper la maison de plein fouet juste au-dessus de la porte d'entrée. Le coup a complètement détruit l'édifice et des nuages de fumée et de poussière commencent à s'élever dans le ciel après l'explosion.

Pendant que nous poursuivons notre traversée du village, j'entends des coups de feu en provenance de nos arrières et je me dis que notre arrière-garde doit être en train d'essuyer une riposte.

A la sortie du village, je me retrouve en tête de la colonne. Nous poursuivons notre route en direction du village de Bénouville. Devant nous, la route est bien droite et bordée d'arbres des deux côtés. Sur la droite, j'aperçois des champs de blé ; sur la gauche, le terrain descend en pente douce vers les rives du canal de l'Orne.

Toujours en tête de file, je joue *« Highland laddie »,* le reste des hommes me suivant sur deux colonnes de chaque côté de la route. De temps à autre, je jette un regard autour de moi : Lovat est juste derrière moi, suivi par le reste du groupe qui s'égrène le long du macadam.

Soudain, deux coups de feu claquent presque simultanément. Je les entends avec précision en dépit du bruit que fait la cornemuse. Je jette un regard scrutateur droit devant et aperçois un tireur embusqué dans un arbre sur le côté droit de la route. Un autre coup de feu résonne, maintenant le tireur est bien en vue. Je regarde derrière moi pour m'apercevoir que des gars sont en train de se mettre à couvert sur les bas-côtés pendant que d'autres ripostent. Je m'arrête soudain de jouer pour mieux observer le tireur qui descend précipitamment de son perchoir et se met à détaler comme un lapin à travers les blés. Sa tête apparaît de temps à autre au-dessus des épis au rythme de sa course et plusieurs rafales de fusil-mitrailleur le suivent dans sa fuite, y compris les coups de revolvers de Lovat.

Deux soldats partent à sa recherche et ramènent le corps pour le déposer près du fossé. Je le regarde avec surprise tout en me demandant pourquoi ce n'est pas moi qu'il a pris pour cible. Lovat me demande de continuer à jouer le plus longtemps possible car nous sommes maintenant arrivés à proximité de la zone occupée par les parachutistes qui se sont emparés des ponts sur l'Orne.

Je remets la cornemuse en position et entonne un air écossais bien connu appelé « *Lochan Side*», tout en soutenant un rythme rapide le long du chemin en direction de Bénouville. A l'approche du village, je distingue des bruits de canonnade, ce doit être des mortiers et des mitrailleuses. Le canal de l'Orne coule parallèlement à la route et les ponts ne doivent pas se trouver loin. Soudain, à une ciquantaine de mètres, un groupe de silhouettes fait son apparition devant moi, les mains par-dessus la tête. Arrivés à notre niveau, nous sommes tout d'abord frappés par la terreur qui marque leurs visages : ce sont les premiers Allemands que je vois se constituer prisonniers !

On les emmène vers l'arrière de la colonne sans ménagement. Je continue mon air de cornemuse à l'approche de Bénouville, la route oblique vers la droite à l'entrée du village et nous sommes soudain pris sous le feu d'armes automatiques. Je m'arrête de jouer dans le virage et rejoins un groupe de gars qui se sont mis à l'abri derrière un mur bas sur la droite. Il y a plusieurs blessés parmi eux et on attend le médecin. Devant nous, on distingue un autre groupe de soldats dissimulés derrière le pignon d'une maison. Tout près de moi, je tombe sur Taffy. Il est à moitié couché sur le dos et semble salement touché. Je n'arrive pas à voir où il est blessé, probablement quelque part dans le dos. Il est là tout près de moi, les yeux perdus dans le vide. Bon dieu ! Quand je pense qu'hier encore il prenait un verre avec moi et n'arrêtait pas de me parler de sa femme !

Je longe le mur, recroquevillé sur moi-même, en serrant la cornemuse contre ma poitrine. J'aperçois Mill Roberts en compagnie du 6e commando qui s'est mis à couvert derrière le pignon de la maison d'en face. Il montre des signes d'impatience et n'arrête pas de passer la tête au coin du pignon pour observer ce qui se passe dans le village. Soudain, un blindé léger fait son apparition comme par enchantement et entre dans le village. Mills Roberts se tourne vers moi et me lance *« Allez, en avant, Piper, suis ce char ! »* J'entonne *« Blue Bonnets over the border »* en suivant le sillage du blindé et tous les autres m'emboîtent le pas.

Le char s'arrête au beau milieu du village devant l'église et commence à faire feu sur le clocher pendant que Lovat se met lui aussi à tirer sur quelque chose qui a retenu son attention dans le cimetière.

Je cesse de jouer un instant pour regarder du côté du clocher. Il y a maintenant un énorme trou à gauche, comme si l'édifice avait été touché par un énorme obus d'artillerie. L'équipage du blindé avait sans doute entendu un tir d'arme automatique en provenance de l'intérieur car trois gars de chez nous ressortent de l'église en escortant un Allemand blessé. De l'autre côté de la rue, trois autres gars font feu en direction des fenêtres d'une maison et deux autres

Les Commandos avancent dans la plaine en direction de Bénouville, derrière la cornemuse de Bill Millin (IWM).

lancent des grenades par-dessus le mur de jardin d'une autre propriété pour nettoyer le secteur.

Nous poursuivons notre avance à travers les rues. En me retournant, je m'aperçois que le blindé a disparu aussi mystérieusement qu'il était apparu. Je suppose que l'équipage du char était aussi content que nous de cette rencontre car un blindé tout seul sans appui d'infanterie s'avère des plus vulnérables et d'un autre côté, il nous a rendu un fier service dans la conquête du village.

Nous nous trouvons maintenant de l'autre côté de l'agglomération, prêts à poursuivre en direction des ponts sur l'Orne. Je me retrouve à la sortie du village à attendre Lovat, en train de contempler la scène : toute la zone est recouverte d'une sorte de nuage de poussière en suspension, comme dans un monde irréel. Les français qui se trouvent-là, complètement terrorisés, et même mes camarades, ont l'air d'arriver d'une autre planète avec cette expression figée et tendu qui marque leurs traits. Certains affichent un air féroce, d'autres me regardent comme si j'étais transparent et je suis sûr qu'ils pensent à la même chose que moi. Je réalise soudain que je n'ai pas eu une vraie conversation avec quiconque depuis le 5 juin, c'est-à-dire depuis hier soir.

Lovat s'approche de moi *« Piper, maintenant nous allons nous remettre en route et je veux que vous continuiez à jouer aussi longtemps que vous pourrez. Nous ne sommes pas loin des ponts de*

l'Orne et je voudrais que les gars qui les tiennent vous entendent et sachent que c'est la brigade commando qui arrive ».

Au moment où je me remets en marche le long du bas-côté de la route au son de « *Blue Bonnets over the Border* » immédiatement suivi par Lovat et les autres, je distingue le bruit d'une intense canonnade dans le lointain ainsi que celui de déflagrations de mortiers dont le fracas caractéristique m'est maintenant familier. Nous suivons une courbe de la route qui mène vers une grande maison à environ trois cents mètres. C'est une bâtisse impressionnante, entourée par un long mur bas surmonté de grilles en fer forgé. La porte d'entrée est entourée de grandes fenêtres de chaque côté et je garde un œil tout particulièrement vigilant sur les dites fenêtres pour voir si un tireur isolé ne se cache pas derrière.

Le clocher de l'église de Bénouville, qui contenait des tireurs isolés allemands, a été éventré par le char (IWM).

J'entends le claquement d'armes automatiques qui couvrent le son de la cornemuse, et en jetant un regard circulaire je m'aperçois que Lovat est toujours derrière moi, suivi par le reste de l'unité qui s'egrène des deux côtés de la route. Jusque-là, tout semble normal.

A une centaine de mètres de la maison, je distingue quelques silhouettes assises sur la pelouse là où la route décrit un virage vers la gauche. Je m'arrête de jouer, tout content de reconnaître les Français du 4e commando. Ils ont l'air épuisés mais la joie se lit sur leurs visages. J'inspecte la rangée de visages et je reconnais mon copain Chauvet avec qui je me suis lié d'amitié au camp à Sou-thampton ; il est là avec les autres, assis sur le talus, en train de se rafraîchir avec l'eau de sa gourde.

Je jette un œil interrogateur en direction de Lovat, lequel opine de la tête pour me donner l'autorisation d'aller rejoindre les français et de serrer la main de Chauvet. Ils ont eu une matinée bien remplie après leur débarquement à La Brèche. Le 4e commando a porté son

Le cadavre de l'un des tireurs isolés allemands. (IWM).

effort sur le secteur gauche de la plage et, après avoir attaqué le secteur de Ouistreham, il s'est emparé du casino qui était âprement défendu. Puis, ils ont repris la route vers l'intérieur pour faire leur liaison avec la brigade.

Pendant que je m'élance pour rattraper Lovat qui continue son chemin après avoir dépassé le groupe de gars qui prennent une minute de repos sur le bord de la route, je crie à Chauvet *« n'oublies pas que tu m'as promis de me faire visiter Paris ! »*, ce à quoi il répond : *« tu ne crois pas que c'est un peu tôt pour jouer les touristes ? »*

Le pont sur le canal de l'Orne se trouve maintenant à environ deux cents mètres et je me dépêche de rattraper Lovat à la tête de la colonne. Il est en train de s'entretenir avec un officier de parachu-

Le pont levant de Bénouville est pris par les hommes du Major Howard dans la nuit du 5 au 6 juin 1944 ; on aperçoit en arrière-plan les planeurs qui les ont amenés (IWM).

tistes. Le pont est une sorte de structure métallique rivetée qui donne une grande impression de solidité. C'est un pont qui peut se lever pour laisser passer les plus gros navires, par bonheur il est bloqué en position basse ! Un voile de fumée noire recouvre le secteur et on entend le sempiternel claquement des armes automatiques. Les tirs semblent provenir de positions allemandes quelque part à droite, et les balles s'écrasent contre les montants métalliques du pont en ricochant. Profitant d'une légère accalmie, quelques gars se dépêchent de transporter les blessés à l'abri dans un café environnant.

L'officier para prend congé, et Lovat se tourne vers moi pour me faire signe que c'est le moment de traverser le pont. Je place la cornemuse en position et suis sur le point de commencer mon morceau quand soudain une voix juste derrière moi se met à crier *« Bon Dieu, Piper, attendez donc d'être de l'autre côté pour commencer ! »*

Octobre 1993, Bill Millin (accompagné de Georges Bernage) franchit "Pegasus Bridge", le pont de Bénouville pour la dernière fois. Il commença à jouer de la cornemuse à l'endroit précis montré sur cette photo (Heimdal).

J'obtempère et entreprends de traverser le pont, immédiatement suivi par Lovat. Le bruit est assourdissant, les balles n'arrêtent pas de se fracasser contre les montants et l'une d'entre elles me passe au ras de la tête après avoir ricoché sur une poutrelle. Je jette un regard autour de moi pour m'assurer que je ne suis pas seul : les autres sont bien là, progressant à travers le pont, à moitié accroupis pour se protéger derrière les rambardes.

Nous parvenons enfin de l'autre côté et Lovat s'avance pour aller parler avec un officier des paras, puis il se retourne vers moi avec un air consterné en me faisant des signes d'impatience pour que je me remette à jouer. *« Allez-y, Piper, continuez à jouer tout le long de la route et à travers le prochain pont. »* J'entonne *« March of the Cameron »,* ce qui, je l'avoue, n'est pas très approprié car Lovat est le chef du clan des Frazer ! Je commence à avoir quelques peines à jouer correctement à cause de la fatigue engendrée par le poids de mon sac à dos ; la plage où nous avons débarqué est maintenant loin derrière nous et j'ai dû souffler dans ma cornemuse pendant la quasi totalité du chemin !

La route qui se déroule devant nous est à moitié dissimulée dans un nuage de poussière et les arches de l'autre pont se détachent sur l'horizon à environ deux cents mètres. Il me semble plus court, mais je ne vois pas de rambardes métalliques derrière lesquelles nous pourrions nous protéger comme sur le précédent.

A cinquante mètres du pont, j'aperçois deux paras embusqués de l'autre côté qui nous font signe de ne pas traverser tant que le pont est sous le feu de l'ennemi. Ils nous montrent de la main la berge sur notre droite pour nous indiquer la présence évidente de tireurs embusqués.

Je suis maintenant en train de jouer *« Blue Bonnets over the border »* tout en cherchant Lovat des yeux. Je l'aperçois en tête de la colonne, affichant un air aussi dégagé que s'il était en train de faire le tour de sa propriété en Ecosse.

Il me fait signe de poursuivre ma progression pour atteindre l'autre côté du pont. Dès la seconde où je pose le pied sur le tablier tout en continuant à jouer le même morceau, je ne quitte plus des yeux les paras qui sont à couvert dans leur tranchée, tous les deux occupés à arroser les deux rives avec leurs armes automatiques. Ils s'arrêtent soudain et me regardent me rapprocher d'eux l'air un peu hébété. L'espace d'une seconde, à leur air héberlué, je me demande si Lovat qui est supposé se trouver derrière moi n'aurait pas été touché. Je n'ai pas le temps de me retourner sur le moment et continue mon chemin à travers le pont pour rejoindre les deux paras dans leur tranchée.

Je pose la cornemuse le temps de leur serrer la main et me rends compte que Lovat est juste derrière moi, sain et sauf. Un officier para vient à notre rencontre la main tendue. Il serre celle de Lovat et lui dit : « *je suis bougrement content de vous voir, mon vieux !* »

Lovat lui répond : « *moi aussi, mon vieux, je suis sacrément content de vous voir ! Désolé d'avoir deux minutes et demie de retard sur l'horaire !* »

Il est midi passé et je me demande quand j'ai bien pu avaler quelque chose pour la dernière fois. Mon dernier vrai repas remonte à hier en Angleterre et je l'ai entièrement restitué sur ce putain de bateau pendant la traversée. Je me rends soudain compte que je crève de faim et de soif !

Les gars des commandos se dépêchent de traverser le pont en portant trois blessés qu'ils déposent sur le talus à leur arrivée à l'autre bout. Un caporal indique au médecin qu'il y a encore d'autres blessés sur la route qui mène au canal.

En laissant le pont derrière nous, je jette un regard en direction des deux paras qui doivent maintenant se sentir bien seuls dans leur tranchée ! Avant de quitter l'Angleterre, on nous avait dit au dernier briefing qu'il était probable que les Allemands feraient sauter les ponts, mais grâce à l'excellent travail réalisé par les troupes largées des planeurs, les ponts ont pu être pris avant d'être détruits, ce qui nous évite de nous mouiller les pieds !

Il y a toujours des tirs d'armes diverses aux alentours des ponts sur le canal et sur la droite on distingue des impacts d'obus de mortiers. Nous faisons maintenant route le long d'une route nationale bordée de futées des deux côtés. Nous quittons bientôt la route pour nous engager sur un sentier longé par deux haies assez hautes. Un peu plus loin, j'aperçois un groupe de maisonnettes et des gens qui nous regardent arriver. Les adultes ne pipent pas mot à notre passage, mais les enfants ont l'air intrigués par ma cornemuse ; tous restent cependant à une distance respectable, excepté une petite fille d'environ huit ou neuf ans qui m'accompagne pendant un bout du chemin en me disant : « *musique, musique...* » Je me décide à lui jouer un petit air, « *The nut brown haïden* », un air écossais très populaire, ce qui déclenche des applaudissements de la part des gens du hameau. Cette petite fille est jolie comme un cœur, avec de longs cheveux roux qui descendent sur les épaules. Elle porte une robe blanche qui n'est pas de la toute dernière mode et elle est pieds nus dans des sabots de bois. Un peu plus loin, je me retourne et la vois nous faire des signes d'adieux de la main.

Je m'arrête de jouer quelques instants. Nous venons de faire environ dix minutes de marche et j'aperçois un croisement droit devant. Un bruit d'enfer assaille nos oreilles et des tirs de mortiers s'abattent dans les champs de l'autre côté de la haie. On dirait qu'il y a un sacré remue-ménage là-bas, comme en témoigne un épais nuage de poussière qui s'abat sur les futées et leur donne une

A l'est du pont de Bénouville, le pont tournant de Ranville enjambe le canal de Caen à la mer, Bill Millin le franchit en jouant "*Blue Bonnets*"...

apparence lunaire. Nous laissons sur la gauche l'entrée d'une carrière et juste après, j'aperçois un groupe de commandos qui descend la route. Ils ont l'air complètement lessivés. Deux d'entre eux transportent un de leurs copains sur un brancard. Une attaque est lancée par une de nos unités contre le village sur les hauteurs au bout de la route. On rapatrie d'autres blessés par un chemin qui vient de la gauche. Les impacts de mortier se rapprochent et le carrefour donne l'impression de devenir un endroit franchement dangereux. Sans nul doute, les Allemands embusqués dans le village ont dû trouver les coordonnées de nos positions. Lovat est debout au milieu du carrefour et des officiers viennent lui faire leur rapport de temps en temps. A en juger à leur expression, ce qui se passe n'a pas l'air engageant. Une maison qui devait être un café ou un restaurant est toujours intacte à gauche du carrefour.

Je pénètre dans le jardinet à l'arrière de la maison, d'autres blessés sont en train d'être transportés dans une grange qui se trouve à l'autre bout. Je vais jusqu'au bâtiment pour y jeter un œil : le sol est presque complètement recouvert de gars blessés ou en train de mourir et deux médecins sont en train de s'affairer à les soigner.

Je reconnais plusieurs des gars qui ont été touchés, l'un d'eux en particulier, qu'on appelle Jim. Il est allongé sur le sol recouvert de paille et a été salement touché à la poitrine, ses jambes aussi sont couvertes de sang et il a le visage livide. J'essaie de lui parler : *« c'est moi, Jim, tu sais... Bill ».* Ses yeux restent sans vie et me fixent sans me reconnaître. Bon Dieu, quand je pense qu'il y a seulement quelques heures, je jouais au foot avec lui au camp à Southampton ; en fait je me souviens que cela fait déjà trois jours de cela.

J'ai la gorge serrée quand je pense à sa famille qui habite à Newcastle. J'avais passé deux jours de permission chez lui et ses parents étaient venus nous accompagner à la gare à notre départ pour rejoindre la brigade.

Je commence à me demander si un seul de nous va en réchapper, tant il y a eu de tués et de blessés depuis notre débarquement du matin. On est maintenant à la fin de l'après-midi et il n'y a pas la moindre perspective d'accalmie.

Je retourne vers le carrefour. Lovat est toujours là à diriger les opérations, méprisant totalement les tirs de mortiers et d'armes automatiques. On transporte encore des blessés le long du sentier qui mène à la carrière où nous nous trouvions quelques minutes plus tôt. On y a installé une antenne médicale car c'est un endroit bien à couvert pour les blessés.

Je vais jusqu'à la carrière pour voir ce qui s'y passe. Les infirmiers sont en train de ranger les blessés les uns à côté des autres. Des obus de mortier viennent de temps en temps exploser jusque dans le champ qui surplombe la carrière, provoquant encore plus de confusion parmi les blessés et les gars qui sont en train de s'en occuper. Ce ne serait pas étonnant si on ne mettait fin à tout cela que, les obus de mortier ailleurs bientôt pilonner le milieu de la carrière. En retournant vers la route, je tombe sur une vraie pagaille à l'entrée de la carrière. Un véhicule a plongé de l'avant dans le fossé et deux hommes sont en train d'essayer de dégager quelqu'un qui est coincé dessous. Il y a là un officier, le révolver à la main qui gueule comme un sourd : *« sortez-moi ce putain de mec de là-dessous et ramenez-le à la plage ou je lui fous une balle dans le citron ! »* Les deux gars parviennent à extraire l'autre de sa position inconfortable et le transportent de l'autre côté de la route. Le conducteur a dû être touché par un éclat d'obus de mortier ou bien il est tout simplement devenu maboul à la vue de tout ce qui se passe ici. Quelle que soit la cause de l'accident, le pauvre gars est bien loin de sa plage, et peut-être même bien encore plus que cela si les ponts sur l'Orne ont maintenant été détruits.

De retour à la route, je remarque qu'il y a un bon nombre de soldats en provenance du secteur de l'Orne. Ils sont assis de part et d'autre des fossés en attendant leur tour de reprendre leur progression.

Cela me donne l'occasion de revoir mes copains du 4e commando français. Ils ont pris position sur le bord de la route, ils sont armés jusqu'aux dents, des bandes de cartouches croisées sur la poitrine et certains ont même en leur possession des armes qu'ils ont prélevées aux Allemands. J'échange quelques mots avec Chauvet qui me donne trois pommes et une grosse barre de chocolat.

Je viens juste de parcourir quelques mètres quand un long sifflement se fait entendre, suivi d'une déflagration de l'autre côté du talus. Je me jette immédiatement dans le fossé juste à temps pour entendre les éclats d'obus lacérer les broussailles au-dessus de ma tête. Un cri de douleur s'élève dans le ciel, laissant ensuite la place à un long silence. Je me sors tant bien que mal de mon fossé pendant qu'un nuage de poussière et de terre est en train de retomber sur le sol.

Je me tâte de partout : pas de blessure. J'examine ma cornemuse et j'ai un haut le cœur en remarquant qu'un des tuyaux a été touché par un éclat. Fort heureusement, je pourrai faire une réparation de fortune, mais pour l'instant il ne me reste plus qu'à essayer de jouer avec ce qui reste de mon instrument. En attendant, je range la cornemuse dans mon sac à dos et poursuis mon chemin en direction du carrefour. Lovat est toujours là et à l'allure où vont les choses, l'état-major de la brigade ne risque pas de prendre possession du village dès ce soir. Deux cents mètres plus loin, il y a encore des tirs sporadiques de mortier et de tireurs embusqués, nous poursuivons néanmoins notre chemin sur une centaine de mètres pour occuper la ferme avoisinante.

Cette ferme se trouve au bord de la route. Lovat y pénètre pendant que nous commençons à creuser nos trous individuels pour nous mettre à couvert. D'autres gars creusent des tranchées dans le verger ou dans le coin d'un champ de blé. Il faut se mettre à couvert en permanence à cause des tirs qui proviennent des hauteurs de l'autre côté du champ de blé.

Je creuse mon trou près du talus à proximité de la route par laquelle nous sommes arrivés. Je suis rejoint par un caporal, un grand Ecossais fort comme un bœuf que je n'avais jamais remarqué auparavant. Nous nous y mettons à deux pour creuser une tranchée capable de nous camoufler tous les deux avec un minimum de place pour chacun. Le caporal s'absente quelques instants et revient avec un Piat et trois obus. Je le regarde disposer l'arme et les munitions sur le monticule de terre à l'extrémité de la tranchée, le canon dirigé vers la route.

« Tu vois Piper », me dit le caporal, en donnant une tape sur la culasse du Piat, *« avec ça, on va bousiller le premier putain de blindé qui essaiera de passer par cette route. »* Sur ce il règle le système de visée et poursuit : *« j'espère que ces salauds n'auront pas le temps de trop se rapprocher pour qu'on les descende ! »* J'approuve d'un hochement de tête tout en me disant que j'ai débarqué ce matin avec une cornemuse pour tout armement et que je suis maintenant à la tête d'un Piat avec ses trois munitions.

Pendant que le caporal s'affaire dans la tranchée, j'en profite pour aller faire un tour dans la cour de la ferme. Sur la gauche, il y a une étable et une grange à foin et sur la droite un poulailler.

Les poules ont disparu pour faire place à des prisonniers allemands. Au moins, celui qui s'est chargé de déménager les poules a dû faire une bonne affaire !

Je reste un moment devant le poulailler à regarder les prisonniers. Ils ressemblent aux Allemands qu'on a l'habitude de voir dans les magazines ou au cinéma. Ceux-là ont la mine renfrognée et l'air maussade avec un petit quelque chose d'arrogant dans le regard. Ils sont sans doute en train de se dire que nous n'en avons plus pour longtemps avant que la contre-attaque allemande nous repousse au-delà des ponts de l'Orne, voire jusqu'à la mer.

A côté de cela, les types que nous avions fait prisonniers à l'ouest de l'Orne étaient plutôt des pauvres gars, probablement des soldats de pays de l'est enrôlés de force dans l'armée allemande. Ceux qui se trouvent actuellement dans le poulailler ressemblent plus à ceux qui nous canardent de l'autre côté du champ de blé. Ils paraissent déterminés à tenir les hauteurs et le secteur sud du village, et ils continuent de s'accrocher âprement au terrain avec leurs mortiers et leurs armes de petit calibre. Je pénètre dans le verger qui se trouve sur le côté de la ferme en marchant à couvert d'une haie pour me protéger du feu d'éventuels tireurs embusqués.

Le verger est entouré sur trois côtés par un mur bas qui a été troué à divers endroits par des tirs de mortier. Dans le coin le plus éloigné, un planeur anglais a atterri en piquant du nez. La queue du planeur se dresse haut dans le ciel et une partie du fuselage repose sur un pan de mur. Les planeurs ont atterri dans le secteur de l'Orne aux premières heures de la matinée, parfois juste après minuit. Celui-ci s'est probablement perdu, et il ne reste plus aucune trace de ses occupants. Des gars traversent le verger, tous ont le réflexe de se déplacer à demi accroupis pour éviter la menace des tireurs d'élite ennemis. Derrière les bâtiments de la ferme, je tombe sur trois gars qui viennent de finir de creuser des feuillées. Ils ont fait un trou qui a la forme d'une tranchée d'environ cinquante centimètres de profondeur. Puis, ils ont posé une planche en équilibre sur deux grosses pierres. Dans l'armée anglaise, ce genre de travail fait partie des choses incontournables à faire, qu'on soit ou non en campagne. L'utilisateur de ces feuillées est supposé s'asseoir sur la planche, les fesses face aux Allemands qui se trouvent de l'autre côté du champ de blé, tout en gardant son équilibre en s'agrippant au mur de la ferme.

Taffy en est le premier utilisateur. Il vient juste de baisser son pantalon et de se mettre en équilibre instable sur la planche, ses grosses fesses laiteuses en forme de cible en plein dans le champ de mire de l'ennemi embusqué de l'autre côté du champ de blé. Les tireurs allemands ne se font pas prier à la vue d'un spectacle aussi terrifiant et plusieurs impacts viennent s'écraser sur le mur avec un bruit sourd au-dessus de la tête de Taffy, semant la panique chez les gars aux alentours, y compris Taffy qui détale les jambes à son cou le pantalon sur les genoux.

Les coups de fusils sont bientôt suivis par deux salves de mortier qui tombent près du verger et déclenchent une bordée d'injures de la part du sergent qui doit se jeter à plat ventre pour se mettre à l'abri des éclats d'obus. Il se redresse quelques secondes plus tard pour crier en direction de Taffy, toujours en train d'essayer de remonter son pantalon : *« Espèce de con de Gallois ! Si t'as envie de chier, tu peux pas faire comme tout le monde et aller dans le champ à côté ! »* Je me mets à éclater de rire, c'est la première occasion que j'ai de rire depuis notre départ d'Angleterre.

Quand je suis de retour au pignon de la ferme, « Mac », le caporal, a préparé quelque chose à manger. Tout compte fait, le contenu de la ration individuelle est plutôt acceptable, il suffit d'avoir bon appétit. Puis, il me tend une cuisse de poulet. Je crois que c'est le meilleur poulet que j'ai jamais mangé ! J'en avale d'ailleurs presque les os ! Je me garde bien de lui demander où il l'a trouvé, mais j'ai comme l'intuition qu'il pourrait bien venir du poulailler où sont maintenant les prisonniers allemands.

Nous ne sommes dans cette ferme que depuis deux ou trois heures. Mac et moi sommes assis sur le bord de la tranchée à nous relater les événements de la journée. Il vient d'envoyer deux longues rafales de Bren en direction du village et entreprend de nettoyer son arme. Quant à moi, j'ai sorti ma cornemuse de mon sac à dos pour faire le bilan des dégâts qu'elle a subi.

Soudain, une certaine agitation monte au milieu de la cour de la ferme. Un officier fait son apparition et donne l'ordre à tout le monde de passer de l'autre côté de la route et de faire mouvement vers les champs. Mac lui crie : *« Qu'est-ce qui se passe ? »*

« Des panzers, caporal, » On commence effectivement à apercevoir les silhouettes de panzers à environ quatre kilomètres de notre position, ils viennent du village et arrivent vers nous. Mac se saisit du Piat et du Bren. Je le suis à travers la route avec les munitions du Piat dans la main droite et la cornemuse sous le bras gauche. Nous nous mettons en ligne avec les autres, face contre terre à couvert derrière une butte qui descend progressivement vers l'Ornc. Nous avons traversé l'Orne il y a seulement quelques heures et c'est maintenant le moment de la contre-attaque allemande tant attendue.

A plat ventre derrière mon rempart de terre, je ne peux pas m'empêcher de penser *« comment allons-nous faire pour arrêter ces panzers ? »* Autant que je sache, nous n'avons pas d'armement antichar excepté les Piat. Qu'est-ce qui va se passer si nous sommes refoulés vers l'Orne ? Je jette un regard en direction de la ferme où les blessés sont transportés à couvert le long des murs par les infirmiers et je me dis *« c'est vraiment un putain de moment pour se retrouver blessé ! »* Je me demande aussi ce qui peut bien se passer dans la tête des pauvres gars, ils doivent s'imaginer que si les panzers enfoncent notre position, on n'aura pas d'autre choix que de les laisser sur place.

Un des gars garde les prisonniers sous surveillance à l'autre extrémité de la ferme. Il les tient en respect contre le mur, les mains en l'air. Un peu plus tôt, ils affichaient de l'arrogance, maintenant ils sont terrorisés à la vue du Bren que le gars leur pointe dessus. Le gars n'arrête pas de jeter des regards de droite et de gauche, se demandant sans doute ce qu'il va bien pouvoir faire des prisonniers si la situation tourne au vinaigre. Pour ajouter à la confusion, les Allemands du village semblent rapprocher leurs tirs du secteur de la ferme, ce qui ne nous aide pas.

Tout le monde a les yeux rivés sur la route en attente des premiers signes précurseurs de l'attaque. Plusieurs gars affichent une mine anxieuse. Lovat sort de la ferme, longe la file de soldats et jette un regard à ma cornemuse en passant.

Environ une demi-heure plus tard, on nous donne l'ordre de rejoindre la ferme. Il semble que l'aviation alliée ait eu raison des panzers dans notre secteur.

Le feu des tireurs embusqués et les salves de mortier se sont un peu calmés. Au moins, nous sommes encore en vie, et pourvu qu'on fasse attention, on a une bonne chance de s'en tirer.

La soirée passe vite. Mac et moi sommes dans notre tranchée à nous demander ce que nous pourrions bien nous mettre sous la dent. Mac fouille dans son sac à dos et en retire quelque chose enveloppé dans un papier douteux. Il déballe la chose, c'est une carcasse de poulet dont il me tend un morceau en me disant : *« tiens, Piper, enfile-toi ça et dis-toi que c'est peut-être la dernière fois que t'en manges ! »* Nous ne faisons qu'une bouchée du poulet qui est bientôt suivi par le contenu d'une ration individuelle, le tout arrosé par quelques gorgées de cidre bien français dont Mac avait rempli sa gourde. J'espère que mes relations avec le caporal Mac vont se prolonger, car avec lui je n'ai pas de bile à me faire question nourriture !

Sur le coup de huit heures et demie Mac et moi sommes toujours dans notre tranchée à épier ce qui se passe le long de la route en direction de la mer. On a une bonne vue sur la côte à proximité de l'embouchure de l'Orne. Le paysage que nous avons en face de nous pourrait tout aussi bien se trouver sur la côte sud de l'Angleterre, sauf bien sur en ce qui concerne le grondement lointain des batteries allemandes qui arrosent maintenant les ponts sur l'Orne, sans doute pour couper la route à nos ravitaillements. Le bombardement des navires alliés a cessé. Il a duré toute la journée, les obus sifflant au-dessus de nos têtes pour aller exploser comme des coups de tonnerre sur les positions allemandes. Même les mortiers se sont tus. Il ne reste plus que les coups de feu occasionnels des tireurs embusqués qui sifflent entre les branches des arbres du verger.

« Mac, tu ne trouves pas que ça se calme ? »

« Ces salauds sont en train de nous mijoter quelque chose » me répond-il sans attendre tout en tirant sur sa cigarette. Puis, dans la seconde, il ajoute : *« regarde le ciel au-dessus de la côte, Piper ! Ils viennent vers nous ! »* Je lève les yeux vers le ciel et j'y aperçois effectivement des points qui ressemblent à des avions en formation. Il n'y a pas de doute, ce sont bien des avions.

A mesure qu'ils se rapprochent, je parviens à les identifier : ce sont en fait des planeurs. Lorsque cette véritable armada se trouve au-dessus de nos têtes, tous les gars sortent de leur trou pour la regarder passer, fascinés devant un tel spectacle.

Les planeurs sont bientôt largués par leurs avions remorqueurs. Ils commencent à glisser silencieusement en virage serré dans ce qui nous apparaît comme toute l'étendue du ciel de Normandie. Pendant que Mac et moi ne perdons pas une miette de ce spectacle, l'un des planeurs s'écrase dans le champ de blé et un autre s'éventre sur les arbres du verger. D'autres sont touchés par le feu ennemi et j'en vois même un s'abîmer sur des maisons à l'orée du village. Un autre fait un atterrissage parfait dans le champ de l'autre côté de la route, terminant sa course dans un long sifflement. Le nez de l'aéronef bascule et plusieurs paras en sortent en se bousculant. Ils rassemblent leur équipement et disparaissent à travers les champs aussi vite qu'ils sont arrivés.

Ces renforts aéroportés sont à coup sûr une sacrée aubaine pour nous. Après avoir été témoins de ce spectacle, Mac et moi nous sentons réconfortés et nous nous donnons une solide poignée de main. Il doit y avoir des milliers de soldats largués de cette façon dans ce secteur. Les moments d'anxiété des heures précédentes font place à un sentiment de jubilation et nous sommes maintenant sûrs que le débarquement va connaître un véritable succès, même à ces premières heures de la bataille. Les troupes allemandes ne seront jamais en mesure de nous refouler vers la mer.

La nuit est maintenant tombée et tout semble calme. Les tirs de mortiers qui venaient de l'autre côté du champ de blé ont cessé et on n'entend plus que le claquement occasionnel des balles de quelques tireurs embusqués. Une canonnade intense s'entend toujours en provenance de la côte à environ trois kilomètres de notre position. Debout dans la tranchée, j'entends distinctement l'artillerie allemande pilonner le secteur de l'Orne et les plages environ-nantes. Les coups partent avec un bruit de détonation sourde pour laisser place à un sifflement lorsque les obus passent par-dessus nos têtes puis vient enfin le fracas des impacts lorsqu'ils atteignent l'objectif.

Avant de nous préparer pour la nuit et de prendre les tours de garde, Mac et moi décidons de nous dérouiller les jambes en marchant un peu le long du sentier qui longe les bâtiments de la ferme. Le parfum des fleurs et des blés presque mûrs flotte dans l'air du soir, tout est si tranquille que je ressens presque une sorte de sentiment d'insouciance. Nous avons à peine parcouru quelques mètres que nous sommes surpris par un sifflement strident, suivi par deux autres, puis vient l'explosion quelque part dans le ciel à proximité de la ferme. Deux autres détonations se font entendre avec fracas dans le champ de blé.

Je me jette à plat ventre et commence à ramper en direction de la tranchée. A l'instant où je me laisse glisser dans le trou, la cœur battant la chamade, j'entends un pas lourd se rapprocher de la tranchée. Un autre obus explose dans les blés, accompagné par le sifflement des éclats qui lacèrent les épis. Mac se laisse soudain tomber sur moi de tout son long dans la tranchée. Je me déplace comme je peux pour lui faire de la place et je l'entends me dire dans un souffle : *« Piper, je crois que je viens d'être touché ».*

« Où cela ? » Il ne répond pas. Je passe la main fébrilement sur sa poitrine puis dans son dos. Il a le dos tout englué de sang et son treillis est déjà complètement trempé. Je continue à lui parler mais il ne répond rien. Il reste complètement immobile au fond de la tranchée et quelque chose me dit qu'il est mort. Le fracas des explosions s'arrête aussi rapidement qu'il est arrivé et tout redevient calme.

En fin d'après-midi, le 6 juin, les renforts arrivent en planeurs dans la tête-de-pont aéroportée de Ranville. Ici de gros Hamilcar transportent des véhicules (IWM).

Je m'extrais de la tranchée à quatre pattes et court jusqu'à la cour de la ferme pour essayer de trouver un toubib. Ils sont tous dans la grange en train de s'occuper des blessés. J'en ramène un avec moi pour qu'il examine Mac. Nous le soulevons et le transportons jusqu'à la grange et après un examen sommaire, le médecin me déclare : *« il est mort »*. Mac a pris plusieurs éclats d'obus dans le dos et l'arrière de sa tête n'est plus qu'une plaie béante. A l'instant où je sors de la grange, le médecin recouvre Mac avec une couverture...

Je reprends le chemin de la tranchée, quelques instants plus tard un gars vient me rejoindre pour m'aider à servir le Piat. *« Remets-toi de tes émotions, Piper... Je vais prendre le premier tour de garde. »*

Je me recroqueville au fond de la tranchée, seul avec mes pensées. J'essaie de me souvenir du moment où nous sommes montés à

L'Ecarde près de l'endroit où se trouve Bill Millin, un planeur est entré dans une maison, s'enfonçant dans la chambre d'une petite fille. (IWM).

bord de la péniche de débarquement, mais cela me semble si lointain... J'arrive à me rappeler des rires et de l'ovation des gars au moment où nous passions devant tous les navires qui attendaient leur tour pour prendre la mer, puis d'autres images fugaces me viennent à l'esprit : la traversée, le mal de mer, le temps qui n'en finit pas de s'écouler, le débarquement sur la plage et puis moi, tout seul, dans cette tranchée au bord d'un champ de blé.

Il s'est passé tant de choses pendant ces quinze dernières heures ! Tout semble s'être déroulé comme dans un rêve, les événements sont tellement imbriqués les uns dans les autres que je n'arrive pas à les dissocier où tout simplement à dire ce qui s'est passé chronologiquement, je n'arrive même plus à me souvenir de tous les dangers que nous avons côtoyé. Ce qui reste ancré de façon indélébile dans ma mémoire, ce sont les visages grisâtres des blessés que j'ai vus sur la plage. C'est tellement irréel de réaliser qu'un ami qui était-là

Près de Ranville après l'atterrissage des planeurs, des commandos creusent des tranchées. (IWM).

il y a quelques minutes à peine, avec qui on était en train de boire un coup, est maintenant mortellement blessé par un éclat d'obus dans la tête.

Le premier jour du débarquement touche à sa fin. Jusqu'à maintenant, je crois pouvoir dire que j'ai eu de la chance.

Chapitre 4

Après avoir sombré dans un profond sommeil, je suis soudain réveillé par quelqu'un qui est en train de me labourer les côtes avec ce qui me semble être une baïonette et j'entends une voix me dire *« réveille-toi, Piper, c'est l'heure de ton tour de garde ! »*

Les tirs de mortiers et les coups de fusil reprennent dès les premières lueurs de l'aube. La seule différence, c'est que les mortiers ont l'air de tirer un peu plus loin qu'hier et quelques obus tombent même sur le village. Les tireurs isolés sont toujours aussi précis, leurs tirs toujours concentrés sur le verger et ses environs. Quelqu'un m'apporte un quart de thé bouillant que je trouve excellent. En me retournant dans la direction de l'Orne, j'aperçois une épaisse couche de brouillard qui s'étend sur le fleuve et les champs dans la vallée. Les gars sont maintenant en train de s'affairer sur la route devant la ferme. Un autre jour, J + 2, vient de commencer. Je sors de ma poche de treillis mon calepin tout crasseux et commence une nouvelle page en y écrivant : **7 juin 1944**.

Un peu plus tard, je vais jusqu'à la cour de la ferme pour manger un morceau avec un groupe de gars. Le porridge m'a l'air délicieux et pourtant il sort d'une boîte de ration collective. Je fais suivre cela par du pain de guerre émietté dans du thé, pas mal non plus mais je n'y reviens pas et espère trouver mieux au repas du soir. Je vais à la grange pour y reprendre mon sac à dos, les blessés sont toujours là. J'ouvre mon sac pour en extraire la cornemuse et je réalise soudain que je n'ai pas joué une seule note depuis hier après-midi.

Les gars sont maintenant en train de se préparer à évacuer la ferme ; je me baisse pour ramasser mon sac, le bascule par-dessus l'épaule et je sors de la grange pour rejoindre les autres.

Toute l'unité prend la direction du carrefour qui fut le théâtre des opérations de la veille. L'embranchement atteint, nous faisons rapidement mouvement sur la droite pour remonter la route jonchée de gravats qui mène au village. C'est sur cette route que ma cornemuse a été abîmée par un éclat d'obus. A environ une centaine de mètres de l'agglomération, nous sommes pris à partie par des tirs d'armes automatiques qui viennent de notre gauche, ce qui nous oblige à poursuivre notre chemin à couvert dans le fossé. A l'entrée du village nous obliquons sur la droite pour tomber sur deux soldats allemands allongés au milieu de la route. Ils sont morts tous les deux et je suis surpris de voir qu'ils n'ont plus leurs bottes.

Sur la droite, juste à l'entrée du village, se trouve une grande maison entourée d'un mur. L'allée qui y conduit est fermée par une belle grille en fer forgé. L'un des gars ouvre la grille pour laisser passer Lovat suivi d'une douzaine d'hommes. Je jette un dernier regard derrière moi vers les deux Allemands gisant au milieu de la route. Deux gars de chez nous sont en train de soulever les corps pour les déposer près du talus. Le fait qu'ils n'aient plus leurs bottes me semble vraiment bizarre car ce n'est pas la première fois que je vois cela depuis que nous avons quitté les plages hier matin. Non seulement la plupart n'avaient plus leurs bottes, mais certains n'avaient même plus leurs chaussettes.

Je pose la question à un des gars qui est en train de transporter les corps : *« dis, tu sais pourquoi ils sont pieds nus ? » « Elémentaire, Piper ! Y-a des salauds dans le coin qui passent leur temps à guetter les Allemands. Dès qu'ils en repèrent un qui se fait descendre, ils sautent dessus pour lui faucher ses putains de bottes et ils se tirent comme des lapins. »*

« Ouais, renchérit son copain, c'est comme ça qu'ils font. Mais, toi, si t'avais été emmerdé jusqu'à la gauche par ces salauds de nazis depuis plus de quatre ans, je te connais, tu ferais bien pire... »

Je rattrape les autres au moment où ils pénètrent dans la maison. On entend soudain une longue rafale de mitrailleuse qui semble venir de quelque part à droite. Les balles crépitent en s'écrasant sur la partie haute de la façade et détruisent les fenêtres de l'une des chambres. Je me réfugie promptement derrière le mur du jardin en attendant que cela s'arrête, puis après quelques minutes, je pénètre dans la maison au moment où Lovat suivi de quelques gars sont en train de grimper l'escalier quatre à quatre. Je les rejoins dans l'une des chambres de l'aile droite. Un caporal indique à Lovat d'où il pense que viennent les tirs et lorsque nous passons la tête par la fenêtre qui vient d'être détruite, une autre rafale arrose immédiatement la façade. « *Il est là, mon général, dans le coin du champ à côté de la haie.* » Sur ce, le caporal pose son Bren sur l'appui de fenêtre et tire une longue rafale en direction de l'endroit où il pense que le tireur se trouve. Son attention avait été attirée par le mouvement suspect des vaches qui se trouvaient dans le champ et semblaient attirées par quelque chose. Le caporal tire une autre rafale, puis il se rend sur place accompagné de deux gars. Quelques minutes plus tard, nous les voyons progresser avec précaution à travers champ le long du talus, puis revenir avec le corps du soldat allemand mais aussi avec un type terrorisé à l'air louche qu'ils ramènent par le collet. « *Quand on est arrivé, ce salaud était en train de faucher les bottes de l'Allemand* » déclare le caporal. Le type aux yeux fuyants commence à s'agiter de plus en plus, levant les bras dans tous les sens, sur le point de fondre en larmes.

« *Tu crois qu'on devrait en faire, Piper* » me demande le caporal.

« *Files-lui donc un paquet de clopes et dis-lui de se barrer !* » lui répondis-je. Pendant ce temps-là, le gars à l'air louche est probablement en train de s'imaginer qu'on va lui faire sauter la cervelle ! et quand le caporal lui tend un paquet de cigarettes, il n'arrive pas à croire ce qui lui arrive ; il se décide enfin pour un large sourire exhibant deux rangées de dents noirâtres et jaunies et n'arrête plus de nous répéter : « *merci, merci.* »

Nous l'escortons jusqu'à la porte quand soudain une explosion se fait entendre au coin de la maison. Deux déflagrations suivent de près, accompagnées d'un fracas de verre brisé et des morceaux de plâtre tombent du plafond. Nous nous jetons à plat ventre sur le plancher pendant que le type en profite pour se carapater à travers un nuage de poussière et de gravas. Les tirs de mortier cessent tout d'un coup et font place à un profond silence.

Nous installons le quartier général de Lovat dans la maison, tout en pensant que c'est sans doute pour un certain temps. Je me dis qu'au train où vont les choses, je ferais mieux de songer à me creuser une tranchée.

Je ressors pour faire le tour de la maison jusqu'au verger avoisinant. Les commandos sont déjà à l'œuvre sur toute l'étendue du terrain. Des tireurs embusqués continuent de temps à autre à nous canarder, mais personne se semble plus y prendre garde alors qu'hier encore, au moindre coup de feu, tout le monde plongeait instinctivement à plat ventre et levait ensuite les yeux pour chercher d'où venait le coup. Dans ce genre d'environnement de haies, de vergers et de sentiers, il est très difficile de savoir à coup sûr d'où vient un coup de feu, de près ou de loin et il est encore plus impossible d'évaluer les distances. C'est notre deuxième jour en Normandie et j'ai l'impression que tout le monde commence déjà à s'y faire.

« *Salut, Piper, tu peux me donner un coup de main ?* » Je me retourne et aperçois Sid, le gars à l'accent londonien qui était mineur dans le Kent avant la guerre. Je le connais bien depuis mon passage à Southampton mais c'est aujourd'hui que je le vois pour la première fois depuis le débarquement.

Sid a choisi un emplacement au bout du verger, à quelques mètres du mur qui entoure le quartier général de la brigade. « *On pourrait faire deux tranchées avec une entrée commune* », me précise-t-il en m'en faisant un tracé sommaire dans l'herbe avec le bout de sa baïonnette. « *Qu'est-ce que t'en penses, Piper ?* »

« *Ça me va* » lui réponds-je, mais j'ajoute quand même : « *crois-tu que c'est une bonne idée de faire la tranchée sous un arbre ?* »

Il jette un œil au pommier et me réplique « *On s'en tamponne le coquillard. Si tu te fais descendre, on te mettra dans un trou de toutes façons, alors que t'aies ton nom là ou ailleurs, ça te fera une belle jambe !* »

Le verger s'étend sur une largeur d'environ deux cents mètres pour une profondeur de près de trois cents. Il est entouré de talus sur trois côtés. Sur la droite, il longe la route et descend progressivement jusqu'au carrefour où nous avons eu tant de problèmes la veille.

Ce verger est planté de pommiers serrés les uns contre les autres à tel point que les branches se touchent. Il est un peu moins large sur le haut de la pente, c'est-à-dire à l'endroit où nous commençons à creuser nos tranchées. Un sentier donne accès du village au verger et longe la maison de maître où s'est installé le quartier général de la brigade. De l'autre côté se trouve une petite maison, juste en face de l'état-major.

Les tireurs embusqués continuent à nous canarder pendant tout l'après-midi, le tout ponctué par des explosions d'obus de mortiers, ce qui augmente encore le nombre des blessés. On les transporte vers l'arrière où une antenne médicale a été installée. La situation peu reluisante nous encourage, Sid et moi, à poursuivre notre travail avec un peu plus d'ardeur et la tranchée est bientôt terminée. On lui a donné la forme d'un V avec l'entrée à l'une des extrémités et on l'a recouverte avec de grosses planches que l'on a fauchés dans le jardin derrière le quartier général. Enfin, on a dissimulé les planches avec de grosses mottes de terre et des touffes d'herbe : un vrai chef-d'œuvre dans l'art du camouflage ! Cela en vaut la peine parce que je suis persuadé que nous sommes installés ici pour un bon bout de temps. J'espère que la tranchée va être assez profonde et que le toit va aussi s'avérer assez solide pour nous assurer une protection suffisante contre les tirs de mortier qui ne vont pas manquer de nous tomber dessus, comme c'est d'ailleurs le cas en ce moment.

Ce soir-là, le dîner *« est servi »* à sept heures : porridge, biscuit de guerre, un quart de thé et du chocolat dur à se casser les dents. Ce n'est pas aussi bon qu'hier soir, mais le poulet auquel j'avais eu droit, même s'il n'était pas bien cuit, était quand même bien supérieur au menu de ce soir. Il faut absolument que j'aille faire un tour du côté de l'état major pour voir ce que Shimi Lovat et les officiers ont eu pour souper, histoire de me rendre compte de la différence !

Sid vient de vérifier l'état de bon fonctionnement du Bren et des munitions. Il cale la mitrailleuse sur un monticule à l'entrée du verger et la pointe vers le village.

Il est dix heures du soir et il fait encore jour. Sid et moi sommes assis au bord de la tranchée à nous remémorer les événements de la journée, tout en essayant de chasser les moustiques. Ces moustiques normands sont les plus gros et les plus tenaces que j'ai jamais rencontré ! On a l'impression qu'il y en a partout et je commence à avoir le visage et les mains complètement boursoufflées par leurs piqûres.

« Bon Dieu ! » me fait remarquer Sid, *« ces putains de bestioles sont pires que les obus de mortier. T'as du pot de ne pas être en kilt, Piper, parce que t'aurais vite fait de t'attraper des boutons là où je pense ! De toutes façons, ça ne changerait pas grand'chose parce que tu ne risques pas de tomber sur une nana dans ce trou ! »*

« On ne sait jamais, tu sais » je lui rétorque en chassant un moustique d'un revers de main, tout en contemplant la marque rouge qu'il vient de me laisser sur le bras. Si cela continue, il ne va pas me rester une seule goutte de sang à cause de ces satanées bestioles ! Nous finissons par nous envelopper le visage avec des bouts de tissus de camouflage avant de réintégrer la tranchée.

Un gigantesque tir de barrage d'artillerie commence sur le coup de onze heures. Tout d'abord, je me dis que cela doit provenir des navires alliés qui se trouvent en haute mer, car ils n'ont pas cessé de pilonner les positions ennemies pendant toute la journée. En fait, ce pilonnage-là vient de beaucoup plus près, il est aussi beaucoup plus dense ; les obus passent au-dessus de nos têtes beaucoup plus bas que ceux des navires alliés et le bruit est aussi beaucoup plus fort, comme si des canons étaient en train de tirer d'une batterie qui se situerait en bas du verger. *« Ces putains de canons m'ont l'air bien près de nous »* fais-je remarquer à Sid.

« Ils doivent être à deux ou trois kilomètres » me répond-il, *« mais ça, c'est une batterie à nous. Plus ils foutent la merde chez les boches et mieux c'est ! Seulement, il y a un problème tu vois, Piper, c'est qu'avec tous ces canons qui tirent de partout, il y a des chances qu'on se prenne des coups sur la gueule et il y aura toujours un pauvre mec de chez nous pour écoper d'un éclat dans le cigare ! »*

« Tu ne penses vraiment qu'à porter la poisse ! » lui répondis-je pendant que nous nous laissons glisser dans la tranchée. Pendant les quelques minutes suivantes, je repense à ce que Sid m'a raconté sur sa campagne en Afrique du Nord. Le pilonnage continue jusqu'à minuit, puis s'arrête soudain. Les canons allemands prennent le relais, mais moins violemment. Ils donnent l'impression d'être positionnés plus loin car les obus passent à une plus grande altitude du côté du canal de l'Orne. Le pilonnage allemand ne dure pas plus de vingt minutes. Il n'y a bientôt plus qu'un seul canon à tirer ; il émet un claquement caractéristique au départ du coup, puis vient le

sifflement de l'obus qui passe par-dessus nos têtes et enfin le fracas de l'explosion quand le coup atteint l'objectif. Je n'arrive pas à faire abstraction de ce canon allemand et je me surprends à guetter le départ du coup et à chercher des yeux la trajectoire de l'obus dans le ciel parsemé d'étoiles.

« Piper » la voix de Sid me sort de ma torpeur. *« Je suis complètement éreinté et ces putains de bestioles n'arrêtent pas de me bouffer ! Ça te gênes si j'allume un clope ? Peut-être que la fumée va les faire foutre le camp et puis après je prendrai mon tour de garde au fusil mitrailleur. »* Je me fais la réflexion que moi aussi je suis lessivé, tout en respirant la fumée de la cigarette de Sid, et qu'il va falloir plus d'une cigarette pour venir à bout de tous ces moustiques. Sid écrase son mégot et prend place à côté du Bren. A mon tour, je rampe jusqu'à ma place après avoir réajusté les bouts de drap de camouflage sur mon visage et je me ramasse en chien de fusil pour essayer de trouver le sommeil. La nuit dernière, ma première nuit en Normandie, j'ai à peine dormi ; j'espère que cette fois-ci je vais pouvoir me reposer un peu.

Après avoir eu l'impression de m'être assoupi quelques instants, je suis réveillé par les coups de rangers de Sid. « Bon Dieu, Sid, je viens juste de m'endormir, qu'est-ce qui se passe encore ? »

« Ecoute, Piper, d'abord cela fait une heure que tu roupilles, ensuite, j'ai comme l'impression que les Allemands sont en train de contre-attaquer. Ils sont en train de pilonner l'autre bout du village au canon et au mortier. »

« Mais, il est seulement deux heures et quart ! Ils ne vont quand même pas attaquer à une heure pareille ! » Je rampe comme je peux pour rejoindre Sid à côté de la mitrailleuse et soudain deux obus explosent dans le verger à seulement quelques mètres de nous. Nous replongeons dans la tranchée en tirant le Bren et sa bande de cartouches derrière nous. Le bruit devient de plus en plus assourdissant et une pluie d'obus se déverse au beau milieu du verger. Je me recroqueville contre la paroi de la tranchée à l'écoute des explosions et des paquets de terre qui retombent au-dessus de nos têtes. J'ai le sentiment que ma dernière heure est arrivée. J'ai le cœur qui bat à tout rompre et je n'ai même plus la force de penser aux moustiques et à tout le reste. Au bout d'une demi-heure, le

pilonnage d'artillerie s'arrête pour laisser place aux tirs de mortiers jusqu'à quatre heures du matin. Pendant toute la durée du bombardement, je ne perçois aucun signe de vie de Sid. Je me dis qu'il doit être aussi terrorisé que moi. Dès que les tirs cessent, nous rampons vers la sortie pour reprendre position près de la mitrailleuse. Il fait grand jour et c'est bientôt l'heure de se remettre en alerte, ce qui veut dire qu'il n'est plus question de repiquer pour le moindre roupillon. Sid et moi ne nous sommes pas dit un seul mot depuis le réveil avant le début du pilonnage d'artillerie. Nous essayons tous les deux de voir ce qui se passe à travers la brume matinale quand Sid est le premier à rompre le silence : « *Tu sais, Piper, j'avais tellement la trouille pendant ce putain de bombardement que je me suis mis à prier au fond de mon trou. C'est pas possible que ça continue à durer comme ça ! Enfin, toi, au moins, t'es un sacré veinard, t'as réussi à dormir une heure ! alors que moi, zéro !* » Sur ces dernières paroles de Sid, l'officier de permanence fait son apparition à travers la brume « *Ça va, là-dessous ?* »

« *Ouais, ça gaze* » répond Sid « *Où en sont les autres ?* »

L'officier répond : « *il y a eu quelques blesssés et deux ou trois tranchées ont été frappées de plein fouet.* » Il poursuit son chemin, puis il se retourne un bref instant pour ajouter avec un sourire : « *j'oubliais, il y a aussi eu un coup dans le mille sur les feuillées que l'on venait de terminer... je ne vous dis que cela, il y a de la merde partout !* »

Il reprend aussitôt son tour d'inspection sans nous laisser le temps de commenter sa dernière remarque. « *Pourquoi tu n'en profiterais pas pour te reposer un peu maintenant, Sid ? On devrait avoir un moment de calme. Je vais te remplacer au fusil mitrailleur.* »

« *D'accord, Piper, c'est une bonne idée* » me répond Sid en repartant à quatre pattes vers l'intérieur de la tranchée. Il repasse soudain la tête en dehors du trou pour ajouter « *ils ont fait mouche sur les chiottes, de la merde partout... on avait vraiment besoin de ça !* »

La matinée est plutôt calme depuis six heures du matin, en dépit de tirs occasionnels. Sid se réveille à sept heures et se plaint d'être toujours aussi fatigué. Je viens de me rendre compte que je n'ai pas enlevé mes rangers depuis le soir du 4 juin et nous sommes aujourd'hui le 8. A certains moments, j'avais envie de les enlever pour souffler un peu, mais la situation était toujours trop précaire et les autres n'arrêtaient pas de dire que les Allemands allaient nous déloger des hauteurs pour nous refouler jusqu'à l'Orne. Deux gars de l'unité avaient enlevé leurs rangers hier au soir et deux heures après ils avaient été incapables de les remettre tellement ils avaient les pieds enflés. Cela serait vraiment trop bête si les Allemands nous tombaient dessus en chaussettes !

Je décide d'aller faire un tour du côté de l'état-major. Les officiers ont l'air aussi éreintés que nous. Des gars qui sont sur des positions autour du village parlent d'une contre-attaque allemande qui aurait fait tout un tas de blessés pendant la nuit. Je profite d'un moment de calme pour jeter un œil à ma cornemuse. Le plus gros tuyau est dans un sale état, les deux autres sont intacts et fort heureusement la flûte n'a pas été touchée. Je recolle le plus gros tuyau avec un morceau de sparadrap de ma trousse de survie et décide de vérifier si tout cela peut fonctionner. Je cherche un endroit où je pourrais m'exercer un peu et décide que le quartier général est à éviter.

Au milieu du village, j'ai repéré un bâtiment qui ressemble à une église et je me dis que c'est l'endroit idéal pour une petite répétition. Maintenant que j'ai un peu récupéré de ma fatigue de la veille, je longe le bâtiment de l'état-major et me dirige vers l'intérieur du village. Il y a une pelouse de forme ovale au milieu de la place, une rue y débouche, bordée de plusieurs maisons, puis d'un manoir, d'une ferme, et puis d'autres maisons encore de l'autre côté. Le grand bâtiment occupe tout le centre de la pelouse au milieu de la place. Je passe la porte et m'aperçois que l'intérieur a été fortement endommagé, sans doute par les tirs de mortiers ou par les obus d'artillerie. Dans le fond, il y a une petite salle avec des tables et des chaises empilées contre les murs. Je commence à faire résonner la cornemuse tout en marchant au pas et le son de l'instrument remplit bientôt tout l'espace. Je trouve que je ne me débrouille pas si mal que cela compte tenu des dégâts subis par l'instrument. Je suis content comme tout, non seulement de ma prestation, mais aussi du fait de pouvoir rejouer après un bon moment d'abstinence. A peine cinq minutes plus tard, je suis à moitié assommé par le bruit d'une énorme déflagration tout près de l'endroit où je me trouve. Je m'arrête de jouer au moment et la porte du bâtiment s'ouvre soudain pour laisser passer un officier rouge de colère qui se met à remonter l'allée centrale dans ma direction, les yeux hors de la tête. J'ai le sentiment qu'il en a après moi. « *Il y a quelque chose qui ne va pas ?* » lui dis-je timidement comme pour l'amadouer.

Hors de ses gonds, il se met à gueuler « *Quelque chose qui ne va pas ? Mais Bon Dieu, vous ne vous rendez donc pas compte que ça fait cinq minutes que l'ennemi est en train de bombarder le village à cause de votre sacré nom de Dieu de machin ?* »

J'essaie de me justifier en bafouillant « *mais...* »

« *Il n'y a pas de mais, et mettez-vous au garde-à-vous quand vous parlez à un officier. Je vais immédiatement faire mon rapport au général !* » continue-t-il à crier à tue-tête en redescendant l'allée en direction de la porte. Je remets la cornemuse dans mon sac à dos et retourne au verger, m'attendant à tout moment à être convoqué par Lovat pour un savon. Les tirs de mortier se sont arrêtés. L'officier avait peut-être raison, ce n'était sans doute pas le bon endroit pour une répétition. Je décide qu'à partir de maintenant, je ne jouerai plus qu'à la demande. Plusieurs heures plus tard, je n'ai toujours pas de nouvelles de l'incident et j'en déduis qu'ou bien l'officier n'a pas fait le rapport promis ou tout simplement que Lovat l'a envoyé se faire voir d'un haussement d'épaules. En tout état de cause, dorénavant je me garderai bien de fréquenter les abords du quartier général !

Sid est assis sous le pommier qui se trouve à côté de notre tranchée. Un jerrycan est posé à ses pieds et il affiche un sourire entendu en me déclarant : « *Ça y est, Piper, j'ai trouvé de quoi nous débarrasser de ces putains de moustiques !* » Sur ce, il m'indique le bidon de la main : « *De l'essence ! On va en asperger les parois de la tranchée et la toile de camouflage et tu peux me croire, on va pouvoir dormir sans problème* ».

«*Mais, où est-ce que tu as déniché ce bidon, Sid ?* »

« *On s'en fiche de savoir d'où ça vient, donne-moi plutôt un coup de main pour en mettre sur les murs.* » Nous nous mettons à asperger la tranchée tout en gardant un peu du précieux liquide au cas où... L'idée ne me plaît qu'à moitié parce que Sid a l'habitude de fumer pendant ses tours de garde et j'imagine ce qui risque d'arriver !

« *Bon Dieu, Piper, maintenant qu'on en a fini avec ça, on*

pourrait se trouver quelque chose de sympa à manger. Moi, j'ai chouravé l'essence, alors toi, tu pourrais profiter de tes relations avec les huiles. Je suis sûr que ces putains d'officiers ne mangent pas que des clopinettes comme nous. »

Je lui explique qu'en ce moment, cela m'est un peu difficile de me montrer du côté de l'état major. Sid semble comprendre mes motifs et me répond : *« Ouais, je vois ! Je t'ai entendu jouer de ta cornemuse dans l'église et quand les Allemands ont commencé à tirer leurs merdes sur le milieu du village, j'ai compris que c'était après toi qu'ils en avaient. Le problème tu vois, Piper, c'est qu'il y a toujours des gens qui n'aiment pas la bonne musique, surtout quand ils sont en train de prendre des obus sur la tronche. Une dernière chose quand même, Piper, jure-moi que tu ne vas pas te mettre à souffler dans ton truc au milieu de ce verger ! »*

« Promis ! Seulement si tu me le demandes. »

« Bon, eh bien, t'as pas intérêt à être pressé. » Sur ce, Sid se lève et prend la direction des latrines.

Sur le coup de deux heures de l'après-midi, des avions alliés surgissent dans le ciel au-dessus du littoral et commencent à nous larguer du ravitaillement. Les containers atterrissent dans un champ de blé à un petit kilomètre de notre position. Soudain, un sergent arrive devant moi sans crier gare et me crie : *« Magnes-toi, Piper, il faut qu'on aille voir ce qu'on peut ramener de là-bas ! »* Il est accompagné d'un caporal, et nous voilà tous les trois en petite foulée en direction de l'état-major pour y récupérer une Jeep avec une remorque. Nous partons dans un rugissement de moteur et mettons cap sur l'Orne. Quand nous arrivons à la zone de largage, des avions continuent toujours à balancer leurs containers. Les Allemands ont aussi repéré l'opération et ils commencent à arroser le secteur avec leurs mortiers et leur artillerie de campagne pour nous empêcher de récupérer notre matériel. *« Bon Dieu, s'exclame le sergent qui est au volant de la Jeep, c'est bien notre chance ! »* Il arrête le véhicule le long du champ. Nous remarquons alors que les impacts d'obus semblent suivre la progression des avions et qu'ils ont épargné un certain nombre de containers près de l'endroit où nous nous trouvons. Le sergent remet le moteur en route et nous repartons à toute allure à travers champ en direction des trois premiers containers. Nous commençons à charger les deux premiers et au moment de récupérer le troisième, nous nous rendons compte que l'ennemi est en train de raccourcir son tir vers nous. Je suppose qu'ils nous ont repérés et qu'ils sont en train de prendre la Jeep pour cible. Nous laissons tomber le troisième container et déguerpissons à travers champ à toute allure, la Jeep n'arrêtant pas de faire des bonds comme un cabri sur cette surface pleine de bosses. Le caporal et moi crions au sergent de mettre le pied au plancher car les déflagrations se rapprochent de plus en plus. Le sergent ne se fait pas trop prier et nous finissons par atteindre enfin la route. Nous poursuivons notre course à toute vitesse en direction du village, suivis par une traînée de poussière, tous les trois rentrant la tête au maximum entre les épaules. Nous arrivons au quartier général de la brigade quelques minutes plus tard et garons la Jeep derrière le bâtiment pour en décharger les containers. Le premier contient des armes et des munitions alors que le deuxième est plein de conserves, de cartouches de cigarettes et de barres de chocolat. Nous ne pouvons pas nous empêcher d'esquisser quelques pas de danse à la vue d'un tel trésor. Les conserves sont du genre plat tout prêt à consommer que l'on a plus qu'à réchauffer et en plus il y en a une bonne variété. Ce soir-là, Sid et moi nous nous tapons une bonne soupe de pot-au-feu, suivie d'un pâté en croûte et de beignets aux prunes, le tout arrosé par une bouteille de cidre qui nous a été offerte par un petit vieux qui habite une maisonnette à l'autre bout du verger. Le type ne cachait pas sa joie lorsque Sid lui a donné un paquet de cigarettes pour le remercier pour la bouteille.

Il est seulement neuf heures et demie passées et la nuit commence tout juste à tomber. Je remarque toujours cette tranquillité presque étrange qui flotte dans l'air du soir, mis à part le grondement des salves d'artillerie dans le lointain et le sifflement occasionnel des balles de fusil à travers les branches des pommiers. Je suis assis sous un arbre de l'autre côté de ma tranchée à tailler une bavette avec un copain écossais. Duncan a sa tranchée à l'autre bout et il s'est arrêté sur son chemin vers le quartier général. Comme il a servi dans les Gordon Highlands écossais avant d'être affecté dans les commandos, il apprécie beaucoup la musique de cornemuse. Sid est assis au dessus de sa tranchée, en train d'imbiber son treillis de camouflage avec l'essence du bidon. Il se le fixe ensuite sur la tête en le faisant tenir par un nœud sous le menton et me fait un signe de la main en levant le pouce en l'air pour me dire que tout va bien avant de disparaître dans sa tranchée.

Duncan et moi sommes en train de bavarder depuis dix minutes à peine tout en tapant des mains de droite et de gauche pour éloigner les moustiques qui redoublent toujours d'intensité à cette heure de la soirée. Duncan jette un œil à sa montre et se relève en se disant : *« Je ferais bien de me tirer si je n'ai pas envie de me faire surprendre en terrain découvert quand les boches vont nous sonner le réveil. Je vais aller me réfugier dans mon trou. »* Il a à peine terminé sa phrase qu'un bruit d'explosion en provenance de la tranchée de Sid remplit l'air environnant, bientôt suivie par Sid en personne, la tête entourée de flammes. Il se met à dévaler le verger en hurlant, tout en essayant d'arracher le treillis de camouflage en feu.

« Cet espèce de demeuré a complètement oublié l'essence et il s'est allumé un clope ! » commente Duncan sur un ton sentencieux. Quelqu'un crie d'une autre tranchée à proximité : *« C'est pas vrai, il y en a qui feraient vraiment n'importe quoi pour retourner au pays ! »* Je me mets à la recherche de Sid et le retrouve en compagnie d'un gars qui a réussi à l'arrêter et à étouffer les flammes. Le nœud qu'il avait sous le menton est toujours à sa place, mais le reste du tissu a laissé place à des brûlures sur toute la tête et le visage. Deux médecins arrivent précipitamment et nous le transportons vers l'antenne médicale. Je reviens au verger, la nuit est presque noire et tous les gars ont déjà rejoint leurs tranchées, sans doute prêts à affronter une autre nuit ponctuée de tirs de mortiers et d'artillerie. L'incident qui est arrivé à Sid est sans doute déjà de l'histoire ancienne pour tout le monde, ce n'est jamais qu'un blessé de plus... Les choses ont vraiment bien changé depuis notre départ d'Angleterre.

C'est notre troisième nuit en Normandie. Il est maintenant minuit et les bombardements ont repris dès onze heures, heure à laquelle j'ai fait glisser les deux grosses planches au-dessus de l'entrée de la tranchée.

Je me sens un peu paumé sans la présence de Sid à côté, d'autant plus que le bombardement a l'air d'être beaucoup plus violent que celui d'hier soir. Sur le coup de trois heures et demie, j'entends un bruit qui ressemble à celui d'un avion à très basse altitude, suivi par un choc assourdissant au moment où l'engin percute le sol. Je me dis que c'est peut-être une bombe larguée d'un avion et je m'aplatis encore plus contre la paroi de la tranchée en attendant la déflagration. Je n'entends rien de plus que les explosions des obus de mortiers et les sifflements caractéristiques des tirs d'artillerie au dessus de ma tête, suivis du bruit des déflagrations qui m'est devenu presque familier. J'oublie bientôt mes interrogations au sujet de ce qui ressemblait à un avion ou à une bombe et sombre dans un sommeil réparateur. Combien de nuits allons -nous encore devoir passer sans vraiment trouver le moyen de nous reposer ? Il y a eu plusieurs contre-attaques allemandes contre nos positions ces derniers jours et au train où vont les choses, l'ennemi a l'air déterminé à nous balayer des hauteurs. Je rampe jusqu'à l'entrée de la tranchée et soulève l'une des lourdes planches pour examiner le ciel. Le jour commence à se lever. Le tir de barrage ennemi semble s'atténuer un peu, alors que les canons alliés continuent à faire feu au-delà de notre secteur, les obus faisant vibrer l'air et même les branches des pommiers au moment où ils passent au-dessus de nous. Une nouvelle journée commence, nous sommes vendredi, quatrième jour en Normandie. Je me dis soudain que je prendrais bien un quart de thé, tout en tâtant les multiples boursouflures que j'ai partout : résultats des piqûres de moustiques. J'ai l'impression que l'essence que Sid avait aspergé sur les parois a eu un effet contraire à celui que nous attendions. Ces petits cons d'insectes semblent adorer l'odeur de l'essence et je suis persuadé que tous les moustiques des alentours se sont donnés rendez-vous dans ma tranchée cette nuit !

Vers les huit heures, la situation dans le verger est plutôt paisible. Les tirs de mortiers et d'artillerie ont cessé, à l'exception d'un coup de temps à autre qui tombe sur le voisinage. Je me concocte une tasse de thé en écrasant dans ma timbale un cube tout prêt contenant à la fois le thé, le lait et le sucre, j'y ajoute de l'eau et mets le tout à bouillir. Ça n'a pas mauvais goût mais le seul point commun de ce breuvage avec le vrai thé réside dans les feuilles qui flottent à la surface de la mixture. Je suis en train de me réchauffer les mains contre le quart en buvant à petites gorgées quand un gars arrive pour me dire qu'il vient prendre la place de Sid et s'occuper du Bren. C'est un Gallois à l'air sérieux que j'ai déjà renconté plusieurs fois en Angleterre, il m'est aussi arrivé de le croiser dans le verger. « *Comment ça va, mon pote ? C'est vraiment trop con ce qui est arrivé à Sid. Appelle-moi donc Taff.* » Taff continue à parler avec son accent Gallois à couper au couteau pendant qu'il inspecte le Bren sous toutes les coutures ; il n'arrête pas de poser des questions tout en se donnant lui-même les réponses avant que j'aie le temps d'en placer une. J'arrive enfin à prendre la parole pour lui demander comment il a passé la nuit dernière et si les gars aux alentours ont essuyé des pertes pendant le tir de barrage. Il se contente de répon-dre de façon plutôt évasive.

« *Une sacrée nuit, avec des blessés un peu partout.* » Puis il continue : « *Ton copain, tu sais l'écossais, eh bien on lui a demandé d'aller apporter quelque chose au 45e commando des Royal Marines. Il est parti en Jeep et sur le chemin il a sauté sur une mine et il s'est fait tuer* » .Taff continue à parler, mais je ne l'entends plus.

La nouvelle de la mort de Duncan me crée un sacré choc. Je n'arrive pas à croire ce que Taff vient de me dire. Taff me donne un coup dans les côtes avec le canon du Bren : « *Hé, tu m'écoutes, mon pote* », me repète-t-il, l'air plutôt en colère.

« *Qu'est-ce que tu disais, Taff ?* »

« *J'étais en train de te dire... - heu, tu veux encore de ce thé dégueulasse ?* » Maintenant, il a le sourire aux lèvres. Cela m'étonne un peu de ne jamais le voir sourire. « *Prends pas ça au tragique, Piper* » continue-t-il. « *A l'allure où vont les choses, on va encore perdre pas mal d'amis, et puis ça pourrait bien être nous la prochaine fois. Qu'est-ce que t'en penses ? je suis un mec plutôt optimiste, hein ? Mon pote.* »

« *T'es assez optimiste comme ça* » lui répondis-je en sortant de la tranchée. « *Je vais aller faire un tour du côté de l'état-major pour prendre la température.* »

« *D'accord, mon pote, à plus tard,* » me répond Taff. A une vingtaine de mètres de la tranchée, le long d'un mauvais sentier menant à la route, deux gars sont debout près d'un énorme trou. Je leur demande : « *Qu'est-ce qu'il y a dans ce trou ?* »

« *On dirait que c'est l'empennage d'une grosse bombe* » me réplique l'un des gars. Je jette un œil dans le trou. Il doit avoir au moins cinq mètres de profondeur et au fond j'aperçois deux silhouettes près de l'objet en question. Je reconnais immédiatement l'un des officiers, c'est celui qui m'a passé une soufflante hier dans l'église quand je jouais de la cornemuse. Je crie à l'officier : « *Qu'est-ce que c'est ?* » Il lève la tête et arrête de taper sur l'objet avec son marteau pendant quelques secondes.

« C'est une bombe qui n'a pas explosé, Piper, et si elle avait pété la nuit dernière, il y aurait toute une tripotée de demeurés comme vous qui y seraient passés. »

« Peut-être bien que vous aussi », lui répondis-je. *« Votre tran--chée est juste de l'autre côté du mur du quartier général. »* Il relève la tête, rouge de colère ; je déguerpis en vitesse sans lui laisser le temps d'ajouter quoi que ce soit. En voilà une drôle de façon de passer la matinée à taper sur une bombe qui a fait long feu et qui peut péter à tout moment ! Pendant que je dirige mes pas vers le quartier général, je me dis : *« et en plus c'est lui qui me dit que je suis un demeuré ! »*

Derrière le quartier général, je tombe sur Mick, un Irlandais, qui m'invite à partager son repas. *« ah non, pas encore du pâté en croûte ! »* lui fais-je remarquer. *« Tu ferais bien de prendre ton temps pour le savourer parce que c'est la fin des conserves d'hier. »*

Il me tend une gamelle pleine du fameux paté en croûte aux rognons et me dit en fronçant les sourcils : *« Quand t'auras mangé ça, Piper, tu recommenceras à bouffer la merde qu'on a tous les jours, à moins qu'on nous parachute quelque chose comme un cuisinier par exemple ou encore les mêmes rations qu'hier ! »*

Nous restons assis un petit moment à bavarder en finissant de manger. J'arrive à peine à garder les yeux ouverts. Je suis complètement crevé faute d'avoir pu dormir la nuit dernière et seulement un tout petit peu les nuits précédentes. *« Bon sang, Piper, t'as vu la tête que t'as ! Descends-donc dans la tranchée pour dormir un peu, je te réveillerai dans deux heures. »* Mick ramasse son fusil et les gamelles, puis il part vers la maison. Je descend dans la tranchée à moitié en titubant et m'endors avant d'avoir posé la tête par terre. J'ai l'impression de n'avoir dormi que quelques minutes quand je suis réveillé par un sale con qui me crie : *« Hé, Piper, tu ne vas pas rester là-dedans toute la journée ? Ça fait deux heures que tu roupilles.»*. J'ouvre les yeux pour découvrir le visage grimaçant de Mick qui est à genoux à l'entrée de la tranchée.

« Bon Dieu, Mick, quelle heure est-il ? »

« On s'en fout de l'heure qu'il est, Piper. J'ai un message pour toi et quand tu vas sortir de là, n'oublies pas de baisser la tête. » Il

m'apprend qu'un canon allemand a rejoint un groupe de tireurs embusqués et qu'il envoie des obus dans le voisinage du verger où nous sommes. La tête de Mick disparaît au moment où j'entends un obus tomber tout près de nous. Un peu plus tard, un quart de thé à la main, je demande à Mick la nature du message qu'il a à me transmettre. *« Ah, oui, c'est de la part des gars du 45e commando. Ils demandent si tu pourrais passer les voir ce matin ou demain soir. »*

Je connais plusieurs gars de ce commando. J'avais l'habitude de faire les marches avec eux à Southampton et j'en avais aussi rencontré certains au centre d'entraînement dans les Highlands.

« Est-ce qu'ils veulent que je vienne avec ma cornemuse ? » demandais-je à Mick.

Mick me fixe pendant quelques secondes, puis il se gratte la tête et me répond *« si les marines veulent que tu joues de la cornemuse dans leur secteur, ça, j'en sais rien, tout ce que je peux te dire c'est qu'ils sont encore plus près des Allemands que nous. Pas des masses, mais plus près tout de même ! »* Mick a raison : le secteur de la brigade est sous le feu incessant de l'ennemi depuis quatre jours et les 3e, 4e, 6e et 45e commandos des marines ont essuyé beaucoup de pertes. Je décide d'aller les voir dès ce soir et après avoir remercié Mick pour son hospitalité, je retourne vers le verger en me disant que j'allais bien voir toutes les unités quand on était en Angleterre, alors pourquoi pas maintenant que nous sommes ici en France.

Vers les huit heures, Taff et moi sommes assis près de la tranchée à manger un morceau de viande qui me paraît suspect. Taff prétend que c'est du mouton.

« Où tu crois qu'on peut trouver du mouton dans ce putain d'endroit ? » lui demandais-je.

« Eh bien, mon pote, t'as vu le pré de l'autre côté ? Là-bas, il y en a plein ! »

Dans le pré dont parle Taff, il y a en effet plein d'animaux, mais ils ont tous les quatre pattes en l'air, de plus ils ont été tués il y a au moins trois ou quatre jours ! La plupart ont été tués par des éclats d'obus, d'autres seulement blessés ont mis plusieurs jours à mourir. C'est toujours un spectacle très triste de voir des animaux blessés. Il y a trois jours de cela, sur la route avant d'arriver ici, nous sommes tombés sur deux chevaux blessés attachés à une barrière. Les deux animaux avaient d'énormes plaies causées par des éclats d'obus sur la croupe. Le sang avait séché par-dessus en laissant d'énormes trous au travers desquels on voyait les os. Les chevaux nous avaient regardé passer sans montrer aucun signe de souffrance, mais moi cela m'avait fait de la peine et je m'étais même senti un peu coupable de ce qui leur était arrivé. Sur ces pensées, je repose mon bout de viande dans la gamelle.

« T'as pas faim, mon pote ? T'en fais pas, y en a encore plein. » commente Taff en continuant à mâcher son bout de viande. Pendant la demi-heure qui suit, des centaines d'avions alliés passent au-dessus de nos têtes pour aller bombarder la ville de Caen qui se trouve à seulement quelques kilomètres de notre position. J'imagine que les Allemands sont sans doute en train de prendre une pâtée. Des grappes de bombes sont larguées des avions, suivies par des tonnes d'explosifs à forte puissance. On arrive à distinguer les impacts des bombes à travers le nuage de fumée qui recouvre la ville. Juste après neuf heures, je quitte le verger pour aller voir les marines. Taff est en train de tenir le crachoir aux gars de l'équipe de mortiers qui est arrivée dans le courant de l'après-midi. Ils ont positionné leurs mortiers à une vingtaine de mètres de notre tranchée et de temps à autre ils envoient une salve en direction des positions allemandes.

Une épaisse nuée de moustiques vient d'arriver à l'heure habituelle et commence à s'acharner sur tout le monde. Sur mon chemin en direction du village je rencontre un des soldats français du commando. Il est en train d'escorter trois prisonniers allemands vers le quartier général de la brigade. Les Allemands courent en petite foulée, les mains par-dessus la tête, un air inquiet sur le visage. Au moment où le français me croise, il me lance avec un accent inimitable *« comment ça va, Bill ? et ta cornemuse ? Viens donc nous voir à l'occasion, mais sans ta cornemuse ! »*

Je lui réponds en retour : *« salut, à demain ! »*

Les gars des commandos de marine sont bien enterrés à couvert dans une zone boisée près de la route à l'entrée du village. Les autres unités sont dispersées dans un périmètre restreint autour du village et sont très proches des positions allemandes. Leur quartier général se trouve à l'entrée de l'agglomération et le campement des marines ressemble exactement à celui où je suis : des moustiques, des tirs de fusil et de mortier.

« Salut, Piper. Ça fait plaisir de te voir. Désolé à propos du bruit et des moustiques. » C'est la voix de Tony, il vient à ma rencontre la main tendue. Nous nous serrons la main et pendant que nous empruntons l'étroit sentier qui mène aux tranchées, Tony me dit *« ça fait du changement par rapport à la côte sud de l'Angleterre et les collines d'Achnacarry ! Qu'est-ce que tu préfères ? Ça ou la pluie et le froid des camps d'entraînement ? »*

Je lui réponds : *« Oh, Achnacarry, ce n'est pas si mal quand on y est habitué. »*

« Eh bien, tu vois, ici on est au détachement avancé et les Allemands ne sont pas loin ! Tony s'arrête à l'une des tranchées.» Ca serait plus prudent de continuer la conversation à l'abri, parce que ça recommence à tirer de partout. » Nous descendons dans la tranchée et Tony exhume deux rations de compote de fruits. Pendant que nous mangeons, je lui demande si le 45e a subi de lourdes pertes depuis le débarquement. *« Tu as sans doute entendu dire que notre officier commandant, le lieutenant colonel Reis, a été touché dès le début des combats. C'est maintenant le lieutenant colonel Gray qui a pris le commandement. Si tu restes ici ce soir , tu le rencontreras. On a aussi eu pas mal de blessés et même des tués. Tu te souviens de "deux œufs frites", le gars qui avait toujours une bible sur lui et qui avait l'habitude de venir tous les soirs avec sa copine dans ce petit café quand tu logeais chez les civils sur la côte sud ? Il a été tué il y a moins d'une heure pendant une contre-attaque allemande. Son corps est encore là quelque part dans les bois avec ceux des trois autres qui se sont aussi fait avoir. »*

Je me replonge dans mes souvenirs. Les était une sorte de diacre, mais il ne forçait personne à penser comme lui. On lui avait donné le surnom de *« deux œufs frites »* parce qu'à chaque fois qu'il passait la porte du café avec sa copine, il criait au propriétaire : *« Bert, deux œufs frites. »* Je n'ai d'ailleurs jamais compris pourquoi car de toutes façons c'était la seule chose au menu ! Lui et sa copine organisaient des réunions à l'église baptiste du coin. Sa copine jouait du piano, parfois avec un ou deux autres musiciens pour l'accompagner. Après le concert, Les faisait un bref sermon, récitait des prières et puis sa copine l'aidait à servir des gâteaux et du thé à l'assemblée. Personne n'était jamais arrivé à comprendre pourquoi il s'était engagé dans les commandos. C'était vraiment pas son truc, mais il avait pourtant obtenu son diplôme avec mention à Achnacarry. Tout le monde aimait bien Les et cela me touche vraiment d'apprendre qu'il s'est fait tuer.

Il est maintenant onze heures et demie et les Allemands commencent à lancer des fusées éclairantes. Des lueurs presque féériques s'élèvent dans le ciel, puis c'est le tour des mortiers de tirer des salves qui explosent à l'orée du bois.

« Tu ne crois pas que c'est le moment d'y aller, Piper ? Ils vont se demander ce qui t'est arrivé. On en a pour un bout de temps à essuyer ces tirs de mortiers. » Je m'extirpe de la tranchée et Tony me raccompagne jusqu'à la route. En chemin, nous croisons un médecin qui nous indique que les corps de Les et des trois autres gars viennent d'être ramené au village, ils ont été mis avec les autres devant le château.

« Bonne nuit, Piper » me crie Tony en tournant les talons *« j'espère que tu reviendras me voir un de ces jours, quand ces putains d'allemands se seront barrés chez eux. Tu pourras revenir avec ta cornemuse pour nous jouer un air. »*

La nuit n'est pas encore totalement tombée quand je traverse le village et que je passe à proximité du campement du 6e commando. Il y a plusieurs gars à l'entrée du château et parmi eux je reconnais un médecin du quartier général. Nous nous mettons à faire un brin de causette et je remarque les corps des gars qui se sont fait descendre, tous alignés sur la pelouse devant le château. Ils sont bien rangés sur une ligne et ont été recouverts avec des couvertures militaires.

Je demande au médecin : *« vous savez où sont les quatre gars qui ont été tués ce soir ? »* Il me fait un signe de la main pour désigner les corps au bout de la rangée.

« Ce sont eux là-bas. »

Je me déplace jusqu'au premier dont la couverture laisse passer les rangers à semelles de caoutchouc. Je tire la couverture pour découvrir la tête du mort et reconnais Les. Il a une énorme plaie à la poitrine, sans nul doute causée par un éclat d'obus. Je remets la couverture par-dessus sa tête et reste-là un moment à regarder les corps alignés en une rangée impeccable. Le ciel commence à s'obscurcir et l'ombre inquiétante du château s'étend sur cette scène macabre. Je reprends le chemin de l'état-major, il est maintenant près de minuit et demi.

Au moment où je pénètre dans le verger, l'artillerie alliée commence ses tirs de batterie. Taff est toujours en compagnie des gars du peloton de mortiers de 3 pouces, qui continuent à envoyer des salves de temps à autre sur le carrefour à l'autre bout du village.

« Comment ça va du côté des marines ? » me demande Taff sur le chemin de la tranchée. Je suis tout à fait surpris de sa réaction lorsque je lui annonce que *« deux œufs frites »* a été tué. Il part s'isoler tout seul dans un coin et semble vraiment bouleversé par la nouvelle.

« Bon Dieu, Piper. Ça aurait dû être la dernière personne à se faire descendre. Regarde-moi cette bande de salauds qui passe son temps à jurer et qui court toujours dans ce putain de verger. » S'exclame-t-il en balayant d'un large revers de main la quasi-totalité de l'endroit où nous sommes. Les canons en position de batterie du côté de l'Orne font tellement de bruit que je n'entends plus ce qu'il dit. Nous nous mettons à l'abri dans la tranchée à écouter d'une oreille presque distraite le sifflement des obus au-dessus de nos têtes. Les quatre gars du peloton de mortiers poursuivent leurs tirs. A chaque fois qu'ils lâchent un obus dans le tube, on entend le bruit caractéristique du départ du coup, un son qui a quelque chose de musical comme quand on souffle dans un pipeau.

« Bon, Piper, je vais aller me reposer en premier, tu t'occupes du fusil mitrailleur et tu me réveilles dans deux heures. A propos, pourquoi tu n'irais pas dormir au quartier général, je suis sûr que c'est plus confortable là-bas. »

« Oh non, c'est exactement la même chose qu'ici à l'état major, ils ont les mêmes tranchées et les mêmes moustiques que nous. Et puis, de toutes façons, je préfère ta compagnie, mon salaud ! »

Taff disparaît à l'autre bout de sa tranchée, jurant après les moustiques et grommelant un « bonne nuit, mon pote. » Ce soir, l'artillerie alliée a l'air de mettre les bouchées doubles. Il est maintenant un peu plus d'une heure et demie et l'ennemi vient de tirer des fusées éclairantes dans le ciel de l'autre côté du village, sans doute au-dessus du secteur du 6e commando. Je me demande à quoi ressemble la situation dans leur secteur. J'irai les voir demain soir, ce sera notre cinquième jour en Normandie. Les commandos de marines ont l'air lessivés, certains donnent même l'impression qu'ils vont s'effondrer de sommeil sur place. Je me rends compte de la chance que j'ai jusqu'à présent. J'arrive à me reposer une où deux heures de temps en temps et je suis libre d'aller où j'en ai envie. A côté de cela, les gars du 6e commando ont la vie dure...

Sur les trois heures, Taff vient me rejoindre à côté du fusil mitrailleur. Je lui demande : « *T'as bien dormi ?* »

« *J'ai pas fermé l'œil une seconde, mon pote. Entre le vacarme de ces putains de canons et ces bons dieux de moustiques, tout ce que j'ai récolté, c'est des boutons plein la gueule et je suis encore plus crevé qu'avant !* » Taff et moi continuons à parler un moment, assis sur le bord de la tranchée à fumer une cigarette.

« *Tu te rends compte, mon pote, que c'est le cinquième jour qu'on est coincé ici dans ces putains de tranchées avec un tas de saloperies qui nous tombent sur la gueule.* » Il tire une profonde bouffée de sa cigarette et poursuit : « *Tu sais, Piper, il va se passer quelque chose, c'est obligé. Ou bien on va leur rentrer dedans ou c'est eux qui vont attaquer en force, mais on ne peut pas rester comme ça ou alors on va tous devenir dingues.* »

« *Ca m'est plutôt égal ce qui peut arriver, Taff, pour l'instant la seule chose qui compte pour moi c'est d'aller piquer un roupillon.* » Je lève les yeux vers le ciel ; il va bientôt faire jour. Je me réfugie dans ma tranchée pendant que Taff prend la garde au fusil mitrailleur. J'essaie de me faire une place aussi confortable que possible au fond du trou et je m'enveloppe la tête dans du treillis de camouflage pour me protéger des moustiques.

« *Je m'endors avec l'image de Fiona dans la tête et les paysages des Highlands défilent devant mes yeux. C'est la première fois que je pense à Fiona depuis que j'ai quitté l'Angleterre.*» J'ouvre les yeux et j'ai l'impression qu'elle est encore là devant moi, souriante et silencieuse. « *Bon Dieu, Piper, tu ne vas pas rester là toute la journée. T'as oublié qu'on a cette putain de guerre sur le dos ? Allez, magne-toi !* » Je m'assois pour enlever le drap de camouflage avant de ramper jusqu'à l'entrée de la tranchée. Taff me tend un quart plein de thé bouillant. Il m'a l'air de sacré bonne humeur ce matin. « *Salut, Taff, merci pour le thé.* »

« *Tu te rends compte, Piper, que si ces salauds de Fritz nous étaient passés dessus pendant la nuit, tu serais complètement refroidi à l'heure qu'il est !* » Taff continue avec la même verve pendant que je sirote mon thé à petites gorgées : « *Tu sais, mon pote, je suis sûr qu'il va se passer quelque chose, et dans pas longtemps. Peut-être bien que c'est pour ce matin, en tous cas pas plus tard que demain soir. Avec tous les bombardements d'hier soir et les mouvements sur la route ce matin, moi, je te dis que c'est obligé qu'il se passe quelque chose.* »

Je lui réponds : « *Ça m'en a tout l'air, Taff, t'as certainement raison.* » Le soleil est maintenant en train de se lever sur le verger et l'air est rempli de cette odeur si particulière que je trouve à la campagne normande. Tout semble calme mis à part les coups de feu occasionnels du côté du carrefour. « *Tu sais, Taff, les gars au carrefour eux, ils doivent avoir une idée de ce qui va se passer.* »

Une Jeep entre dans le verger et s'arrête à quelques mètres de nous. « *Bon Dieu, Piper, il ne manquait plus que cela, des putains de marins !* » explose Taffy au moment où deux gars de la marine descendent de la voiture et commencent à débarquer leur équipement. Taff et moi les observons avec une réelle fascination mettre leur attirail en place et commencer à creuser leur tranchée. Rien qu'à la manière de manier la pelle, on devine tout de suite qu'ils ne savent pas ce qu'est une tranchée. Au bout d'un petit moment, alors que le trou n'a pas encore atteint les trente centimètres de profondeur, ils marquent une pose pour allumer une cigarette et jeter un œil autour d'eux, sans se soucier de la présence du peloton de mortiers. On les voit se jeter à plat ventre chacun de son côté quand un obus éclate soudain à l'entrée du verger, projetant des éclats à travers les arbres et dans le mur de la maisonnette qui se trouve à quelques pas. Nous émergeons les uns après les autres de nos tranchées et à première vue les deux marins ont l'air complètement tétanisés.

Taff se dirige vers eux et leur lance : « *Va falloir vous améliorer, mes pt'is potes. Faut s'aplatir mieux qu'une crêpe et plus vite que ça. Il était moins une que vous y restiez, alors faites gaffe la prochaine fois !* » Sur ce, Taff prend une pelle pour leur donner un coup de main pendant que je me mets à la recherche de quelques planches solides pour protéger l'ouverture de leur tranchée. Les marins récompensent Taff de son aide en lui donnant plusieurs paquets de cigarettes. En ce qui me concerne, j'accepte seulement un paquet de tabac pour la pipe et deux savonnettes que j'ai l'intention de donner au petit vieux qui habite la ferme voisine en échange d'une demi-douzaine d'œufs pour améliorer le menu de ce soir.

Le français est ravi du cadeau et il insiste pour que j'entre boire un verre. J'escalade le mur qui sépare son jardin du verger et lui emboîte le pas jusqu'à la maison. L'intérieur de la ferme est exactement comme le montraient mes anciens livres d'école : un sol pavé, une longue table en bois massif, un plafond bas et une grande cheminée ouverte avec sur le feu de braises une énorme marmite accrochée à une crémaillère. Une femme et trois enfants sont assis à la table. Ils se lèvent tous à mon entrée et se mettent à me regarder avec des yeux grands comme des soucoupes, restant debout après que je me sois moi-même assis. Le vieux les fait asseoir et ils reprennent le cours de leur repas. Il se retourne pour prendre une bouteille et deux verres dans un placard puis il vient me rejoindre à table. Après avoir servi deux rasades généreuses, il lève son verre et dit : *« à Churchill ! »* J'en reste comme deux ronds de flan et je réponds la première chose qui me vient à l'esprit : *« à De Gaulle ! »* Puis, il avale son verre cul sec. Je l'imite et je me retrouve soudain à cracher et tousser, les larmes aux yeux, cherchant en vain à retrouver ma respiration. Je reprends mes esprits petit à petit et ouvre les yeux pour découvrir un large sourire sur le visage du français. Il prononce son deuxième mot de la soirée : *« Calvados. »*

Je n'avais jamais entendu parler de ça auparavant, mais je me promets bien d'y faire attention dans l'avenir. La femme et les trois enfants sont maintenant en train de se tordre de rire, ce qui me fait bien plaisir, car ils semblaient terrorisés à mon entrée seulement quelques minutes plus tôt. Le français me serre la main et en le regardant lui et sa famille, je me dis : ce gars-là est bien courageux, il prend un sacré risque en faisant entrer un soldat britannique chez lui ! On se trouve à peine à quelques kilomètres de la mer et les Allemands peuvent nous y rejeter d'un moment à l'autre. Si cela devait se produire, toute cette famille se retrouverait à coup sûr dans un camp de captivité quelque part en Allemagne.

Le Français interrompt mes pensées en me proposant un autre verre de ce terrible Calvados. Je décline l'offre rapidement en disant non de la tête et en levant les mains en l'air en signe de reddition. La femme et les gosses se remettent à pouffer de rire, se levant de table et venant se regrouper autour de moi. Personne ne parle anglais chez ces gens et j'avoue qu'il ne me reste rien du français que j'ai appris à l'école, alors je me contente de leur faire *« au revoir »* de la main. J'arrive quand même à leur faire saisir qu'un de ces soirs je les inviterai à dîner, un vrai repas anglais.

Ils me serrent tous la main et avant de re-escalader le mur du jardin, le gars me tend un sac dans lequel il y a une douzaine d'œufs.

En revenant à la tranchée, j'aperçois Taff qui est en train de nettoyer le Bren. En me voyant arriver, il m'indique la direction de l'Orne d'un mouvement de la tête et me lance : *« Ils commencent à tirer un peu tôt ce soir, mon pote. T'entends tomber toutes ces merdes ? Ça m'étonnerait que les Boches tardent à venir nous faire chier ! »* J'écoute un instant les salves d'artillerie pendant que Taff est en train de réintégrer sa tranchée en me disant que je ferais bien d'en faire autant. Je m'installe à mon tour au fond de mon trou et me mets à penser à cette famille française. A l'heure qu'il est, ils se sont sans doute réfugiés à la cave. Ils m'ont donné l'impression de prendre la vie avec une telle sérénité, les bombardements, les animaux tués un peu partout, des soldats britanniques en pagaille, bref, je me demande quelle tête ils feraient si je leur offrais ma soupe de pot-au-feu suivie de pâté en croûte aux rognons à la mode anglaise et des beignets de prune pour finir. Je repense à l'invitation et je me promets que si la brigade est toujours là, à condition que les choses se calment un peu, je les inviterai à manger un pâté en croûte à l'anglaise et tout le reste. Comme prévu, la réponse des mortiers allemands à l'artillerie alliée ne se fait pas attendre et lorsque tout cela cesse après un bon moment, Taff et moi sortons prendre l'air.

Pendant que Taff fait frire la première demi-douzaine d'œufs, je vais faire un tour sur la route qui fait le tour du village. Comme je le redoutais, les Jeeps commencent à revenir avec leurs chargements de blessés et de tués. L'une d'elles s'arrête juste en face du quartier général avec deux brancards recouverts de couvertures militaires. Je presse le pas pour me renseigner auprès du conducteur.

« Ce sont deux paras » me dit-il *« et il y en a tout un tas plus loin après le village. J'ai bien l'impression que les paras et les gars des commandos ont sacrément trinqué dans les bombardements, ils ont je ne sais combien de tués et de blessés. »*

La Jeep suivante transporte deux Français des commandos. Ils sont blessés tous les deux, l'un est couché sur le dos et a l'air d'être salement amoché, quant à l'autre je l'ai déjà vu au camp à Southampton et aussi à Achnacarry ; il est assis sur son brancard à se répéter son manque de chance, un éclat d'obus dans la jambe. Ces deux Français ont une chose en commun. Ils portent eux aussi cette pâleur typique des blessés sur le visage. Ils me disent au revoir de la main au moment où la Jeep démarre pour les emmener se faire soigner plus bas le long de la route. En suivant la voiture des yeux, je me dis qu'après tout, ces deux gars ont une certaine chance, ils sont en vie et vont pouvoir se la couler douce, alors que pour les deux paras, la guerre est vraiment finie. Je reste assis sur le bord de la route un petit moment, le dos contre un mur. Plusieurs Jeeps passent encore avec leurs chargements de tués et de blessés, soulevant des nuées de poussière lorsqu'elles quittent la route menant au village pour descendre le chemin vers les ponts de l'Orne. Le mortier lourd qui se trouve en batterie dans le verger égrène toujours son curieux accord musical au départ des coups, projetant ses obus sur les positions ennemies et y faisant aussi des victimes. Je me relève pour rejoindre le verger au moment où les boches commencent à tirer sur les nuages de poussière qui se trouvent dans le sillage des Jeeps.

Pendant que nous sommes en train de manger, accroupis dans la tranchée en essayant de faire fuir les moustiques qui n'arrêtent pas de bourdonner autour de nos têtes, je jette un œil en direction de Taff. Il est totalement concentré sur son morceau de viande et je me dis en moi-même : c'est incroyable comme ce gars-là a changé d'apparence au bout de cinq jours de vie dans une tranchée ! Lui aussi a l'air complètement épuisé de fatigue et ses yeux toujours grands ouverts portent une expression de constant étonnement. En fait, tous les gens que j'ai croisé aujourd'hui avaient la même expression, des blessés aux gars des tranchées en passant par les conducteurs des Jeeps, sans doute la conséquence de cinq jours et quatre nuits passés dans le fracas incessant des bombes et dans la peur permanente de se faire descendre par les tireurs embusqués. Le manque de vrai sommeil affecte tout le monde d'une façon ou d'une autre. Je continue à regarder Taff qui est maintenant en train de récurer l'intérieur de sa gamelle avec l'index et de le lécher consciencieusement avec un réel appétit.

Il a dû se douter que j'étais en train de le regarder car il lève soudain les yeux vers moi tout en continuant à nettoyer sa gamelle avec le doigt et me lance : « *pourquoi est-ce que tu me regardes comme ça, Piper, t'as jamais vu un gallois en train de manger ou t'as l'impression que je suis devenu dingue à cause des bombes ?* » Je suis sur le point de lui répondre quand un obus explose tout près de nous en lacérant les branches des pommiers au-dessus de nos têtes. Taff et moi nous jetons dans la tranchée si précipitamment que j'en renverse le contenu de ma gamelle. Taff lève les yeux et me *lance en grimaçant : « T'inquiètes pas pour moi, Piper, ça va, j'ai juste un peu le cafard aujourd'hui. »* Son drôle de sourire le quitte au moment où il m'apprend qu'une heure plus tôt on lui appris que son beau-frère du 4e commando s'était fait descendre pendant une contre-attaque allemande. Il est vrai que c'est rare de voir Taff aussi démoralisé. Je lui présente toutes mes condoléances et me fais la réflexion que nous sommes tous sans exception frappés par la douleur et la tristesse. Le bombardement vient de s'arrêter et des gars ont encore dû être tués ou blessés, peut-être celui de la tranchée d'à côté qui se trouve à seulement quelques mètres de nous. Je m'extirpe du trou et dirige mes pas vers le quartier général. Les Jeeps sont là avec leurs brancards, en attente à l'entrée du verger. Un corps enveloppé dans une couverture militaire occupe déjà l'un des brancards et des infirmiers sont en train d'aider un gars avec une large plaie au visage à s'installer sur le siège à côté du conducteur. Au moment où j'atteins la route, la Jeep s'ébranle dans un rugissement de moteur avec son lot de tués et de blessés, laissant un nuage de poussière dans son sillage. Je presse le pas en restant à couvert le long d'un mur, attendant l'inévitable tir de mortier qui suit toujours le passage des jeeps. A peine quelques secondes plus tard, l'air est rempli par une explosion tout près de là, de l'autre côté d'une haie. Hier matin, une Jeep transportant des paras blessés a été touchée de plein fouet par un obus de mortier, tous les occupants ont été tués sur le coup.

Au quartier général, le major de brigade est sur le départ au moment où j'arrive et je ne vois aucun signe de Shimi Lovat. Il est sans doute parti inspecter une des unités avancées dans le périmètre du village. Mick me dit que le major part pour se renseigner sur la situation du 4e° commando. Je décide de lui emboîter le pas tout en restant suffisamment éloigné de lui.

Les positions du 4e° commando essuient un intense tir d'artillerie quand j'y arrive et mon ami Jock, que je connais depuis des années, m'emmène à l'abri des éclats d'obus. Pendant la traversée du bois, le major reste sur ses gardes et Jock me dit en riant que lorsqu'il est arrivé sur la position, il y avait eu un moment de calme. Le pilonnage des Allemands s'est en effet arrêté pendant que le major est en train de s'entretenir avec un officier quand, soudain, les tirs reprennent et le major se jette précipitamment à l'abri .

« T'as vraiment choisi le bon moment pour venir nous voir ! » me fait remarquer Jock. *« Ça n'a pratiquement pas arrêté depuis hier, et on a essuyé deux contre-attaques. »* Jock a l'air complète-ment à côté de ses pompes, il n'arrête pas de fermer les yeux de fatigue, dodelinant de la tête comme s'il allait s'endormir sur place.

« Bon, eh bien, maintenant que je suis arrivé ici, j'ai comme l'impression que je n'ai plus qu'à attendre que ça se calme. J'espère que les Allemands n'ont pas prévu une contre-attaque pour ce soir ! »

« Et, comment va Lovat ? » me demande Jock.

« Ça a l'air d'aller » lui répondis-je, *« On ne le voit pas beaucoup ces temps-ci. Tu sais, en ce moment, pour lui ce n'est pas de la tarte. Mais, je vais te dire une bonne chose, Jock, tant que Lovat sera à la barre, il ne sera pas question de reculer d'un pouce. Je te fiche mon billet que même si les panzers nous foncent dedans avant que les soutiens ne soient arrivés de la côte, toi, moi, et tous les autres gars de la brigade, on se fera plutôt tuer, Lovat y compris ! »* Jock est debout, accoudé sur le côté de la tranchée. Il tient le Bren d'une main et scrute le secteur gauche du bois en tenant l'arme dans cette direction. Le pilonnage des mortiers s'est un peu calmé. Les tirs de barrage de l'ennemi semblent se concentrer maintenant sur la corne du bois à environ cent cinquante mètres sur notre gauche. Les impacts soulèvent des mottes de terre et des bouts de branches dans tous les sens. *« Comme tu dis, Piper, si les Boches enfoncent le dispositif de la brigade, on va tous y passer,... et je me demande si ce n'est pas cela qui s'annonce ! »*

Le jour commence à tomber et cela devient très difficile d'apprécier la situation. Je demande à Jock : *« Que crois-tu que tout cela veut dire ? »*

« C'est peut-être tout simplement une nouvelle attaque » me répond Jock. « D'habitude ils nous pilonnent au mortier, puis ils attaquent à travers champ. Ce matin, ils ont attaqué le secteur des marines et les ont pas mal bousculé. Ça, c'est vrai, t'as vraiment

choisi le bon moment pour venir faire un tour ici ! Ça m'étonnerait que tu puisses repartir ce soir ! » A peine a-t-il terminé sa phrase qu'un terrible rugissement se fait entendre au-dessus de nos têtes et une salve d'obus explose sur le secteur que les Allemands étaient en train de pilonner au mortier auparavant. Une autre salve succède à la première, mais cette fois du côté des positions allemandes. Jock y va d'une bordée d'injures : « *Bon Dieu, regardes-moi ça, ces putains d'enculés viennent de nous en mettre un en plein dedans ? C'est déjà assez la merde comme ça sans que ces cons d'alliés se mettent à nous tirer dessus !* » A première vue, les navires alliés qui sont à sept ou huit kilomètres au large sont en train d'essayer d'enrayer une attaque allemande contre nos positions ! Malgré leurs bonnes intentions, les marines sont en train de bombarder le secteur des commandos en faisant de sacrés ravages ! Des cris de protestation s'élèvent des bois où les commandos sont obligés de se terrer au plus profond de leurs tranchées.

« *Tu restes passer la nuit ici ?* » me demande jock.

« *Je ne sais pas, de toutes façons, ce n'est pas mieux du côté du quartier général. Tu sais, on a aussi des gars de la marine avec nous. Jusqu'à maintenant les tirs de l'artillerie de marine sont tombés sur les positions allemandes en face du secteur du 6e comando, à l'autre bout du village. Par les temps qui courent, notre problème, ce n'est pas la marine, mais plutôt l'artillerie de campagne qui tire au-dessus de notre secteur depuis l'Orne. De temps en temps, il y a un coup trop court et ça fait des victimes.* »

« *A propos de victimes, tu sais qu'il n'y a plus beaucoup de gars debout au 4e depuis qu'on a débarqué à La Brèche mardi dernier !* »

Jock est obligé de forcer la voix pour me raconter les événements de ces derniers jours : l'attaque du casino de Ouistreham et la prise de la ville par les Britanniques et les Français du 4e commando. Le bruit des obus de mortiers qui explosent et le crépitement des armes légères couvre presque sa voix. En le regardant, assis au fond de la tranchée à me raconter tout cela, je suis stupéfait par sa ressemblance avec les autres gars des commandos. Il a le même regard, sans doute aussi causé par le manque de sommeil et la nécessité de se tenir en permanence sur ses gardes. Je me demande si moi aussi j'affiche la même expression. Mes pensées sont soudain interrompues par la voix de Jock qui me dit : « *Si tu as l'intention de retourner là-bas, Piper, je te conseille de déguerpir au plus vite.* »

La nuit commence à tomber, mais il fait encore suffisamment jour pour que je puisse retrouver mon chemin sans trop de difficultés. Cela me fait de la peine de le quitter et comme pour faire durer la conversation, je lui demande : *« Dis-moi, pourquoi est-ce qu'on t'appelle Jock l'Ecossais alors que tu as l'accent anglais ? »*

« Bof, c'est tout bête, mon père est né du côté écossais de la frontière et ma mère du côté anglais. Moi aussi je suis né du côté anglais, mais j'ai une préférence pour l'Ecosse. Allez, Piper, maintenant, tire-toi pendant que t'en as encore le temps. » Sur ce, il me lance un sourire d'encouragement et me donne une solide poignée de main. Au moment où je sors de la tranchée pour m'engager dans le bois, des obus allemands pilonnent l'autre côté de la fûtaie. Deux explosions coup sur coup m'obligent à me jeter à plat ventre. J'ai l'impression que ces deux-là viennent de tomber vraiment tout près de moi ! Une voix s'élève d'une tranchée à proximité : *« Ça va, Piper ? »*

« Ouais, ça va. » Je reste étendu au sol un bref instant, mais tout redevient calme. Je me remets péniblement sur mes pieds et décide de rejoindre Jock dans la tranchée au moins pour un moment. Je le trouve tout à côté, une énorme plaie béante à l'arrière de la tête, une de ses jambes a été sectionnée et s'est volatilisée. Son béret vert est juste à côté de lui. Un éclat d'obus lui a transpercé le front ; il semble avoir tout d'abord heurté son insigne de béret dont la croix de Saint André a été coupée en deux. J'ai la gorge complètement nouée devant ce spectacle et je me sens comme statufié, incapable de faire un pas. Des brancardiers arrivent dans la minute, emportant deux autres gars et laissant Jock allongé sur l'herbe. Il n'y a plus rien à faire pour lui. Il vont sans doute bientôt revenir et le ramener au château pour l'aligner avec les autres sur la pelouse en attendant l'enterrement.

Pendant que je me dépêche de rentrer au campement, les Allemands envoient des fusées éclairantes dans le ciel. Je me déplace en restant collé au maximum contre les murs des maisons tout en progressant dans l'ombre. L'ennemi lance aussi des fusées de l'autre côté des champs, rapidement suivies par des rafales d'armes automatiques, sans doute dans le secteur du 3e commando. Les Spandaus allemands sont facilement reconnaissable à leur rapide cadence de tir par rapport aux mitrailleuses britanniques.

« Comment ça va du côté du 4^{e}commando ? » me demande Taff dès que je me laisse tomber dans la tranchée à ses côtés.

« Ca pourrait aller mieux, » *l*ui répondis-je *« Dis, il y a quelque chose à se mettre sous la dent, j'ai drôlement les crocs ! »*

Taff me verse une bonne rasade de cidre et me tend un œuf dur accompagné d'un morceau de viande pendant que je me mets à lui faire le point de la situation du 4e commando.

« Bon Dieu, Piper » s'exclame Taff *« c'est un miracle qu'il y en ait encore un seul de vivant ! »*

« Il n'en reste plus beaucoup parmi ceux qui ont débarqué les premiers à La Brèche » lui répondis-je, *« ils ont essuyé beaucoup de pertes depuis le débarquement, et un bon nombre a été tué par les tirs des mortiers ces derniers jours. Si t'ajoutes à cela les contre-attaques des allemands, les gars n'en peuvent plus et en plus ils n'arrivent pas à roupiller, pour eux c'est vraiment la fin des haricots ! »*

Taff descend plusieurs gorgées de cidre, puis il repose sonquart par terre en ajoutant : *« Au moins, Piper, on est tous dans la même galère. Tu peux aussi bien te faire dégommer ici dans le verger que n'importe où ailleurs autour du village. En plus, ce soir je te laisse tomber »* ajoute-t-il en se levant pour sortir de la tranchée, *« il faut que j'aille m'occuper d'une mitrailleuse quelque part à gauche du village. Si tu veux, tu peux venir avec moi. Ça va pas être mieux qu'ici parce que les putains de Mausers sont partout pareils, mais au moins, à deux, on se sentira presque comme chez nous »*.

Je réponds à Taff que je suis d'accord pour l'accompagner. Sur ce, il ramasse le Bren pendant que je me charge des munitions et le verger est bientôt derrière nous. Je me réfugies dans mes pensées tout en continuant à machouiller le morceau de viande que Taff m'a donné pour le dîner.

« Qu'est-ce que c'est comme viande ? » lui demandais-je en sortant la chose de ma bouche.

« Ecoutes, mon pote, c'est du mouton normand, et du meilleur ! Il s'est fait descendre pas plus tard que ce matin. »

« Du mouton du genre de celui auquel tu passes une corde autour de la tête et que tu promènes dans les champs de mines allemands ? »

« C'est tout à fait ça, mon pote. Tu sais très bien que de toutes façons il n'y a pas d'autre manière d'attraper un animal et que s'ils

sont morts, c'est parce qu'ils se sont promenés dans les champs de mines. »

Nous arrivons sur la position où se trouve la mitrailleuse. C'est au bord de la route, presque à l'aplomb d'un mur.

« Ça va être le pied » lancais-je à Taff pendant que nous nous installons dans la tranchée et qu'il met le Bren en batterie.

Les moustiques nous ont déjà précédé en force et nous rappellent quelque chose de connu... Le point de vue que nous avons de cet endroit est tout à fait différent de ce que nous avons l'habitude de voir de notre position dans le verger. Dans la demi-pénombre, les maisons du village et l'église au milieu de la place ressemblent à d'énormes monuments et leurs ombres changent de forme de temps à autre au gré du défilé des nuages devant la lune. Les obus des canons alliés sifflent au-dessus de nos têtes à un rythme tout à fait irrégulier. Le peloton de mortiers qui se trouve toujours dans le verger rappelle sa présence en tirant régulièrement ses obus sur le village occupé par les allemands à environ trois cents mètres plus loin. Le sifflement de la charge est toujours précédé par la même phrase musicale qui me fascine toujours autant.

« Tu ne trouves pas qu'il y a quelque chose de musical dans le bruit que font les obus de mortiers avant de partir, Taff ? »

« C'est peut-être l'impression que ça te fait, Piper, mais moi je suis certain que le pauvre enculé qui se le tape à l'arrivée doit pas beaucoup apprécier la musique. Allez, Piper, t'essayes d'abord de roupiller un peu, on n'a pas besoin de garder les yeux ouverts tous les deux en même temps. »

Je m'enroule dans mon poncho et me pelotonne au fond de la tranchée à regarder le ciel. La nuit est tranquille, l'air tiède, et on entend seulement le frémissement du vent dans les branches. Les inévitables moustiques nous tombent dessus comme à Gravelote, il y en a partout et Taff n'arrête pas de gesticuler pour les éloigner de son visage. Le pilonnage d'artillerie redouble d'intensité et m'empêche de dormir mais c'est presque un moindre mal en comparaison des moustiques. Je décide de me lever pour rejoindre Taff auprès du fusil mitrailleur et nous nous mettons tous les deux à scruter le ciel. Pendant un instant de calme, le paysage qui s'étend devant nos yeux nous semble reposer dans la plus totale tranquillité. *« Dis-moi,*

Piper, t'es marié ? » me demande soudain Taff en se tournant vers moi.

« Non », lui répondis,-je *« j'ai pas encore trouvé la bonne. Et toi, Taff, t'es marié ? »*

Taff se tourne un peu vers moi, le regard fixe devant lui. *« Oui, je suis marié, et j'ai un fils qui vient d'avoir un an. Ils sont tous les deux à Cardiff, ma femme et lui. Je me suis marié quand j'avais vingt ans et maintenant j'en ai vingt-cinq. Dieu seul sait quand je les reverrai. »* Je regarde à nouveau Taff. Son visage est à moitié dissi-mulé par l'ombre de l'arbre qui se trouve derrière nous.

Avant que j'aie le temps d'ajouter un mot, il ajoute : *« T'as bien une copine quelque part, Piper, un mec fringant comme toi. »*

Ce genre de réfléxion, c'est tout à fait le style de Taff. Il arrive à sortir de ses états de prostration avec une facilité déconcertante.

Je lui réponds : *« Ouais, ça m'arive d'en avoir une ici ou là, mais rien de bien sérieux. »*

« Et celle que t'as dans les Highlands, Piper ? Elle est rien pour toi ? Je me suis laissé dire que vous étiez plus que des copains. »

J'essaie de changer de sujet de conversation en faisant remarquer que tout a l'air bien calme sur le front, mais c'est sans compter sans Taff qui ne lâche pas comme ça l'idée qu'il a en tête.

« C'est pas la peine d'essayer de parler d'autre chose, Piper, je suis au courant de tes galipettes avec ta nana. T'es vraiment un sacré verni, toi, avec les femmes. »

Nous partons tous les deux d'un éclat de rire et je réussis à avoir le dernier mot en concluant : *« Pourvu que ça dure ! »*

La pilonnage d'artillerie vient de reprendre. Plusieurs coups tombent court et je commence à me faire du mouron.

Je fais remarquer à Taff avec une certaine inquiétude : « C'est sûr qu'on va y rester tous les deux si on s'en prend un de trop près ! »

« Bon dieu, Piper, arrête de dire des conneries. Regarde plutôt les fusées là-bas au dessus du 6e commando. » Taff pointe le doigt en direction de deux fusées éclairantes au-dessus de la ferme, pendant qu'un crépitement d'armes automatiques se fait entendre, suivi de la déflagration d'un obus de mortier.

« On dirait qu'il se passe quelque chose de l'autre côté, Taff. Je

crois bien que notre artillerie a réveillé les Boches et qu'ils sont entrain d'anticiper une attaque. »

« Regardes, Piper ! Je te le disais bien, ces salauds vont lancer une attaque, ou alors c'est nous qui allons leur rentrer dans le lard demain matin, en tout cas pas plus tard qu'après demain. »

Je remarque un regain d'activité sur le front, les pilonnages d'artillerie sont plus violents et les contre-attaques contre la brigade sont également plus fréquentes. Taff continue à parler les yeux toujours fixés devant lui, soudain, il s'arrête et se met à scruter quelque chose sur la gauche et il me dit d'un air inquiet : *« Piper, tu vois rien dans le champ à gauche ? »* J'aperçois effectivement trois silhouettes en train de dépasser le coin du champ et de s'approcher de nous.

« Tu crois que c'est des gars de chez nous ? » me souffle Taff. *« Pourtant, de ce côté-là, c'est le secteur allemand ! »*

Il fait faire un quart de tour au Bren et cale la crosse contre son épaule en me murmurant *« vise-moi donc ces mecs-là et tiens-les en joue ! »*

Les trois silhouettes ont presque atteint la route et Taff choisit ce moment-là pour lâcher une longue rafale de fusil mitrailleur. Pendant ce temps, je tire plusieurs coups sur celui qui est en tête. Les deux premiers tombent et le troisième disparaît de l'autre côté d'une haie, poursuivi par une autre rafale du Bren. Nous continuons à surveiller le coin du champ pendant un moment en essayant de deviner un quelconque mouvement.

« On a eu les deux premiers ! » s'exclame Taff *« et le troisième salaud s'est fait la malle »*.

Je lui réponds : *« il va faire jour dans moins d'une heure on va bientôt pouvoir aller aux résultats »*.

Le pilonnage d'artillerie et les tirs de mortiers ont presque cessé, seul le mortier qui se trouve dans le verger continue à égrener des coups occasionnels et nous nous sentons soudain envahis par une intense fatigue après cette nuit blanche.

« Essaye de dormir un peu, Taff. Tu as une heure devant toi. Moi, j'arriverai toujours à me rattraper dans la matinée. Tu mérites bien cela après la nuit qu'on vient de passer. »

« D'accord, Piper. Je crois que je vais roupiller un peu. »

Taff s'allonge sur le dos au fond de la tranchée, oubliant complètement les moustiques et tout le reste ; quelques secondes plus tard, je l'entends déjà ronfler. J'ai remarqué une chose d'importance depuis cinq jours que nous sommes en Normandie, c'est que personne n'a des problèmes d'insomnie. Ça serait plutôt le contraire... Je me surprends soudain à me parler à moi-même et j'ai l'impression que je vais m'endormir debout.

Je réveille Taff aux premières lueurs de l'aube. La brume matinale se lève progressivement au-dessus des champs et des haies. Un vent léger vient de la gauche, transportant l'odeur nauséabonde d'un cadavre de bovin en train de pourrir à côté de la barrière d'un champ. Il y a des douzaines d'animaux morts aux alentours, la plupart ont été victimes d'éclats d'obus ou ont été tués en s'égarant dans des champs de mines.

« Comment ça va, Piper ? » Commence Taff d'une voix encore pleine de sommeil, en s'accoudant au bord de la tranchée, la tête posée sur l'herbe. Avant de me laisser répondre, il continue : *« Tu sais, mon pote, je viens de faire un sacré rêve. J'ai rêvé que j'étais à Cardiff au lit avec ma femme... Je te prie de croire que j'étais sacrément loin de ce putain d'endroit ! »*

Il jette un œil à sa montre et s'étire : *« C'est incroyable tout ce qu'on peut faire rien qu'en une heure, ce rêve, c'était aussi chouette que ma dernière permission ! »*

« Je suis bien content que t'aies pris ton pied, Taff » lui répondis-je en m'extirpant de la tranchée. Nous ramassons le Bren et les munitions et reprenons la route en direction du verger tout en jetant un œil du côté du champ où nous avions vu les silhouettes.

Le cadavre de la vache est toujours près de la barrière. Les deux corps sont allongés face contre terre à seulement quelques mètres l'un de l'autre. Même vus de la route, cela ne fait pas l'ombre d'un doute que ce sont des soldats allemands. Je me demande si le troisième a réussi à rejoindre son campement, car le champ dans lequel ils se trouvaient est bourré de mines allemandes et britanniques.

Pendant que Taff fait son rapport au quartier général, je rentre au verger pour me préparer un quart de thé et manger un morceau, puis je m'écroule dans ma tranchée et sombre immédiatement dans un profond sommeil.

« T'as pas honte de dormir comme ça ! Tu vas pas passer toute la journée terré dans ton trou, quand même ? »

Cette voix est celle de « Trog », un gars du genre rablé et barbu qui a tout le temps l'air de sortir de sa caverne d'homme préhistorique et en plus de cela fort comme un bœuf. Je me frotte les yeux en sortant de la tranchée. *« Qu'est-ce qui se passe, Trog ? »* Je lui demande.

« C'est à toi de dire ce qui se passe, Piper, ça fait trois morts et on se faisait de la bile ! »

Trog fait partie du peloton de mortiers de trois pouces. Son visage n'est pas à proprement parler une œuvre d'art qui attire la contemplation. Il a une grosse tête ronde avec des cheveux en brosse, des yeux porcins et un gros nez épaté comme s'il avait passé sa jeunesse à faire de la boxe. Mais, son bon côté, c'est son caractère : il est toujours de bonne humeur, sauf sur le ring ou après plusieurs whiskies, moments auxquels on a intérêt à se tenir à l'écart.

« Allez, Piper, magne-toi » poursuit Trog, m'ouvrant la voie vers l'emplacement du peloton de mortiers. Les gars sont adossés au mur en train de casser la croûte. On m'offre le choix entre le traditionnel pâté en croûte et un morceau de porc local, j'opte sans hésiter pour le pâté.

J'ai le sentiment qu'après la guerre je vais devenir végétarien. En ce moment, je suis incapable de faire la différence entre du bœuf, du mouton ou du porc. Je me dis que cela vient peut-être de la cuisson...

« Un des officiers de l'état-major cherchait après toi il y a un moment. On lui a dit que t'avais été en mission toute la nuit et que t'étais en train de récupérer. Ça devait pas être important, » poursuit Trog en me tendant un quart de cidre.

« Je crois me souvenir qu'il m'a dit qu'il allait faire un tour du côté des ponts de l'Orne vers midi et il demandait que tu l'accompagnes. T'as plein de temps devant toi, Piper, prends ton temps et mange. »

A intervalle régulier, l'un des gars se lève et va prendre un obus dans une pile consciencieusement rangée pour le laisser glisser dans le tube du mortier. L'obus ressort avec son bruit caractéristique et file droit vers les positions ennemies.

« Ça garde ces salauds en alerte, » me fait remarquer Trog, *« Y-a rien de tel que cette merde de pétard pour leurs claquer leur bec ! »* Le gars qui vient de s'occuper du mortier jette un œil à sa montre et se remet aussitôt à manger.

« Dans trois minutes à peu près, les Allemands vont nous expédier deux ou trois obus de mortier » fait-il remarquer en continuant à mâcher son pâté.

Le gars qui est assis à côté de lui me lance un clin d'œil et me fait remarquer : *« Tu sais, Piper, les obus ne tombent jamais sur ce bazar-là, toujours ailleurs, de préférence sur la gueule des deuxième classes. »*

Mes souvenirs me ramènent en arrière avec l'image de Jock, du 4e commando, la tête presque complètement éclatée et la jambe arrachée par un obus allemand.

« Je devine à quoi tu penses, Piper, j'en mettrais ma main au feu ! T'es en train d'essayer de trouver la nationalité de cette viande ! » Trog me réveille de mes pensées avec son humour habi tuel.

Le gars qui vient de tirer l'obus de mortier regarde du côté de Trog, hoche la tête et précise : *« tu veux dire de quelle race ? La nationalité, on s'en fout, on sait qu'on est en France. »*

« Ouais, ouais », acquiesce Trog, *« c'est du pareil au même, et ç'est bon quand même, hein, Piper ? »*

Je me contente d'opiner de la tête en signe d'assentiment.

Je passe au quartier général pour voir l'officier qui voulait me voir un peu avant mon retour. Je le trouve assis au volant de sa Jeep au détour de l'allée qui mène à la maison. En me voyant, il m'apostrophe avec un ton presque excédé : *« Magnez-vous un peu, Piper, Bon Dieu, je n'ai pas l'intention de passer la journée à vous attendre ! »*

Je prends place à côté de lui et il démarre en trombe vers la sortie du village en direction des ponts de l'Orne, en laissant un énorme nuage de poussière dans le sillage de la Jeep, ce qui ne manque sans doute pas d'attirer l'attention des artilleurs allemands embusqués de l'autre côté du champ. Quoique j'arrive maintenant à m'habituer au fracas incessant des explosions, je ne suis pas mécontent de quitter le verger pour cette virée en Jeep.

Au moment d'arriver au carrefour, je jette un œil en arrière et je ne suis pas surpris de constater que les Allemands nous ont effectivement repérés et commencent à arroser la route de leurs obus. Je me fais la réflexion que l'officier doit être en train de s'attirer les foudres des gars qui sont derrière. En arrivant à la rivière, nous prenons un sentier tout juste assez large pour permettre le passage de la Jeep. Cent mètres plus loin, j'aperçois plusieurs batteries de canons de 15 pouces à demi enterrés. Il y en a tout le long de l'Orne jusqu'à perte de vue. L'officier arrête la Jeep à côté d'un fourgon garé sur le bord du chemin et bien dissimulé par du treillis de camouflage et des branches. Un officier en sort au moment où nous descendons de la Jeep. Il s'adresse à l'officier des commandos, je n'arrive pas à saisir ce qu'il dit car sa voix est couverte par les déflagrations des canons de 15 pouces qui commencent à tirer à ce moment précis. Les deux officiers se donnent une poignée de main, et disparaissent dans le fourgon après m'avoir fait signe qu'il vont à une réunion qui devrait durer dans les deux heures. Je retourne à la Jeep pour la garer sous les arbres, consulte ma montre, et décide de profiter de mes deux heures de temps libre pour aller faire un tour jusqu'au café que j'avais repéré l'autre jour à proximité du deuxième pont. Je me dis qu'il est peut-être encore ouvert, on ne sait jamais...

Sur mon chemin, je tombe sur des renforts et des ravitaillements en train de traverser le pont de Bénouville. Des gars me font des signes de la main, ils ont l'air plein d'entrain. De toute évidence, ils n'ont pas la moindre idée de ce qui les attend de l'autre côté du pont quand ils vont se retrouver face à face avec l'ennemi. Dans ce coin, le seul signe qui rappelle que nous sommes en guerre sont les obus qui arrosent les champs à plus de deux cent mètres du pont et se révèlent tout à fait inoffensifs pour l'instant, excepté pour le bétail.

Je m'approche de la porte du café qui a effectivement l'air fermé. Personne ne répond quand je frappe à la porte, je décide donc de faire le tour de la maison pour tenter ma chance à la porte de derrière. Je frappe encore deux coups et la porte s'ouvre devant une femme immédiatement suivie par un homme que je suppose être son mari. Ils me regardent avec un air d'appréhension lorsque je leur demande s'ils peuvent me servir un verre de cidre ou de vin. La femme agite les bras en direction du canal et me répète plusieurs fois : *« fermé, fermé. »*

Au moment où je m'apprête à tourner les talons, l'homme s'adresse à moi en anglais : « *vous êtes Ecossais, c'est vous qui jouiez de la cornemuse en passant le pont l'autre jour ?* »

Je lui réponds : « *oui, c'est bien moi, vous parlez bien anglais* ».

Il hausse les épaules en ajoutant : « *de temps en temps, j'aime bien parler anglais, mais il ne faut pas que cela dure trop longtemps. Entrez donc prendre un verre* ».

Ils s'effacent pour me laisser passer puis la femme me montre une chaise pendant que l'homme revient avec deux verres qu'il pose sur la table, puis il se tourne vers moi : « *c'est ma femme, et vous, comment vous appelez-vous ?* »

Je me lève pour leur serrer la main à tous les deux et leur dit en détachant bien les mots : « *je m'appelle Bill Millin* ».

Je refuse poliment du Calvados au profit d'un verre de vin rouge qui me réjouit le palais. Au bout d'une vingtaine de minutes, je me lève pour prendre congé et les remercier de leur hospitalité. La femme affiche toujours un air anxieux, ce que je comprends bien car les Allemands ne sont pas loin d'ici, néanmoins, au moment de franchir la porte, elle me gratifie d'un sourire et me dit quelque chose en français que je ne saisis pas.

Son mari reprend : « *Attendez une minute, monsieur, ma femme voudrait vous donner quelque chose.* » Elle disparaît un instant dans la cuisine et revient avec une bouteille de vin couverte de poussière. Je me tourne vers son mari pour lui dire : « *vous remercierez bien votre femme, dites-lui que je vais garder cette bouteille pour la boire seulement quand je serai vieux, enfin, je veux dire si je reste en vie...* »

Le fusil en bandoulière et la bouteille à la main, je traverse le pont dans l'autre sens vers l'est en me retournant pour dire au revoir de la main, tout en me demandant si j'aurai jamais l'occasion de les revoir.

Au moment où j'arrive à la Jeep, les canons embusqués le long de l'Orne continuent leurs tirs de batterie. L'officier est en train de parler avec deux artilleurs qui, d'après leur accent, doivent être Polonais. L'officier leur donne une poignée de main puis nous reprenons l'étroit sentier pour rejoindre la route. De retour au quartier général, je constate que les tirs d'armes légères aussi bien que le pilonnage des mortiers ont redoublé d'intensité et il m'est difficile de dire si les salves sont le fait des Allemands ou des alliés.

Nous descendons de la Jeep aussi vite que possible et commençons à courir vers les tranchées. Je décide de me ruer vers le verger pour rejoindre ma tranchée quand soudain l'officier s'écroule en se tenant la jambe, apparemment terrassé par une violente douleur.

« Je crois que je viens de prendre un éclat dans la jambe, Piper. Voyez si vous pouvez trouver un médecin de l'autre côté. » Avant que j'aie le temps de faire quoi que ce soit, j'aperçois déjà deux médecins qui arrivent en courant dans notre direction. Du sang coule abondamment de la chaussure de l'officier et son visage commence à prendre la couleur grisâtre propre aux blessés.

Je décide de rester là où je suis pour le moment en attendant que les choses se calment. Je m'assois dans l'herbe contre un arbre près de la flaque de sang que la blessure de l'officier vient de laisser par terre.

Le pilonnage d'artillerie cesse soudain et les obus de mortiers qui continuent à tomber dans le verger semblent venir de plus loin.

Quand je le rejoins dans la tranchée, Taff est en train d'ouvrir des boîtes de conserves et il a l'air de fort méchante humeur.

« Tu sais, Piper, j'en ai ras le bol de cette bande d'enfoirés , je veux pas dire ceux qui sont de l'autre côté du champ, mais ceux qui n'arrêtent pas de nous balancer leurs merdes sur la gueule. » Le visage de Taff se renfrogne encore plus à mesure qu'il égrène un chapelet de jurons à l'adresse des artilleurs qui sont embusqués de l'autre côté de l'Orne. Je me dis que ce n'est pas vraiment le moment de lui raconter mon périple de cet après-midi dans ce secteur et de lui rapporter ma conversation avec les artilleurs qu'il est en train d'incendier copieusement.

A la vue des boîtes que Taff est en train d'ouvrir, je ne peux pas m'empêcher de m'exclamer : *« oh, non, tu ne vas pas encore me servir de ce pâté aux rognons ! »*

« Ben, mon pote, t'as le choix entre ça et ça » me répond-il en désignant les boîtes et un gros morceau de viande grillée à l'air peu ragoûtant.

« Bon, tout compte fait je crois que je vais me laisser tenter par le bon vieux pâté. »

Au milieu du repas, Taff exhume une bouteille de vin rouge qu'il a fauchée au quartier général, bouteille qui relève considérablement la qualité du menu.

« Où sont partis les gars du peloton de mortiers, Taff ? »

« C'est ça qui me chagrine depuis ce midi, mon pote. » Me répond Taff en tournant la tête en direction de l'endroit où se trouvait le peloton ce matin. *« Ils ont pris un obus anglais sur la gueule et ils ont tous été sacrément amochés. Bon Dieu, Piper, c'est quand même un comble que ce soient nos propres artilleurs qui nous dégomment plus de gars que les boches ! »*

Le soir commence à tomber et je décide de prendre un moment de repos avant d'aller faire une petite visite aux gars du 6e commando. Ils se sont enterrés à l'autre bout du village dans un verger qui est très proche des positions ennemies. Je me réveille vers sept heures et demie après avoir réussi à dormir près de deux heures et demie couché en chien de fusil au fond de la tranchée. Je sors sur la route alors que les canons alliés tirent toujours sur les positions allemandes et que des coups épars tombent du côté du village. Sur mon chemin, je croise des unités qui remontent la route. Je les accompagne un bout de chemin en tête de colonne et apprends que ce sont des soldats du Black Watch, un régiment écossais que je connais bien. Le régiment a débarqué ce matin même et se prépare à monter en ligne dès ce soir pour attaquer un village qui se trouve un peu plus loin à environ deux cents mètres du nôtre, tout près des positions du 6e commando. Ils ont tous l'air d'être à peu près de mon âge, entre dix-huit et vingt-cinq ans. Leurs tenues sont déjà recouvertes d'une épaisse poussière mais ils ont quand même l'air propres en comparaison des gars des commandos. Cela ne fait pas de doute qu'après six jours passés dans les tranchées, la crasse a eu le temps de s'incruster partout. Je suis un peu étonné de les voir si gaillards de partir au combat.

Je laisse le groupe poursuivre son chemin pour bifurquer en direction du 6e commando et je les regarde s'éloigner vers leurs positions. Je suis persuadé que l'attaque qu'ils vont bientôt lancer contre le village va tourner mal car l'ennemi est solidement ancré sur ses positions et tout aussi déterminé à ne pas céder un pouce de terrain. D'ailleurs, les paras et les commandos s'y sont déjà cassé les dents ! De la même manière, les Allemands ont déjà tenté plusieurs contre-attaques sans plus de réussite. Cela fait six jours que nous nous faisons face et nous commençons à bien nous connaître. La colonne disparaît bientôt au détour de la route, certains coupant à travers champ dans le dispositif du 6e commando.

Je rejoins le campement du 6e commando en passant à travers une cour de ferme dont le bâtiment principal a été sérieusement endommagé par des obus. Toutes les fenêtres sont éventrées et le paysage a quelque chose qui rappelle les ruines après le Blitz.

Le pilonnage d'artillerie s'intensifie sensiblement au moment où je pénètre dans la cour pavée. Les artilleurs sont en train de déclencher un tir de barrage avant l'attaque des gars que je viens de quitter. J'entre dans la grange qui se trouve à l'angle de la cour pour y trouver une douzaine de gars en train de prendre un moment de repos, allongés sur des bottes de foin. Ils se lèvent précipitamment en me voyant entrer, puis se rassoient après m'avoir reconnu. Parmi eux, il y en a un bon nombre que je connais depuis l'Angle-terre, et même depuis Achnacarry. Je suis stupéfait du changement qui s'est opéré sur leurs traits, ils ont l'air vieillis et tellement différents de l'image que j'avais gardée d'eux.

Je leur lance sur le ton de la plaisanterie : *« Ne vous inquiétez pas, je n'ai pas apporté ma cornemuse. »*

Je n'obtiens aucune réaction de leur part. Ils ont l'air vraiment trop crevés pour apprécier mon humour.

« Les temps changent, Piper » me fait remarquer Jimmy, lorsque je m'assois à ses côtés sur une botte de foin. *« Cela fait six jours qu'on est au contact de l'ennemi sans pratiquement dormir, »* puis il m'indique les autres d'un geste de la main en poursuivant : *« je les ai amenés ici pour qu'ils se reposent un peu. »* En effet, ils doivent être vraiment lessivés car ils se sont déjà tous rendormis en dépit du vacarme des explosions et des tirs des mitrailleuses à proximité de la grange.

« C'est pas l'endroit idéal pour se refaire une santé » fais-je remarquer après qu'un obus soit tombé dans le verger tout proche et que le souffle de l'explosion ait ébranlé le bâtiment, recouvrant les gars de poussière et de fientes de pigeons qui tombent de la charpente.

« Y-a pas d'autre endroit où aller, tu le sais bien ! Toutes les unités sont dans la même situation. Le seul moyen de sortir d'ici c'est les pieds devant, et encore, à condition que les toubibs arrivent à venir te chercher ! »

Soudain, Jim se renverse sur le dos dans le foin et tombe dans un profond sommeil tout en tenant fermement son fusil par le canon. Au moment où je me relève, la grange est à nouveau secouée par le souffle d'une explosion. En sortant, je me dis que c'est vraiment un miracle que le bâtiment n'ait pas encore été détruit par les obus de mortiers qui n'arrêtent pas de tomber aux alentours immédiats. Une fois au milieu de la cour, je jette un regard en arrière vers le bâtiment. Les murs ont été lacérés par les éclats des bombes et certains fragments de métal se sont incrustés dans la maçonnerie. De l'autre côté de la cour, la porte de la maison est ouverte. Il n'y a plus aucun signe des occupants, ils se sont sans doute réfugiés dans la cave à l'abri des obus. Des rideaux pendent encore derrière les fenêtres éventrées, tout cela n'est plus que désolation...

A l'autre bout de la cour, la barrière qui mène vers le verger est grande ouverte. Au moment où je passe la barrière, j'aperçois un paysan en train d'essayer de soigner deux vaches qui ont été sérieusement blessées. Les deux bovins sont à l'entrée d'un petite étable et le paysan est en train de passer un liquide violet sur leurs blessures. Les deux animaux portent de larges plaies causées par des éclats d'obus et elles n'arrêtent pas de meugler et de donner des coups de sabots pendant qu'il leur applique le liquide. Il se retourne vers moi en me voyant arriver et continue son travail comme si de rien n'était.

Ses mains et ses habits sont maculés du sang des animaux. C'est un homme de taille moyenne, plutôt costaud, avec un visage buriné et des cheveux gris. Il a l'air de se moquer totalement du bruit des obus qui passent au-dessus de lui, tout comme du crépitement des fusils mitrailleurs. Je reste à l'observer quelques secondes, lui, les bâtiments éventrés de sa ferme, les animaux morts qui jonchent le verger, et je me dis en moi-même : *« comment ces gens-là pourront ils jamais oublier tous les dégâts que nous sommes en train de faire ? »*

J'ai soudain l'impression que le paysan a lu dans mes pensées. Il s'arrête de s'occuper des vaches, pose son seau par terre et se tourne vers moi en me tendant la main. Pendant qu'il me serre la main, il me dit lentement en détachant chaque mot : *« vous savez, nous sommes très heureux que vous soyez ici en Normandie ; les dégâts, on pourra toujours les réparer une fois que les Boches seront partis ».* Il reprend son seau, mais avant de retourner s'occuper de ses vaches, il ajoute : « *moi, je m'appelle Saulnier. Il faudra venir nous voir après la guerre, vous apporterez votre cornemuse.* » Au moment où il prononce le mot « cornemuse », monsieur Saulnier me fait un léger sourire puis reprend son travail.

Je décide de quitter les lieux car il commence à se faire tard. De l'autre côté de la ferme, une maisonnette a été touchée par un obus, un incendie fait rage pendant qu'une forte odeur de brûlé remplit l'atmosphère et que des panaches de fumée dérivent lentement vers les bâtiments de la ferme. Sur la route qui me ramène du cantonnement du 6e commando au quartier général, des Jeeps n'arrêtent pas d'aller et venir pour assurer le transport des gars du Black Watch qui ont été blessés pendant l'attaque des positions allemandes. D'autres soldats vont bientôt rejoindre ceux qui sont déjà alignés dans l'herbe devant le château.

Je demande à l'un des médecins qui s'occupe des blessés : « *qu'est-ce que ça donne du côté de l'offensive ?* »

« *Rien de bon. Les Allemands ont lancé une contre-attaque et ont infligé de lourdes pertes au Black Watch.* »

L'entrée principale de la ferme Saulnier à Amfreville, c'est là qu'habite le paysan que Bill Millin rencontra. Depuis, elle s'appelle la « Ferme des commandos » (Coll. Heimdal.)

A mesure que les blessés sont descendus des voitures, je constate que la plupart des blessures sont dues à des éclats d'obus, de longues plaies comme celles que je viens de voir monsieur Saulnier soigner sur ses vaches.

Les blessés légers sont transportés de l'autre côté du village vers le centre de triage qui se trouve à proximité de l'Orne. Les plus grièvement touchés sont allongés dans l'herbe où deux médecins essayent de les soulager. Des nuages de moustiques arrivent avec le soir et s'amassent sur les plaies des blessés.

« *Bon Dieu, comme si tout cela n'était pas assez moche sans que ces saloperies de bestioles viennent nous emmerder,* » s'écrie un des médecins en soignant une énorme plaie au ventre d'un soldat.

La nuit s'installe peu après mon arrivée au verger. Taff est dans la tranchée, debout près du Bren, en train d'essayer de faire fuir les moustiques à grands coups de battoirs tout en dévidant des chapelets d'injures. Quelque chose m'intrigue dans le langage de Taff : il n'utilise plus ses jurons favoris et s'en tient à des « *putain* » et des « *Bon Dieu* ».

En me voyant arriver, il me lance : « *Putain, Piper, te voilà déjà ! T'as vraiment le chic pour toujours arriver au moment de la soupe !* » Sur ce, il pose deux boîtes de potage tout prêt par terre près de moi.

« *Comment ça va du côté du secteur du 6e commando* » s'enquiert-il. « *J'ai cru comprendre que l'attaque du Black Watch ne s'était pas trop bien passée à voir la quantité de blessés qu'on vient de ramener près d'ici !* »

Une fusée éclairante illumine le ciel au moment où Taff finit sa phrase et projette des lueurs presque féeriques sur les arbres. Je me réfugie dans la tranchée pour ouvrir ma boîte de soupe et la verser dans ma timbale. « *C'est vrai ce que tu dis, les unités qui ont attaqué se sont faites plutôt secouer et les bombardements des deux côtés n'ont pas arrangé leurs affaires.* » La fusée éclairante disparaît lentement derrière l'église pour tomber sur la place du village, elle est suivie par une longue rafale d'arme automatique. Suivent deux explosions d'obus de mortiers sur la route, puis tout redevient presque calme ; on distingue seulement un bruit de canonnade dans le lointain à l'autre bout du village, là d'où je viens.

Après avoir terminé la soupe, nous rinçons nos timbales, et Taff exhibe deux morceaux de viande. J'accepte ma part sans une hésitation. Je commence à m'habituer à cette viande grillée, et je commence même à trouver que ça a plutôt bon goût.

« Maintenant, Piper, j'ai décidé qu'à chaque repas on se descendrait une bonne bouteille ! »

Sur ce, Taff sort une vieille bouteille poussiéreuse de Bordeaux. Pendant un moment je m'imagine qu'il est tombé sur la bouteille que m'ont donnée les gens du café à côté du pont de Bénouville.

Je suis en train de me murmurer à moi-même : *« salaud de chapardeur ! »* quand Taff fait sauter le bouchon et commence à verser le vin dans les quarts.

« A la tienne, Piper ! » me lance-t-il en levant son verre.

« A la tienne, Taff » lui répondis-je en tenant mon quart d'une main et la bouteille de l'autre. Je me rends compte immédiatement qu'il ne s'agit pas de ma bouteille. Sans me laisser placer un mot, Taff poursuit : *« Allez, mon pote, jettes-t'en un derrière la cravate, il en reste encore de quoi remplir deux quarts. C'est pas tous les jours qu'on tombe sur un Bordeaux comme celui-là ! »*

Après le repas, Taff décide de faire le premier tour de garde, je descends donc dans la tranchée me mettre en chien de fusil et sombre immédiatement dans un profond sommeil. Les moustiques et le vacarme des déflagrations ne m'empêchent même plus de m'endormir...

« Allez, mon pote. » La voix de Taff m'a l'air de venir de très loin dans mon demi-sommeil. Elle se rapproche soudain lorsqu'il accompagne son deuxième *« allez, mon pote »* d'un bon coup de crosse dans les côtes. Je m'extirpe de la tranchée pour le rejoindre près du Bren. Il commence par me tendre un quart de thé en me faisant remarquer : *« Tapes-toi ça et fais gaffe à toi, Piper. »* Nous nous accroupissons dans la tranchée pour boire notre thé tout en prêtant l'oreille aux explosions, dont une retentit soudain juste à côté de nous.

Le jour n'est pas complètement levé et quelques étoiles brillent encore dans le ciel. J'en vois une qui scintille plus que les autres et je le fais remarquer à Taff : *« T'as vu cette étoile qui brille plus que les autres. »* Dans la pénombre de la tranchée, Taff n'est qu'une silhouette en train de tenir son quart de thé pour se réchauffer les mains, les épaules légèrement penchées en avant. Il garde le silence quelques instants puis se penche un peu plus en avant pour avaler quelques gorgées et me dit : *« Dis, Piper, les bombes ont dû te rendre complètement dingue ! Ça fait des jours qu'on est dans ce trou à se prendre tout un tas de merdes en travers de la gueule et tu te demandes pourquoi il y a une étoile qui brille plus que les autres. »* Taff rince son quart, se tourne de côté et se met à grommeler : *« il est complètement fêlé, ça doit être les bombes, »* puis il sombre dans un profond sommeil.

Je me lève et jette un œil au canon du Bren sans pouvoir m'empêcher de sourire intérieurement en pensant que Taff donne toujours l'impression d'être de meilleure humeur quand quelque chose le contrarie, même si la situation ne s'y prête pas forcément. Les tirs ont repris sur le route de l'autre côté du verger, des unités et quelques véhicules remontent vers le village, poursuivis par des obus allemands. Dès que le jour est complètement levé, je secoue Taff pour lui tendre un quart de thé. Il sort de la tranchée en rampant et me rejoint auprès du fusil mitrailleur. Le calme revient soudain dans le verger et le brouillard commence à se dissiper entre les arbres. La première remarque de Taff à son réveil est pour me dire : *« je me demande combien il y en a encore qui se sont fait buter cette nuit ».* Après le petit déjeuner, je décide d'aller faire un tour au quartier général pendant que Taff s'affaire à nettoyer le Bren, assis sous les arbres. Il semble avoir repris du poil de la bête et s'être sorti de son humeur cafardeuse de la veille au soir.

Il me crie *« à tout à l'heure, mon pote, »* au moment où je quitte les abords de la tranchée le fusil en bandoulière.

Je me retourne pour lui faire un signe de la main : *« Ne m'attends pas, il se peut que je sois en retard. »* Je n'arrive pas à saisir la réponse de Taff, mais j'imagine que ce doit être un chapelet de jurons imagés ! Au moment où je fais mon entrée dans la maison, j'y remarque tout de suite une certaine agitation : des gens sont en train de courir dans tous les sens et les officiers qui commandent les positions autour du village sont là. Je trouve Pat dans une des petites pièces qui donnent sur la façade. Il est en train de s'attaquer à des œufs sur le plat, accompagnés d'un morceau de viande d'une drôle de couleur brun foncé qui remplit la moitié de sa gamelle. Il lève les yeux vers moi en s'essuyant la bouche d'un revers de manche : *« salut, Piper, t'arrives un peu tard pour le petit déjeuner, mais je peux quand même t'offrir une tasse de thé ».*

Je lui demande : « *qu'est-ce que tu manges avec tes œufs ?* » tout en m'asseyant par terre près de lui.

« *Oh, ça, c'est un morceau du lapin qui se trouvait dans le clapier quand on est arrivé mercredi matin.* » Je jette à nouveau un œil à la gamelle contenant les œufs et le morceau de viande : « *Bon Dieu, Pat, tu veux pas dire le gros lapin qui était dans la cage derrière la maison ?* »

« *Si, mec ! et ce matin il s'est retrouvé dans la gamelle de trois officiers et maintenant dans la mienne. C'était un sacré morceau, et puis, il perdait son temps à attendre je ne sais quoi dans ce clapier !* » Pat nettoie consciencieusement sa gamelle et se passe un coup de langue sur les lèvres. Il pose sa gamelle par terre et entreprend d'allumer une cigarette, puis il s'appuie le dos contre le mur en me faisant remarquer : « *Je crois pas que les Français à qui il appar-tenait en diraient grand chose, après tout, c'était pour la bonne cause* ». Depuis notre arrivée, j'avais effectivement remarqué qu'on voyait souvent des clapiers dans les fermes, avec des lapins énormes dedans, des bêtes beaucoup plus grosses que celles que l'on trouve en Angleterre. Je suppose que les gens doivent les engraisser pour les manger lors de certaines occasions, en tout cas un bon nombre de ces animaux se retrouve maintenant dans les gamelles de soldats anglais.

Pat écrase sa cigarette puis lève les yeux vers moi en se remettant sur pieds : « *Tu sais, Piper, j'ai le sentiment que c'est aujourd'hui que les choses vont se décider. En ce moment, les gars sont en train de lancer une contre-attaque et leur objectif est le village au bout de la route.* » Il me raconte cela en pointant du doigt la direction du campement du 6e commando tout autour de la ferme des Saulnier, alors que des obus passent en sifflant au-dessus de nos têtes pour arroser l'autre côté de l'agglomération. La réponse des Allemands ne se fait pas attendre, des obus tombent tout près, ce qui nous oblige à nous jeter à plat ventre. Quand les explosions cessent, j'en profite pour prendre congé de Pat et sortir de la maison à toutes jambes. Je me sens toujours en danger quand je quitte la tranchée. Pat me crie de la maison : « *Tu sais, Piper, ton copain Taff, il vient d'être affecté dans l'une des unités qui sont autour du village. J'en sais pas beaucoup plus, mais je crois que ça a un rapport avec la quantité de blessés qu'ils ont eu et ils ont besoin de relève.* »

Au moment où je traverse la cour devant la maison, deux Jeeps arrivent avec un chargement de blessés. Je reconnais tout de suite l'un d'entre eux qui est en train de vociférer des injures en français et en anglais. C'est un de mes copains du 4e commando. Il me reconnaît et me lance : « *Ah, Bill, quelle connerie ! je viens de me faire bousiller la jambe !* » Il a un air franchement inquiétant avec sa barbe et ses longs cheveux noirs. Sa blessure est recouverte d'un morceau de gaze ; je soulève un coin du tissu pour y jeter un œil. Les chairs sont déchiquetées juste au-dessus du genou gauche : une blessure causée par un petit éclat. Je remets le pansement en place pendant qu'il continue à jurer comme un charretier. Je me demande comment il peut dépenser une telle énergie à brailler alors que n'importe qui serait déjà tombé dans les pommes avec une telle entaille à la jambe. La Jeep s'éloigne vers le centre de triage et je continue à l'entendre hurler à travers le nuage de poussière levé par le véhicule. Pour lui, la guerre est sans doute finie, la Jeep l'emmène vers la plage pour le faire rapatrier en Angleterre. Je dirige mes pas vers le verger pour dire au revoir à Taff avant qu'il ne rejoigne les commandos déployés autour du village. Je le trouve dans la tranchée en train de boire du thé, en pleine conversation avec un de ses copains des commandos.

Au moment où je me sers un peu de thé, les batteries de l'Orne recommencent leur pilonnage des positions allemandes. J'ai tout juste le temps de me réfugier dans la tranchée que plusieurs obus se mettent à pleuvoir dans le verger, preuve que les artilleurs allemands n'ont pas gardé les bras croisés. Taff n'a pas l'air de s'en faire d'être envoyé à l'avant. En fait, il est plutôt content d'aller rejoindre plusieurs de ses copains au 6e commando. « *Aujourd'hui, on est le 12 juin, Piper, c'est le septième jour qu'on est ici* » me dit-il en ramassant son équipement aux quatres coins de la tranchée. Le pilonnage continue quelques instants encore et nous oblige à rester à l'abri. « *Tu trouves pas qu'ils deviennent de plus en plus précis ?* » lui fais-je remarquer. « *T'as vu ces obus, ils sont tous tombés au même endroit !* » Taff répond de la même manière que d'habitude : « *c'est pas des mortiers allemands, mon pote, c'est ces enfoirés de l'Orne qui nous balancent ça. Faut espérer qu'ils vont en rester-là tant qu'on aura pas quitté ce verger.* »

Le pilonnage cesse un peu plus tard dans la journée, ce qui nous permet de sortir et de prendre le chemin des positions du 6e commando en passant par la ferme. Je le quitte à l'entrée des bâtiments et le regarde s'éloigner le long du fossé puis disparaître derrière les arbres. J'entre dans la cour de ferme et découvre une agitation inhabituelle. Des gars courent dans tous les sens, comme si la ferme était l'objet d'un intense tir de mortiers. On ramène des blessés du verger voisin pour les mettre à l'abri dans une tranchée derrière les bâtiments. Je traverse le verger en direction de la tranchée, pendant que les obus des batteries alliées passent très bas au-dessus des bâtiments pour aller frapper les positions allemandes de l'orée du bois. *« T'as vu ça, Piper, ces salauds sont en train de goûter à la sauce qu'ils nous envoient. »* La voix vient de la droite. Je me retourne et reconnais aussitôt Jim. Je le connais bien, on avait l'habitude de se lancer dans de grandes conversations, lui et moi, du temps où on était à Southampton.

Je lui crie le plus fort possible pour essayer de couvrir le vacarme : *« Ça a l'air de prendre une sacrée tournure aujourd'hui, c'est pas comme la vie tranquille qu'on avait à Southampton. »* Mais, je crois qu'il ne m'entend pas à cause du fracas de plusieurs explosions toutes proches qui forcent tous les gars à s'aplatir dans leurs tranchées, pendant que des mottes de terre et divers débris volent avec les éclats d'obus à travers les branches des arbres. Quelqu'un crie : *« Où est le toubib ? »* La voix est presque faible, elle est bientôt recouverte par le bruit d'une nouvelle salve. Au moins, les Allemands ne risquent pas de nous attaquer en passant à travers champ tant que ce tir de barrage les tiendra éloignés. De nouveaux blessés sont transportés à travers les arbres vers les bâtiments de la ferme. Les médecins font une pause de temps en temps pour souffler, puis reprennent leur course contre la mort. Une heure plus tard, le pilonnage s'arrête pour laisser place à des tirs sporadiques et à des rafales de mitrailleuses qui balayent la zone juste en face du verger, du côté ennemi. Deux médecins arrivent en courant en transportant un blessé sur une civière. Je m'extirpe de la tranchée pour leur emboîter le pas à travers les arbres. Arrivé à la ferme, je tombe sur Pat, du quartier général, qui apporte un message au commandant du 6e commando. *« Salut, Piper, putain de temps dans le secteur ! »*

« C'est comment du côté de l'état major ? » lui demandais-je.

« Du pareil au même, et c'est partout pareil ce soir. » Il n'a pas terminé sa phrase que les canons recommencent à tirer, ce qui nous

oblige à arrêter là notre conversation. Les blessés sont rangés à couvert le long du mur de la grange. En parlant avec un des médecins, j'apprends que nos gars sont en train de lancer une attaque contre le village qui se trouve au bout de la route et qu'il y a déjà de nombreuses victimes, particulièrement dans les rangs du 6e commando, en raison des bombardements intenses de la part des allemands, mais aussi des alliés. *« Lovat m'a demandé de tes nouvelles ce matin »* me crie l'un des deux médecins qui vient de sortir de la grange pour s'occuper des blessés.

« Où est-il en ce moment ? » demandais-je. Comme je n'arrive pas à saisir ce qu'il me répond en raison du bruit infernal, il pointe le doigt en direction de la zone au-delà de la ferme pour m'indiquer que Lovat se trouve de ce côté. En effet, en tournant les yeux vers l'endroit en question, je reconnais la silhouette caractéristique de Lovat, en train de parler avec deux autres officiers supérieurs. Des unités sont en train de faire route à travers le village et se dirigent vers le secteur où l'attaque est en cours, pendant que l'artillerie intensifie encore plus son pilonnage d'appui. Comme d'habitude, certains tirs s'avèrent trop courts et font des victimes dans les unités qui sont en train de progresser le long de la route. Au moment où je me rapproche de Lovat et des deux officiers, un obus éclate non loin de nous. Tout le monde se jette à terre alors qu'un deuxième obus éclate dans le jardinet d'une maison de l'autre côté de la route. Les yeux au ras du sol, je regarde autour de moi pour constater que Lovat et les deux officiers sont toujours en pleine conversation. Ils donnent l'impression de ne pas voir ni entendre les obus qui tombent autour d'eux. Je me remets sur mes pieds, l'air penaud, pendant qu'un des officiers me regarde avancer vers lui. Je reste en marge du groupe l'espace d'un instant, attendant de pouvoir parler à Lovat. L'un des officiers se tourne vers moi et me fait signe de déguerpir, ce que je m'empresse de faire après l'avoir salué. J'en profite pour aller me réfugier dans la sécurité toute relative d'un des bâtiments de la ferme. Je n'avais pas fait plus de quelques pas qu'un énorme fracas remplit l'air derrière moi. Je sens le souffle de l'explosion me donner une bourrade dans le dos au moment où je me jette en avant pour me mettre à l'abri. Je me retrouve plaqué contre le sol, incapable de bouger et cherchant à reprendre ma respiration. Je reste dans cette position pendant ce qui me paraît durer une éternité, en proie à une sorte de peur panique. Je me

demande si j'ai été touché, peut-être ai-je un bras ou une jambe en moins ? Au bout d'un instant, j'arrive à reprendre mes esprits et commence à me tâter de toutes parts des deux mains. Apparemment, je suis sain et sauf. Je m'en tire seulement avec un saignement de nez consécutif à mon plongeon à plat ventre. Je me mets à ramper dans l'herbe pour venir m'asseoir contre le mur, contemplant les gouttes de sang qui tombent une à une sur mon treillis. Tout à coup, je me demande où est passé Lovat. Lui et les officiers devaient se trouver tout près de l'explosion ! Je me remets difficilement sur mes jambes et commence à jeter un regard circulaire autour de moi. Je demande à un gars non loin de moi : *« est-ce que tout va bien pour Lovat ? »*

Il me répond : *« Pas des masses, Piper, il vient de se prendre un tas d'éclats dans le dos. »* Le pilonnage d'artillerie devient si insupportable que je prends la suite des médecins vers l'intérieur du bâtiment et tombe sur Lovat, allongé sur le sol. Je reste à le regarder un moment, refusant de croire que le soldat qui se trouve devant moi est Shimi Lovat. Son treillis est tout poisseux de sang sur un des côtés et son visage a pris une teinte grisâtre. Il a la bouche ouverte, la tête sur le côté et les yeux clos. Je suis toujours là à observer la scène, au milieu des médecins qui s'affairent à le soigner quand l'un d'eux se retourne vers moi. *« Bon Dieu, Piper, va donc voir ailleurs, cela ne te sert à rien de rester planté là, tu n'es d'aucun secours. »* Comme je tourne les talons, quelqu'un appelle le médecin chef, puis quelqu'un d'autre appelle le pasteur. Ils viennent d'emmener Lovat après l'avoir attaché sur une civière et posé sur une Jeep qui file à toute vitesse en direction du poste de secours.

L'attaque contre le village n'est pas terminée, de nouveaux blessés et tués sont alignés sur les pavés de la cour, attendant que la noria de Jeeps s'occupe d'eux. Sur le coup de minuit, les positions allemandes du village sont enfoncées et le feu des mortiers ennemis cesse pendant environ une heure. Je demande des nouvelles de Taff, on me répond que la tranchée dans laquelle il se trouvait a reçu un obus de plein fouet et que Taff a été tué sur le coup avec les deux gars qui se trouvaient à côté de lui. Je passe le reste de la nuit dans une tranchée au centre du verger à passer en revue les événements du jour. Je repense à Lovat, grièvement blessé, sans doute mort à l'heure qu'il est ! A juger de son état quand je l'ai vu après l'explosion, je ne lui donne pas une chance de s'en tirer. Je lève les yeux vers le ciel du fond de ma tranchée et mes souvenirs me ramènent à Achnacarry, l'image de Fiona s'impose dans ma tête. Je distingue son visage avec netteté dans le détour d'un nuage qui traverse lentement le ciel. Quelques secondes plus tard, le visage s'efface soudain quand le nuage prend une autre forme et disparaît. Je me souviens de ce qu'elle me disait la fois où je n'arrivais pas à la quitter des yeux, près de la cheminée. « *Millin, tu vas quitter les Highlands pour aller rejoindre Lovat. Il sera grièvement blessé, mais il reviendra dans les Highlands et vivra très vieux.* » Plusieurs détonations non loin de moi me sortent soudain de mes pensées. Deux fusées éclairantes illuminent le ciel et commencent à retomber doucement au-dessus des arbres. Puis, le vent les fait dériver vers l'horizon où elles finissent par disparaître, suivies par une longue rafale de mitrailleuse. Je me recroqueville un peu plus dans la tranchée, les yeux toujours tournés vers le ciel et j'essaie de m'endormir. Je n'arrive pas à trouver le sommeil à cause des moustiques, mais aussi à cause d'une sorte de lourde appréhension sur la situation à venir qui s'impose dans ma tête. Taff a été déchiqueté dans sa tranchée ce matin après s'être sans doute dit qu'il était à l'abri à cinquante centimètres sous terre. Pauvre vieux Taff. Comment cela a-t-il pu lui arriver ? Il avait l'air si différent des autres gars avec ses moments de cafard et d'exaltation, ses chapelets de jurons et surtout sa bonté. Je sais qu'il va me manquer. Je ne le connaissais que depuis une semaine, mais maintenant j'ai l'impression que cela faisait des années.

Je me demande combien de temps j'ai pu dormir ! C'est le froid qui me réveille et je me décide à ramper vers la sortie de la tranchée pour m'apercevoir que l'aube est en train de se lever. En jetant un regard de côté, j'aperçois l'officier de permanence qui se dirige vers la ferme. Il passe devant moi sans me voir, la tête sans doute pleine d'inquiétudes pour les gars du 6e commando et pour tous les blessés de l'attaque d'hier soir. Les Allemands ont décroché, mais ils n'ont pas tardé à remettre leurs mortiers en action. En ce moment, ils pilonnent la zone qu'ils occupaient auparavant, infligeant probablement de lourdes pertes aux commandos qui occupent maintenant leurs tranchées de la veille.

Je rejoins la cour de la ferme en passant à travers les arbres, quatre gars y sont en train de décharger des munitions qu'ils entassent le long d'un mur. En me voyant approcher, un caporal me dit :

« Sale temps pour Lovat. On va tous le regretter à la brigade. » J'entre dans la grange et quelqu'un me tend un quart plein de thé. Je m'assois sur une botte de paille et observe ce qui se passe autour de moi. A quelques mètres, deux médecins sont affalés par terre, l'un deux est couché sur le ventre, les bras de part et d'autre du corps, comme s'il était mort.

« Non, t'inquiètes pas, Piper, il est pas mort, seulement complètement éreinté ! » Je tourne la tête vers le gars qui me parle ; c'est le caporal qui vient de me faire la réflexion à propos de Lovat. *« Ouais, quand on était tous les deux dans la tranchée à l'abri de toutes ces merdes qui nous tombaient sur la gueule, ces deux pauvres gars n'arrêtaient pas d'aller et venir à ramasser les blessés et les morts. »* Le caporal jette un regard presque affectueux en direction des deux médecins puis s'en va à l'autre bout du bâtiment. Je rince mon quart, me remets sur mes pieds et me dirige vers la porte pour rejoindre le quartier général, en espérant que pendant mon trajet je n'aurai pas besoin de recourir aux soins des médecins qui sont en train de prendre un moment de repos.

Après avoir dormi quelques heures, je décide de me faire quelque chose à manger. Je n'arrive pas à m'habituer à l'absence de Taff, pas plus que je n'arrive à accepter sa mort. Je ne peux pas m'empêcher de le chercher du regard, m'attendant à le voir revenir d'un moment à l'autre, suivi par un chapelet d'injures, et précédé par un tonitruant *« salut, mon pote, alors tu l'as préparé ce putain de thé ? »* Un peu plus tard dans la soirée, quelqu'un pend un écriteau à l'entrée du verger et plusieurs gars s'approchent pour en prendre connaissance. Je fais comme les autres et au moment où j'y arrive, un gars est en train de commenter *« au moins, il est toujours vivant »*. Les quelques mots écrits sur la pancarte nous informent que Lovat a été grièvement blessé et qu'il se trouve maintenant dans un hôpital en Angleterre. Il nous souhaite à tous bonne chance et nous rappelle que nous devons nous accrocher au terrain. *« Vous ne devez pas céder un seul pouce de terrain. Le secteur conquis par la brigade depuis son débarquement doit être tenu à tout prix. »* Le nouveau commandant en chef est l'ancien officier commandant du 6e commando; il s'appelle Derek Mills Roberts. En retournant à ma tranchée, je me demande quel va être mon rôle maintenant que Lovat n'est plus là. Mills Roberts va-t-il me demander de continuer à être le joueur de cornemuse de la brigade ou va-t-il me renvoyer à

Achnacarry ? Tout ce que je sais, c'est que le nouveau général a servi dans les gardes irlandais et que chez eux ils ont aussi des joueurs de cornemuse. Je n'ai plus qu'à attendre... La conquête du village hier soir n'a pas changé grand chose à la situation générale dans le secteur. Il semble que l'ennemi se soit rétabli sur des positions non loin du secteur du 6e commando et la ligne des contacts n'a pas bougé en ce qui concerne les autres unités. Un autre peloton de mortiers s'est installé ce soir dans le verger et s'est mis immédiatement à l'œuvre en tirant des salves d'obus en direction des positions ennemies. Je suis allé les voir à l'heure du dîner. Nous avons partagé quelques boîtes et trois bouteilles de cidre. Je n'aime pas beaucoup ce cidre, pour moi il est beaucoup trop sec, mais cela ne m'empêche pas d'en boire comme tout le monde. Des nuées de moustiques commencent à se ruer vers les tranchées. Monsieur Saulnier m'a dit hier que d'habitude il n'y avait pas tant de moustiques à cette époque de l'année. Je suppose que ce sont les cadavres d'animaux qui les attirent et sans doute aussi les cadavres des soldats allemands qui n'ont toujours pas été relevés devant le secteur des commandos sur la gauche du village.

Pendant que je m'installe dans ma tranchée pour la nuit, les bombardiers alliés passent au-dessus de nos têtes pour aller bombarder Caen. *« Y doit pas rester grand chose de cette putain de ville, »* s'exclame l'un des gars du peloton de mortiers en ragardant les avions larguer leurs bombes. Le ciel s'assombrit bientôt et le tonnerre des bombes se dissipe peu à peu, remplacé par le sifflement des obus des canons britanniques de l'Orne. Pendant la nuit, quelques obus allemands tombent à l'extrémité du verger, près de la route. Je commence à compter les jours depuis le débarquement et essaye de me remémorer tout ce qui s'est passé. Nous sommes le 15 juin, et il est cinq heures du matin. Une petite pluie fine est en train de tomber et les moustiques ont disparu, à l'exception de deux ou trois de ces satanées bestioles qui continuent à bourdonner à l'intérieur de la tranchée. L'un deux se pose sur la paume de ma main et commence à me piquer. J'attends quelques secondes qu'il se soit bien installé et je l'écrase du plat de la main ; il ne reste plus qu'une grosse tache rouge sang à la place de la bestiole. Le peloton a repris ses tirs de mortiers et les obus s'élèvent dans la fine pluie du matin. L'un des gars remet le bouchon protecteur sur le tube puis retourne s'asseoir le dos contre le mur du verger, pour terminer son petit déjeuner. J'écris la date d'aujourd'hui dans mon calepin et relis mes notes du 12 juin. *« Lovat a été grièvement blessé. Taff a été tué pendant le bombardement des positions du commando. »* Je referme le carnet et remarque qu'il commence à être vraiment crasseux. Au moins, il a survécu à la traversée et il est arrivé jusqu'ici !

« Qu'est ce que tu écris, Piper ? » La voix vient du peloton de mortiers.

« Oh, rien, » réponds-je en m'extirpant de la tranchée et en remettant le carnet prestement dans ma poche. Après un petit déjeuner en compagnie des gars du peloton, je prends la direction du quartier général en longeant le mur du verger. Je pense tout à coup au français et à la famille qui habite la maisonnette de l'autre côté du mur. J'escalade le mur pour me retrouver de l'autre côté et file à travers champ en direction de la maison. En approchant, je me rends compte que la moitié du toit a été détruite et qu'il y a également un énorme trou béant dans l'un des murs. Ils ont tous dû être tués ! L'endroit est désert, il n'y a plus aucune trace de ces gens, à l'intérieur le mobilier est renversé et à moitié détruit, le sol jonché d'objets divers. La cause en est sans doute le bombardement d'hier soir. Au moment où je m'apprête à revenir sur mes pas, je tombe sur deux cadavres de vaches, criblés d'éclats d'obus. Un peu plus loin, une autre vache est en train de paître tranquillement, traînant derrière elle sans apparemment y prendre garde une partie de ses intestins qui s'échappe au travers une large blessure. Je repasse le mur du verger et entre au quartier général par la porte de derrière.

« Piper. » Je me retourne. Il n'y a pas de doute, c'est la voix du nouveau commandant de brigade, Mills Roberts. Je me raidis au garde-à-vous et le salue. *« Je suis désolé que Shimi Lovat ait été blessé »* me dit-il d'un ton laconique.

« Au moins, il est vivant et c'est ce qui compte. »

« Bien, Piper, je suppose que vous vous posez des questions sur votre avenir dans la brigade, n'est-ce-pas ? Eh bien, vous pouvez demeurer le joueur de cornemuse de l'unité jusqu'à notre retour en Angleterre à la fin de la campagne de Normandie. A propos, Piper, vous savez jouer '"Green Uniforms" ? » ajoute-t-il.

« Oui, mon général »

« Très bien, bonne continuation ! »

Je salue et le regarde s'éloigner à grands pas dans le couloir, puis sortir par la porte principale.

Pat sort de la cuisine tel un diable de sa boîte. *« Tu sais pourquoi il t'a demandé si tu savais jouer '"Green Uniforms" ? Eh bien, il a servi dans les gardes irlandais avant de se porter volontaire pour les commandos et je te fiche mon billet qu'il te demandera de jouer cet air-là jusqu'à plus soif ! Enfin, tant que tu le joues pas aux alentours du quartier général, ça me dérange pas ! »* En retournant dans la cuisine, Pat me fait remarquer un énorme trou béant dans le plafond, causé par un obus qui a précédemment transpercé les deux étages supérieurs et est allé s'écraser contre la porte avant de se perdre quelque part dans le jardin. *« On veut plus de ça ici, Piper, alors plus de cornemuse et plus d'obus à travers les toits, d'accord ? »* Il s'arrête près de l'évier, soulève deux lattes de plancher et sort un petit fût en bois en s'exclamant : *« Faut que tu me goûtes ça, c'est presque aussi bon que notre bon vieux whisky des Highlands. »* Il verse deux rasades dans des quarts et m'en tend une. Le tonnelet de Pat contient un excellent cognac qu'il a probablement fauché dans le coin, vraisemblablement dans le château qui se trouve non loin d'ici sur le bord de la route.

« Santé, Pat » lui dis-je en levant mon quart.

« Aux officiers, mon gars, » réponds Pat, *« et ça fait pas de mal si les sans grade se tapent un petit verre à la santé du nouveau général avant de lui faire goûter cette merveille. »* Sur ce, Pat nous ressert une bonne rasade.

Je décline son offre de me resservir encore un autre verre et le remercie pour son hospitalité, tout en m'éclipsant par la porte de derrière. Les tireurs ennemis sont beaucoup moins actifs depuis hier et il est presque rare d'entendre des balles siffler entre les branches. En revanche, les mortiers redoublent d'intensité et la partie du verger limitrophe de la route est constamment bombardée. Cela ne fait pas de doute que les Allemands sont au courant d'un regain d'activité alliée de ce côté ci de l'Orne, en particulier sur la route qui mène au village. Toute levée de poussière sur la route entraîne un tir de la part des mortiers ennemis. D'un autre côté, il n'y a aucun signe prouvant que la brigade a l'intention de faire mouvement. Au contraire, on a déplacé les latrines de l'autre côté du verger, ausi loin que possible de la route, en raison de l'intensité des tirs de mortiers. Les nouvelles se situent dans un coin abrité et elles bénéficient même d'une reconnaissance officielle car un gars a été désigné pour leur entretien ! Cette nomination a convaincu tout le monde que, quoi que l'ennemi entreprenne, nous sommes bien là et pas prêts de déguerpir. Le nouveau *« monsieur pipi »* est un gars de Liverpool du genre petit, sec et nerveux qui prend sa fonction très au sérieux. A mon arrivée aux abords de sa zone de responsabi-lité, entourée de toiles de tentes, il me déclare sèchement de son confortable fauteuil :*« Deux minutes, Piper, pas une seconde de plus ! »*

Trois gars sont déjà assis en rang d'oignons sur la planche qui court tout le long de la tranchée. L'un deux fait remarquer : *« Eh, mec, c'est de l'escroquerie ! Vivement qu'on rentre au pays pour pouvoir prendre son temps ! »*

« Ça pourrait bien être dès la semaine prochaine, » répond le responsable des lieux d'aisance, *« je le tiens d'un des officiers de l'état-major qui l'a dit au médecin chef. »* Il faut dire que ces

Dans la nuit du 12 au 13 juin a lieu la bataille de Bréville. Après de furieux combats, la localité a été reprise aux Allemands. (IWM.)

nouvelles latrines et la nomination d'un responsable, ont pour conséquence de remonter le moral des troupes pendant ces derniers jours. Tout le monde fréquente l'endroit à un moment ou à un autre et c'est l'occasion pour chacun de prendre des nouvelles de la tournure de la guerre. C'est maintenant une tradition, quand on fréquente l'endroit, on commence par dire *« alors mec, c'est quoi la nouvelle aujourd'hui ? Quand est-ce qu'on se tire ? »* et le gars de Liverpool s'empresse de nous mettre au courant des derniers potins recueillis auprès de ses précédents clients.

Les deux jours suivants se passent sans événements majeurs. Nettoyer l'armement et essayer de grapiller quelques heures de sommeil par-ci par-là font partie de la routine quotidienne, les nuits étant toujours aussi perturbées par d'incessants pilonnages d'artillerie. Hier soir, je suis allé jusqu'au village et j'ai même fait une pointe jusqu'à l'agglomération qui avait fait l'objet de l'attaque le soir du 12 juin. Le village n'est plus que désolation, la plupart des maisons ont été détruites par les bombes. Des mitrailleuses allemandes et divers équipements motorisés jonchent les rues, carbonisés et

Scène de dévastation dans Bréville. C'est ce qu'a vu Bill Millin. Nous voyons ici une pièce de Flak de 2 cm, un véhicule léger et deux Marder. (IWM.)

tordus dans tous les sens, vraisemblablement touchés de plein fouet par les obus britanniques. Je tombe aussi sur des cadavres de soldats allemands qui commencent à se décomposer. Des nuées de mouches s'amassent sur les visages des morts. J'aperçois un soldat mort, assis contre un muret, la tête rejetée en arrière, la bouche et les yeux grands ouverts, ses cheveux blonds collés par du sang séché.

En repartant, je suis surpris par plusieurs explosions d'obus de mortiers derrière moi, à une centaine de mètres plus loin le long de la route. Une Jeep arrive dans ma direction à toute allure. Au moment où il parvient à ma hauteur, le conducteur me crie : *« Jettes-toi dans le fossé ! »* puis la Jeep poursuit sa route vers le carrefour. Je me jette dans le fossé à l'instant où deux obus explosent au carrefour juste devant la Jeep, qui réussit néanmoins à passer, entraînant une nuée de poussière dans son sillage. Le conducteur était tout à fait conscient du danger représenté par la traînée de poussière, il savait que cette dernière entraînerait une réaction quasi-immédiate des mortiers ennemis.

Toujours dans le fossé, mes narines sont assaillies par une forte odeur nauséabonde. Je prends appui sur une main pour jeter un œil sur la route et, au moment de faire un rétablissement pour sortir du fossé, mon bras s'enfonce jusqu'au coude dans quelque chose de mou. Quand je retire précipitamment la main, un souffle pestilentiel envahit l'air environnant. Mon bras sort recouvert d'une substance noîratre et verdâtre. J'ai soudain une terrible envie de vomir en me rendant compte que je viens de passer le bras à travers la poitrine d'un soldat britannique qui devait se trouver oublié dans ce fossé depuis plusieurs jours. Le corps avait seulement été recouvert d'une fine couche de terre selon l'habitude et personne n'avait eu le temps de venir le relever. A côté du corps je remarque que quelqu'un a rangé quelques effets lui appartenant et qu'une des plaques d'identité a été arrachée de son cou, l'autre y étant laissée à des fins d'identification. Une très fine couche d'humus recouvre le corps et l'endroit est balisé. Quand on en a le temps, on fabrique à la hâte une croix pour baliser l'endroit avec le béret ou le casque du soldat. Ensuite, les gars chargés de ramasser le corps le récupèrent pour l'entreposer dans un endroit plus décent où le pasteur prononce quelques mots et tout est fini, sauf pour ceux qui se souviennent du mort...

Sur mon chemin, je remarque qu'il y a en effet d'autres corps de soldats britanniques et allemands dans les fossés. Les pilonnages d'artillerie ont eu pour effet de déchiqueter certaines dépouilles et les mouches sont attirées de partout. Le corps de l'Allemand assis que j'ai croisé plus tôt est retombé ; il est maintenant par terre, sa tête blonde dans le fossé. Je m'arrête à la ferme des Saulnier, secteur du 6e commando, pour me laver le bras dans l'abreuvoir mais je n'arrive pas à me débarrasser de l'odeur.

En jetant un regard sur les bâtiments environnants, je réalise que l'attaque contre Bréville a vraiment fait un désastre. Il y a maintenant un énorme trou béant dans le toit de la grange, et deux bâtiments plus petits ont été détruits près de l'entrée du verger. Des gars sont en train de se reposer à l'intérieur de la grange, ils lèvent un œil vers moi quand je passe le pas de la porte mais rien de plus. Ils ont les yeux rougis par le manque de sommeil et la fatigue. Je fais demi-tour et quitte la ferme pour rejoindre le quartier-général de la brigade en passant à travers le village.

Nous sommes aujourd'hui le **17 juin** et il est quatre heures du matin. Une pluie très fine tombe depuis environ une heure. Les moustiques n'ont pas l'air d'apprécier ce rafraîchissement et de ce fait ils se sont tous réfugiés au sec à l'arrière de la tranchée. Pendant la nuit, j'ai été réveillé par un canon allemand de 88 qui tirait quelques coups sur la route. Dans mon demi-sommeil, j'ai entendu à un moment un obus exploser tout près, suivi par un cri, lui-même suivi par un bruit de pas, puis plus rien, excepté le fracas de l'artillerie au loin. A six heures, le peloton de mortier se remet à la tâche tout en préparant le petit déjeuner. J'attends qu'ils aient fait du thé pour les rejoindre et partager avec eux un pâté aux rognons, arrosé d'un verre de rhum. Hier, nous avons touché les rations d'alcool et de bière. Normalement, il y a du rhum pour les officiers et de la bière pour les autres grades, mais comme nous sommes tous dans la même galère, nous avons partagé équitablement toute la dotation quelque soient les grades.

Je m'allonge un moment contre le mur pour me protéger un peu de la pluie, pendant que le caporal du peloton de mortiers se lève, fait quelques pas jusqu'à la pile d'obus HE de trois pouces, en saisit un et le laisse glisser dans le tube. Pendant que l'obus éclate quelque part dans le secteur ennemi, le caporal revient à sa place avec cette remarque : « *Tenez, bandes de salauds, ça vous servira de petit déjeuner.* » Le reste de l'équipe éclate de rire en signe d'approbation, poursuivant son repas alors que la pluie continue à tomber dans les gamelles et les quarts. Je tiens mon quart à deux mains pour me les réchauffer et je commence à ressentir les bienfaits du rhum quand, à la vue du peloton devant moi, je me mets soudain à me demander ce qui se passerait si les Allemands trouvaient nos coordonnées exactes. Je me dis que sans aucun doute, ils nous expédieraient des obus explosifs pour le petit déjeuner de demain matin. Je me souviens soudain que cette mésaventure est arrivée à l'équipe précédente, presque au même endroit.

« *A quoi tu penses, Piper,* » me demande le caporal.

« *A rien, je me contente d'apprécier le rhum, caporal,* » lui répondis-je, puis j'entreprends de me lever pour rincer gamelle et quart sous la pluie avant d'aller réintégrer ma tranchée maintenant pleine de boue. La pluie cesse aux alentours de midi et la nature met un rien de temps à sécher sous les chauds rayons du soleil.

« *Salut, Piper, ça te dirait une ballade jusqu'à l'Orne pour aller chercher de l'eau ?* » Je lève les yeux de mon fusil que je suis en train de nettoyer. C'est « *Gunga* », le conducteur du camion citerne. Il déteste le surnom qu'on lui donne, Gunga Din, pourtant un grand nom du cinéma ! et tout le monde fait bien attention de s'adresser toujours à lui en l'appelant « *George* ». George est un gars de Sheffield, et fier de l'être. Il en a d'ailleurs l'accent et la dégaine quoique beaucoup de gens prétendent qu'avec ses cheveux bien noirs et son teint hâlé auxquels on ajouterait un pagne et un turban, il ferait un Hindou très respectable. Je mets le fusil en bandoulière et lui emboîte le pas. Nous passons par l'état-major où j'en profite pour récupérer ma cornemuse. George jette un œil quasiment terrorisé à la vue de la cornemuse que je pose sur mes genoux en prenant place à côté de lui. « *Allez, George, on peut y aller* » dis-je en claquant la porte du camion.

« *Bon Dieu, Piper, qu'est-ce que t'as l'intention de faire avec cette nom de Dieu de cornemuse ?* »

« *Ben, en jouer, pardi,* » lui répondis-je. « *Pendant que tu vas pomper toute cette eau dégueulasse dans ta citerne, j'en profiterai pour m'entraîner un peu.* » Georges se contente d'égréner une litanie de jurons en démarrant et lance le camion sur le route poussiéreuse en direction de l'Orne. A l'approche du pont, il arrête le camion.

« Bon, piper, tu descends ici et tu souffles dans ton bordel de merde de truc si ça te chantes. Je te reprends au retour. » Gunga s'éloigne vers le pont pendant que je cherche des yeux un endroit adéquat pour une petite répétition. Les canons ne sont pas loin de moi le long de la rivière et ils poursuivent leurs tirs de batterie contre les positions allemandes. Je commence à jouer un air, à moitié dissimulé derrière un buisson, le bruit de la musique couvrant presque celui des canons. De l'endroit où je me trouve, j'aperçois le pont et, à ma grande surprise, des commandos sont en train de venir vers moi, certains pointent même le doigt dans ma direction.

J'arrête de jouer et fais quelques pas pour rejoindre le sentier de façon à aller au devant des bérets verts. Quelqu'un dans la colonne a l'air de me reconnaître, il me crie quelque chose en agitant les bras. *« T'es plus à Achnacarry, Piper, est-ce que t'es venu pour nous accompagner ?* » Il fait référence à ce que j'avais l'habitude de faire au camp d'entraînement, c'est-à-dire raccompagner les nouvelles recrues au retour de leurs marches commando. Maintenant, ils sont assez près et je me rends compte que ce sont des gars du 46e des Royal Marines et du 4e commando. Après quelques boutades et de solides poignées de main, j'accompagne la colonne un petit bout de chemin. Le sergent m'apprend que le 46e des Royal Marines a débarqué à J + 1 et a dû monter en ligne sans tarder dans un secteur côtier non loin d'ici pour attaquer une unité SS des jeunesses Hitlériennes. Pendant cette phase et les suivantes, le commando a essuyé de nombreuses pertes en soldats blessés, tués ou portés disparus. Maintenant, ils rejoignent la 1re brigade de commandos de ce côté du fleuve, laquelle se trouve un peu sur la gauche près du secteur du 3e commando. Je ne vois pas leur commandant d'unité, le colonel Campbell Hardy, qui doit se trouver plus loin en bas de la route. Au moment de les quitter, je ne peux m'empêcher de penser que la situation qui les attend n'est pas meilleure que celle qu'ils viennent de laisser derrière eux.

« Allez, Piper, arrête de rêver et monte qu'on se tire d'ici ! » C'est

la voix de George. Il a arrêté le camion de l'autre côté de la route et son ton se fait de plus en plus pressant. « *Avec tous ces gars des commandos qui passent et toi avec ta cornemuse, toute l'armée allemande va nous tomber sur le râble. Grouille-toi avant qu'ils nous balancent leurs merdes.* » Je monte dans le camion que George lance à toute allure sur la route, ballotté de droite et de gauche sur le siège du véhicule qui est entraîné dans de dangereuses embardées par le poids de l'eau dans la citerne.

Chapitre 5

C'est aujourd'hui le **20 juin**. Je suis allé voir les Français du 4e commando et j'ai été effaré par le nombre des victimes dans leurs rangs depuis leur débarquement à La Brèche le matin du 6 juin. Pendant la journée, leurs positions sont sous le feu constant de tireurs embusqués et ils doivent se tenir à couvert en permanence. Le caporal Chauvet, avec qui je me suis lié d'amitié depuis notre court séjour sur la côte anglaise, me dit d'un ton calme que les deux unités françaises ont débarqué à deux cents le six juin et qu'aujourd'hui elles ne comptent plus que soixante-sept hommes. Leur commandant d'unité, Philippe Keifer, a été blessé au tout début des opérations et a dû être rapatrié en Angleterre. Un grand nombre des Français que je connaissais depuis le camp à Southampton, et même depuis Achnacarry, ont été tués ou blessés. Le colonel Dawson, commandant du 4e commando, a été blessé lui aussi et rapatrié en Angleterre. A mesure que je parle avec Chauvet et ses copains, je me rends compte de leur détermination farouche à ne pas céder un pouce de terrain, coûte que coûte. Ces gens ont attendu si longtemps en Angleterre pour pouvoir enfin retrouver leur patrie et aujourd'hui la plupart ont été blessés ou tués. Les morts sont quelque part dans une sépulture provisoire dans un coin de verger... tout cela me paraît si injuste.

L'aumônier et deux gars du commando m'invitent à déjeuner dans leur tranchée. Je fais un excellent repas arrosé d'un très bon vin rouge, sans pouvoir dire ce que je suis en train de manger. Tout ce que je sais, c'est que cela a très bon goût. Depuis que j'ai débarqué en Normandie, j'ai appris à manger et à boire ce qu'on me donne sans poser de questions. L'aumônier assis en face de moi a un fusil sur les genoux, ce qui contraste étrangement avec son air paisible, presque angélique. Il connaît bien l'Ecosse et il apprécie tout particulièrement la musique de cornemuse. Je suis sûr que si je lui proposais d'aller chercher mon instrument là où je l'ai laissé au quartier général, il serait ravi que je lui joue quelques airs, mais je suis aussi certain que cela ferait la consternation des autres gars ; quant aux Allemands tout proches, je préfère ne pas imaginer leur réaction. Les deux gars qui font équipe avec l'aumônier sont Bretons et avant ils ont servi dans la marine. Ils ont fait tout le chemin depuis l'Afrique du Nord pour rallier les forces françaises libres en Angleterre et se sont portés volontaires pour être affectés dans les commandos.

Le temps passe vite et le soir commence déjà à tomber avec l'arrivée de nuées de moustiques. Les Allemands recommencent à pilonner le verger au mortier et le premier obus explose à quelques mètres de nous, projetant des mottes de terre sur les planches qui protègent nos abris et remplissant nos gamelles vides de gravâts. Je décide de quitter mes hôtes avant qu'il ne fasse complètement nuit et je remercie l'aumônier et les deux Bretons pour leur merveilleuse hospitalité. Au moment où je serre la main de l'aumônier, je lui demande : *« Dites-moi, est-ce que c'est réglementaire qu'un aumônier ait un fusil ? »* Il se joint aux deux autres dans un énorme éclat de rire et l'un des gars désigne l'aumônier du doigt en s'exclamant : *« tu sais, Bill, il a même un sacré coup de fusil ! »*

Sur cette dernière boutade, je prends congé et traverse le verger pour rejoindre la route qui mène au quartier général de la brigade. Je me retrouve tout seul dans ma tranchée à passer en revue dans ma tête les événements des sept premiers jours que je viens de passer en Normandie. Il y a eu les terribles attaques contre les positions des commandos autour du village et puis les contre-attaques qui se sont faites de plus en plus rares après la prise de Bréville dans la nuit du 12 juin. Ces premiers jours ont fait un nombre très important de victimes, et dans certaines unités, plus de la moitié des hommes ont été tués ou blessés. On a cependant l'impression que les Allemands qui sont devant nous ont perdu l'initiative des opérations, ou peut-être sont-ils en train de se préparer pour une nouvelle contre-attaque en force... Si c'est le cas, je ne vois pas bien comment nous pourrons résister car nos forces ont été très diminuées et nous manquons de renforts.

La guerre est en train de prendre une autre tournure : pendant la journée ce sont des tirs incessants d'armes légères alors que, la nuit, les bombardements de mortiers et d'artillerie s'intensifient. Les canons britanniques situés derrière nous semblent avoir neutralisé une partie des batteries allemandes car on entend tirer beaucoup plus de coups vers l'ennemi qu'il n'est capable d'en rendre. Naturellement, il nous arrive encore d'essuyer des tirs amis lorsque l'artillerie de campagne tire trop court. Ce soir, le quartier général a reçu un obus, et il est impossible de dire sa provenance : ami ou ennemi ? Le mur qui sépare l'état-major de la route a été détruit par des obus qui ont fait voler des mœllons et des gravâts un peu partout dans le verger.

Les jours se succèdent et la noria des Jeeps continue inlassablement, transportant les tués et les blessés de la ligne des contacts vers les plages en passant par le quartier général.

C'est aujourd'hui le **26 juin**. J'accompagne un officier au quartier général des forces aéroportées du côté de l'Orne. Des unités d'infanterie et des blindés sont en train de passer le pont et les fantassins ont l'air ravis d'être en Normandie. En les regardant passer, je ne peux pas m'empêcher de me demander combien seront tués ou blessés d'ici demain soir. Le 24 juin, quelques renforts sont venus nous rejoindre et ont été immédiatement envoyés au contact de l'ennemi.

Je reconnais l'un des gars ; c'est quelqu'un que j'ai rencontré avant la guerre. A l'époque, mes parents avaient déménagé pour aller habiter dans les faubourgs de Glasgow et je faisais partie de l'orchestre local. C'est là que j'ai rencontré Duncan McIntyre pour la première fois. Il jouait du tambour et n'avait qu'une seule envie : rejoindre la musique du régiment des Cameron Highlanders. Il s'était trouvé une place chez un épicier et son travail consistait à faire les livraisons à bicyclette ; tout le monde l'aimait bien. Il avait les cheveux roux et le visage recouvert de taches de rousseur, et il ne pensait qu'au moment où il pourrait s'engager dans l'armée pour rejoindre le régiment des Camerons. Nous avions été affectés tous les deux dans le même régiment comme soldats de première classe. Duncan était vite monté en grade pour obtenir ses trois galons de sergent en un temps record et il s'était marié. Au bout de quelques mois, j'avais été affecté dans les commandos et lui était resté à la musique du régiment des Camerons comme sous-officier. Puis, il avait abandonné ses galons pour s'engager dans les commandos. Il était déjà père de deux enfants, un garçon et une fille, et sa femme habitait chez ses parents à Perth. Quand je l'avais revu à Achnacarry, je m'étais étonné qu'il ait préféré redevenir simple soldat pour s'engager dans les commandos.

Il m'avait répondu : « *Ne te fais pas de bile, je suis sûr que je vais bientôt récupérer mes galons, et puis je trouve que la vie est bien plus passionnante dans les commandos. De toutes façons, ici, je vais au moins profiter du grand air !* » Il avait suivi un cycle d'instruction à Achnacarry et puis moi j'avais quitté le camp pour rejoindre Lovat avant le débarquement.

C'est la première fois que je le vois depuis notre dernière rencontre à Achnacarry. Je le reconnais tout de suite à ses cheveux roux et à ses taches de rousseur. J'accompagne la colonne pendant quelques mètres, Duncan est toujours aussi gaillard et pressé d'en découdre et ils est heureux de se retrouver en France. Ce soir-là, environ deux heures plus tard, j'apprends qu'il s'est fait tuer par un obus allemand qui a frappé sa tranchée de plein fouet. Quand j'arrive pour le voir, les médecins l'ont déjà enveloppé dans une couverture et mis sur une civière qu'ils s'apprêtent à charger sur une Jeep. La couverture a glissé de son épaule et j'aperçois ses cheveux roux ainsi qu'un bras couvert de taches de rousseur. Je reste là à regarder la Jeep s'éloigner en faisant des bonds sur le sol accidenté du verger avant de rejoindre la route, suivie par une traînée de poussière.

« *C'était un de tes amis, Piper ?* » me demande un gars en passant.

« *Il n'a pas eu le temps de voir grand chose de la Normandie. Il venait juste de débarquer ce matin !* »

Des blindés et de l'infanterie continuent toujours à traverser le pont lorsque l'officier que j'ai accompagné me rejoint avec la Jeep. « *Montez, Piper, et essayons de passer devant toutes ces unités,* » me dit-il en indiquant de la main les chars qui remontent la route. « *Vous savez, j'ai le pressentiment qu'un bon nombre de ces pauvres gars se seront fait tuer d'ici demain.* » Puis, il entreprend de dépasser les chars et les fantassins et ajoute : « *je suis désolé pour votre copain qui s'est fait descendre. C'est vraiment la poisse, cela faisait à peine deux heures qu'il était monté en ligne. Enfin, c'est comme ça.* » Il se tait un instant et reprend : « *tenez, jetez un œil dans le sac de toile sur le siège arrière et servez-vous.* » Je regarde à l'intérieur du sac : il est plein de poisson. « *Oui, du poisson, et du tout frais péché, je devrais plutôt dire attrapé à la grenade !* » Il me raconte qu'un moment plus tôt il passait à côté de la rivière et qu'un gars des Royal Marines lui a demandé s'il voulait du poisson pour le déjeuner. L'officier lui avait répondu : « *Pourquoi pas ?* »

Le marine lui avait répondu : « *postez-vous en peu plus bas en aval* » et il avait dégoupillé une grenade Mills qu'il avait lancée dans l'eau. L'explosion avait asphyxié les poissons qui étaient remontés en un clin d'œil à la surface. C'est un procédé que j'avais l'habitude d'employer dans les Highlands pour attraper du poisson dans la réserve de saumons, à condition de ne pas être surpris par le garde-chasse ! Il semble qu'ici, de ce côté de la mer de la Manche, c'est une pratique autorisée, ou plutôt réservée aux soldats britanniques affamés !

Les gars du peloton de mortiers sont ravis quand ils me voient revenir avec une dizaine de poissons qu'ils s'empressent de faire frire dans la minute. Le poisson est vite mangé, suivi de quelques verres de cidre, pendant que nous observons les avions bombarder Caen, appuyés par les batteries d'artillerie de l'Orne.

C'est aujourd'hui le **28 juin**. Je suis en compagnie des marines pour une patrouille de nuit. Ces patrouilles sont des plus dangereuses du fait de la proximité des positions ennemies et de la nature du terrain entrecoupé de fossés et de haies surmontées d'arbres. C'est une région entrecoupée de sentiers, certains mènent vers des fermes, d'autres vers des granges au milieu de clairières semées de blé. Tout cet environnement, en particulier la nuit, demande la plus grande vigilance face à un ennemi qui a placé des mines un peu partout. La plupart des mines allemandes sont atypiques. L'une d'elles en particulier ressemble à une boîte en bois, grande comme une boîte à chaussures, remplie d'explosifs. Quelqu'un qui marche dessus par inadvertance peut se faire arracher un pied. Cette mine est d'autant plus dangereuse qu'il est impossible de la localiser avec les détecteurs de mines que nous avons. Les Allemands ont l'habitude d'en mettre dans les fossés et aux abords des fermes alors que le reste du terrain est truffé de pièges de toutes sortes qui sont bien souvent actionnés par le bétail, comme ce fut le cas des mines que nous avions posées pour protéger le périmètre de notre secteur. Après avoir reçu les dernières consignes d'un sergent, les trois marines et moi, le visage camouflé et croulant sous le poids de l'armement individuel, traversons le verger en direction des taillis qui se trouvent face aux positions allemandes. Le soir vient de tomber et notre mission est prévue pour durer toute la nuit ; nous ne serons relevés qu'à l'aube par une autre patrouille. A mesure que nous avançons, je n'arrive pas à me dégager de la peur qui m'oppresse à chaque fois que je pose le pied sur un endroit où la terre a été fraîchement remuée et qui pourrait donc receler une mine. Il faut aussi regarder en l'air pour surveiller si des pièges n'ont pas été posés dans les haies ou sur des branches d'arbres. Il fait déjà nuit lorsque nous prenons position dans un massif de ronces et de hautes herbes. A quelques mètres devant nous dans la pénombre, je distingue une haie avec quelque chose qui ressemble à l'entrée d'un chemin creux. Nous nous mettons en position d'observation en gardant chacun un pied au contact de celui du voisin. Mes yeux commencent à s'accoutumer à l'obscurité et j'aperçois soudain des silhouettes à une cinquantaine de mètres. Nous avons un bon soutien feu derrière nous au cas où l'ennemi nous surprendrait en déboulant de derrière la haie ou du chemin. Nous nous sommes convenus avec le sergent du signal à donner si l'un de nous décèle une présence ennemie : il suffit de remuer le pied pour avertir son voisin, ce qui nous évite d'avoir à parler et donc de faire le moindre bruit. Derrière nous, on entend les batteries allemandes tirer sur des positions non loin de là et les obus passent juste au-dessus de nos têtes. La canonnade se poursuit pendant près d'une heure, puis plus rien, un silence total se répand sur toute la zone et nous continuons à guetter tout mouvement autour de nous. Au bout d'environ deux heures d'observation dans ces conditions, j'ai l'impression de voir des formes bouger quand je reste trop longtemps à fixer quelque chose devant moi. Vers une heure du matin, à force de me concentrer sur le moindre mouvement ou le moindre bruit, je ressens une profonde fatigue et commence à lutter contre le sommeil. Je sens soudain une petite tape sur le pied droit, c'est le gars qui est juste à côté de moi qui me signale quelque chose. Je me tourne vers lui, il me fait signe de me taire et de regarder vers sa droite. Je tends l'oreille et entends effectivement des bruits de voix, des mots en allemand, qui s'amplifient à mesure qu'ils se rapprochent. Les bruits de voix continuent un moment puis le son caractéristique d'un obus de mortier en train de glisser dans le tube d'un canon leur succède. *« Bon Dieu, est-ce qu'ils se sont rendus compte de notre présence et ont décidé de nous tirer dessus ? »* Toutes sortes de pensées me traversent la tête dans l'attente de la déflagration. Je reprends mes esprits au moment où j'entends l'obus exploser à une certaine distance, bientôt suivi par deux autres. En fait, les allemands sont en train de s'attaquer aux positions du commando sur nos arrières. Ils ne sont plus maintenant qu'à une quarantaine de mètres de nous et continuent à parler à voix basse. On entend même des rires étouffés ; de toute évidence ils ne se savent pas épiés. Ce peloton me rappelle les gars de l'équipe de mortiers qui se trouvait quelques jours plus tôt dans le verger du quartier général et qui passait son temps à arroser le secteur allemand. Jusqu'à cet instant, le bruit de l'obus descendant dans le tube me fascinait par son étrange musique, mais la scène de ce soir m'en donne une toute autre impression. Les voix des Allemands se sont tues, le mortier également... Le reste de la nuit passe assez vite, je continue à épier le moindre bruit et je ne ressens même plus la fatigue. Aux premières lueurs de l'aube, nous nous préparons à rejoindre notre campement, puis nous commençons notre progression en nous couvrant mutuellement. Après un bouillon de pot-au-feu en guise de petit déjeuner, je suis dans un tel état de fatigue que je me sens prêt à dormir n'importe où. Je me pelotonne dans ma vieille couverture militaire au fond de la tranchée et j'écoute les coups de feu des tireurs allemands marquer le début de la journée. En commençant à sombrer dans le sommeil, je me dis que je vais au moins échapper à cela pendant une heure ou deux.

Je suis réveillé sur le coup de midi par le sergent qui commandait la patrouille de la nuit dernière. Je me hisse hors de la tranchée et m'assois contre un arbre pendant qu'il me tend un quart plein de bouillon que je m'empresse d'avaler. En jetant un regard sur mes avant-bras, je constate que les moustiques ont encore fait des ravages : j'ai des boursoufflures un peu partout qui me démangent atrocement.

« Eh bien dis donc, Piper, les bestioles s'en sont données à cœur joie cette nuit. Tu verrais ta figure ! » Je me passe la paume de la main sur le visage en tâtant les morsures et j'imagine l'ampleur des dégâts. *« Tu te rends compte du pot que t'avais la nuit dernière de ne pas être en kilt ! »*

« Je suis tout à fait d'accord avec toi, Sarge, le bocage, ce n'est pas vraiment un endroit pour porter le kilt, parce que ce matin je passerais mon temps à me gratter la partie charnue de mon individu et le reste... » Nous partons tous les deux d'un éclat de rire et nous remettons sur nos pieds pour rincer nos gamelles. *« Il faut que j'aille rejoindre l'état-major maintenant »* lui fais-je remarquer en ramassant mon fusil.

« A propos, tu sais, les gars qui nous ont relevés ce matin, eh bien, il y en a un qui a laissé une jambe sur une mine » et il m'ex-

plique que le gars en question a marché sur une de ces mines qui ressemblent à des boîtes à chaussures en marchant dans un fossé. Pendant que je passe entre les arbres pour rejoindre le quartier général de la brigade, plusieurs obus explosent non loin sur ma droite, suivis par des tirs d'armes automatiques. Au moment où j'atteins la route, les médecins sont en train de ramener des blessés à l'antenne médicale. Je repense au gars qui a perdu une jambe ce matin en les voyant charger deux blessés sur la Jeep. La vision de leur état me donne un sentiment de culpabilité quand je repense au tracas que je me faisais il y a seulement quelques minutes pour quelques piqûres de moustiques sur la figure.

Nous sommes aujourd'hui le **1er juillet**. Il y a beaucoup d'effervescence sur la route qui mène au village mais toujours pas d'indices d'une attaque allemande et encore moins d'une percée alliée. J'ai l'impression que les bombardements de jour sur Caen se sont intensifiés. Je me demande comment il peut encore y avoir des gens vivants dans cette ville après tous ces bombardements de jour et de nuit qui n'arrêtent pas depuis le 6 juin. La ville ne doit plus être qu'un tas de ruines. Deux gars demandent ce matin à Scouse, le préposé aux latrines : *« C'est quoi les dernières nouvelles aujourd'hui ? »* Il leur répond comme à l'accoutumée sur le ton de la confidence : *« on va certainement repartir pour l'Angleterre dans le courant de la semaine prochaine. C'est officiel ! »*

« T'es un sacré menteur, » lui rétorquent en chœur les deux types assis en équilibre sur leur planche. L'un d'eux ajoute : *« je me demande où Scouse va pêcher ses renseignements, et en plus il nous jure que le général et le major de la brigade fréquentent son affaire et lui donnent des informations de première main. Si ce qu'il dit est vrai, ce qui m'étonnerait, je suppose que c'est la nuit qu'ils viennent le voir ! »*

Scouse a le dernier mot une fois de plus en concluant : *« Ecoutez, bandes de cons, si vous ne me croyez pas, vous avez qu'à vous trouver des chiottes ailleurs ! »* puis il prend son air offusqué pour signifier que la conversation s'arrête là.

Les jours passent lentement et ce genre de guerre statique ne plaît pas du tout aux gars du 1er commando. Rester terré pendant des semaines dans une tranchée à essuyer les tirs ennemis ne faisait pas partie de l'instruction à Achnacarry. Au moins, pour se consoler, on peut se dire que l'ennemi se trouve dans la même situation, ou même pire si l'on en juge par les quantités d'obus qui nous passent par-dessus de la tête pour atterrir dans leur secteur. Les patrouilles de harcèlement contre les lignes ennemies sont de plus en plus nombreuses depuis le 12 juin, ce qui oblige les Allemands à rester sur le qui-vive. Je m'étonne que les Allemands ne nous aient pas déjà attaqué en force avec des blindés. De même, il est très rare de voir des avions ennemis dans le ciel. De temps en temps, on en voit un voler très haut au-dessus des arbres pour disparaître aussitôt, poursuivi par des chasseurs alliés. La plupart des victimes que la brigade a enregistrées à ce jour sont le fait des tirs de mortiers et de l'artillerie, et bien sûr des tireurs embusqués. Quand on voit le nombre de cadavres d'Allemands dans la zone qui fait face au secteur des commandos devant le village, on comprend pourquoi ils ont renoncé à des attaques de front.

C'est aujourd'hui le **9 juillet**. Je suis en train de dîner avec les gars du peloton de mortiers et ce qu'il y a au menu est plutôt pour me plaire : l'éternel bouillon de pot-au-feu, suivi de pâté aux rognons et de beignets aux prunes et bien sûr les moustiques en prime. Pour nous, c'est presque un repas de fête car nous venons d'apprendre la victoire des Britanniques à Caen. Les Allemands ont battu en retraite en laissant la ville en ruines et selon le quartier général, la situation là-bas est indescriptible. Aujourd'hui, c'est le trente-troisième jour après le débarquement et on parle d'une éventuelle poussée de la brigade le long de la ligne de crête. Ce soir, vers les onze heures, un bombardement allemand nous force à nous réfugier dans les tranchées, ce qui nous convainc de la triste réalité que l'ennemi est toujours en face et qu'il a la ferme intention d'y rester.

Le lendemain matin à l'heure du rapport, on nous fait le point des blessés qui sont rapatriés vers l'arrière par la noria incessante des Jeeps. Parmi les victimes de la nuit, on trouve plusieurs parachutistes. Dans un autre ordre d'idées, on n'a pas beaucoup vu la population civile depuis notre arrivée le 6 juin. Le premier soir de notre arrivée, j'étais parti avec quelques gars du quartier général à la recherche d'un café. Nous avions été rejoints par des soldats français qui avaient eu la même idée que nous : d'abord s'en jeter un derrière la cravate et puis reluquer les nanas du coin. On avait eu la chance de trouver quelque chose à boire, mais quant aux filles... La fille qui servait au comptoir avait surtout l'air terrorisé. Elle était plutôt jolie, quoique boutonneuse à souhaits, ce qui à la rigueur n'aurait pas été trop grave, mais comme elle devait passer son temps à se démanger, elle avait des marbrures de cicatrices sur tout le visage. J'avais passé un bon moment de la soirée à la regarder et en avais conclu qu'elle devait souffrir d'une carence en vitamines. Elle m'avait servi un verre de cidre, alors que d'autres s'étaient laissés tenter par un verre d'une boisson de couleur claire qui les avait à moitié étouffés après des tressaillements de douleur. Notre petite réunion s'était terminée avec le fracas de plusieurs obus de mortiers qui étaient tombés sur la place du village. Le souffle des explosions avait fait voler les vitres des fenêtres du café en éclats et fait tomber plusieurs bouteilles de leurs étagères. Tout le monde s'était éparpillé dans la nature, y compris la fille boutonneuse du comptoir. Elle avait soudain disparu en nous laissant en compagnie des tessons de verre et des bouteilles brisées. Le pilonnage des mortiers avait bien duré dix minutes, puis nous avions repris la route vers nos tranchées dans le verger. Notre première sortie sur le sol français s'était ainsi terminée, par du verre brisé et quelques coups... de canon.

Maintenant que Caen est tombé, quelques villageois reviennent chez eux. C'est ainsi que je revois le petit vieux qui m'avait un jour invité chez lui. Un soir, en passant dans une rue du village, j'entends une voix au coin d'une maison *« Bonsoir, monsieur, comment allez-vous ? »* La voix répète la même phrase, puis ajoute : *« cornemuse, cornemuse »*. Je me retourne et me retrouve face à face avec le petit vieux. Nous nous donnons une cordiale poignée de main et je remarque qu'il a une pipe en terre à la bouche, mais qu'il n'y a pas de tabac dedans, ce qui ne l'empêche d'ailleurs pas de faire semblant d'aspirer une fumée fictive avec un curieux bruit de succion. Je lui explique avec force gestes que je reviens dans quelques minutes pour lui ramener un paquet de tabac du quartier général. Quand je lui dépose le paquet dans la main un petit moment plus tard, je crois qu'il va se mettre à danser un quadrille écossais tellement il est content. Il lève les bras au ciel et me prend les mains en me disant : *« merci, merci, cornemuse ; venez manger avec moi ce soir »*. Je lui réponds : *« d'accord, mais demain soir, vers 9 heures, c'est moi qui apporterai les provisions ! »* D'après son regard, je suppose qu'il a tout compris. Il bourre sa pipe, l'allume, puis retourne vers sa maison suivi par des panaches de fumée en se retournant plusieurs fois pour me dire *« demain »* en montrant la maison du doigt.

Le lendemain soir, j'arrive à la maison avec mon sac à dos plein de boîtes de conserves : du corned beef, du pâté aux rognons... et bien sur des beignets aux prunes, du chocolat (celui qui est dur à se casser les dents et que l'on trouve dans les rations), du tabac et des cigarettes.

Je suis accueilli comme le fils prodigue de la bible quand je passe la porte et je m'identifie presque au père Noël avec tous ces cadeaux ! C'est un vrai bonheur d'être assis-là à table en compagnie du petit vieux et de sa femme, même si je ne comprends pas un mot de ce qu'ils me racontent. Nous sommes dans une demi-pénombre qui rend encore plus confortable la pièce de cette petite maison. Je fais un excellent repas, typiquement français, avec du poulet rôti, des légumes et des pommes de terre au beurre. Le Français a sorti une bouteille de champagne et deux bouteilles de Bourgogne de 1924. Avec l'aide de mon petit lexique anglais/français, je parviens à comprendre qu'il avait enterré les bouteilles dans son jardin juste avant l'entrée des Allemands dans le village lors de la débâcle de 1940. Le vin me porte un peu à la tête, mais il est excellent. Le Français est assis en face de moi à la longue table de bois massif à me raconter un tas de choses puis à la fin du repas il allume sa pipe et se met à tirer dessus comme si sa vie en dépendait. Pendant toute la soirée, sa femme n'arrête pas de donner des signes d'inquiétude et elle affiche une véritable panique lorsqu'on entend les premiers obus britanniques passer au-dessus de la maison avec un grondement sourd. Elle dit quelques mots à son mari, l'embrasse sur les deux joues, me serre la main, et disparaît quatre à quatre par la porte de la cave en nous laissant le soin de terminer le champagne et le bourgogne. Sur le coup de onze heures et demie, je quitte le vieil homme, toujours en train de tirer sur sa pipe, et traverse le village en direction du verger pour rejoindre le quartier général. Sans pouvoir m'expliquer pourquoi, j'ai le pressentiment que je ne les reverrai plus. Pendant cette soirée, il y avait quelque chose de triste sur leurs traits, comme un chagrin dissimulé ; j'en cherche la cause et m'imagine que peut-être leurs deux enfants ont été blessés pendant le bombardement de leur précédente maison.

Il commence à pleuvoir vers quatre heures du matin et le sol de la tranchée est bientôt détrempé. Heureusement, le pilonnage d'artillerie cesse à l'heure où l'officier de permanence fait sa tournée. A mesure que les jours passent, la fatigue commence à se lire sur les visages des hommes. Pour eux, c'est épuisant de vivre sans cesse au contact de l'ennemi sans pouvoir prendre un seul moment de vrai repos. La plupart des hommes de la brigade, y compris les officiers, vivent dans des tranchées. Il n'y a pas moyen de changer de vêtements et on est réveillé toutes les nuits par les tirs ennemis. Pour essayer de soulager l'atmosphère, un camion est arrivé hier pour emmener une cinquantaine de gars se reposer à l'arrière pendant deux jours.

Aujourd'hui, nous sommes le **17 juillet**. J'accompagne une équipe d'une vingtaine de gars en provenance de plusieurs commandos pour une ballade jusqu'à une plage qui se trouve à quelques kilomètres de nos positions. Pour l'occasion, je mets mon kilt et prends ma cornemuse. Je grimpe dans le camion et nous voilà partis pour la plage. Une heure plus tard, nous sommes tous assis sur le sable à contempler la mer, et à nous demander à quand remonte notre dernier bain. Mon dernier bain remonte au 4 juin et nous sommes le 17 juillet ! Autour de nous, de nombreux civils sont venus sur la plage pour voir à quoi ressemblent les Tommies britanniques.

Alors que nous sommes tous en train de contempler la mer à nous demander lequel d'entre nous va se décider à aller se baigner sans maillot, une voix nous apporte la réponse de derrière. C'est celle de Geordie, qui nous déclare avec un accent qui n'appartient qu'à lui : *« je ne sais pas ce que vous en pensez, mais moi je vais aller me mettre à la baille »*. En entendant ces mots, tout le monde se doute que Geordie est déjà en train de se déshabiller, car l'odeur insupportable de ses chaussures et de ses chaussettes parvient déjà à nos narines. Je me retourne ; il est nu comme un ver et je me rends compte que ce n'est pas pour rien qu'on l'appelle le plus gros braquemard de toute la brigade. Il se fraie un passage à travers les autres, fascinés par le spectacle de Geordie en train de marcher sur la pointe des pieds à la rencontre des premières vagues. Son torse bronzé se détache sur le bleu de la mer, le reste de son individu affichant une couleur blanc sale indéfinissable. A quelques mètres des premières vagues, il se retourne soudain vers nous, les jambes écartées et les bras au-dessus de la tête et nous crie : *« Allez, bande de trouillards, le dernier qui arrive à Brighton est un dégonflé »*. Sur ce, Geordie se précipite dans l'eau dans un véritable geyser d'éclaboussures. Un lourd silence s'installe l'espace de quelques secondes, puis vient un tonnerre d'applaudissements de la part des civils français, hommes, femmes et enfants sans distinction, qui scandent : « *encore, encore, encore !* »

Pendant que nous nous déshabillons à la hâte, Geordie répond à grands mouvements de bras aux acclamations de ses tout nouveaux admirateurs qui, à en juger par leur enthousiasme, ne sont pas insensibles à ses mensurations inhabituelles. Nous voilà bientôt tous en train de patauger dans les vagues à essayer de faire disparaître la crasse accumulée dans les tranchées. Nous passons les quatre heures qui suivent à alterner repos sur le sable et baignade, un vrai moment de jubilation pendant lequel la guerre se trouve reléguée à cent lieues dans nos mémoires. Juste avant de remonter dans le camion, je profite d'un instant pour m'entraîner un peu à la cornemuse, ce qui déclenche des acclamations de la part des spectateurs français, mais je dois admettre que le héros du jour reste Geordie et ses attributs physiques. Sur le retour en direction des ponts de l'Orne, j'observe une gaieté nouvelle qui s'est installée sur les visages de mes compagnons, gaieté qui avait disparu depuis bien longtemps faute d'occasions de se réjouir, mais je ne peux m'empêcher de penser à la réalité en me demandant combien de ces gars survivront à la campagne de Normandie et pourront repartir chez eux en Angleterre.

Nous sommes le **18 juillet**. On raconte qu'une attaque en force de plus de 1 300 blindés sur le front de Caen a remporté un énorme succès et neutralisé les divisions de panzers. Hier soir, juste après la tombée de la nuit, des bombardiers alliés ont arrosé les positions allemandes devant le secteur des commandos. Cela a été suivi par un intense pilonnage de l'artillerie pendant plus de deux heures, obligeant tout le monde à rester à couvert dans le verger. Notre après-midi sur la plage nous semble maintenant bien loin, comme si cela n'avait existé que dans un rêve. De temps en temps un obus destiné aux positions allemandes explose dans le verger, faisant voler terre et gravâts qui retombent sur ma tranchée. « *Bon Dieu, combien de temps cela va-t-il encore durer ?* » Il n'y a rien d'autre à faire qu'attendre. Dans ces cas-là j'essaie de me faire le plus petit possible en me serrant de tout mon long contre la paroi de la tranchée, comme pour ne faire plus qu'un avec le rempart de terre qui me protège.

Le lendemain matin, tout est redevenu calme et après le petit déjeuner, je décide d'aller voir les gars des 3e et 4e commandos. Je me rends tout de suite compte que la plupart des visages me sont inconnus, il n'en reste plus que quelques-uns à avoir fait partie du débarquement du 6 juin. Les gars qui sont arrivés en renfort de ces unités ont subi leur entraînement à Achnacarry après mon départ, bénéficiant sans doute d'un stage commando écourté compte tenu des événements. Cela me fait une étrange impression de rencontrer ces gars qui sont passés dans les mêmes lieux que moi sans que je puisse les y rencontrer. J'essaie de lier la conversation avec le plus grand nombre possible, en particulier avec ceux qui viennent de quitter Achnacarry. *« Comment va Charlie Vaughan ? » « Est-ce qu'il pleut toujours autant là-bas ? »* La plupart d'entre-eux sont incapables de me parler du colonel Vaughan, en revanche ils ont tous un souvenir indélébile des conditions climatiques qu'ils ont trouvées dans les Highlands et ils sont presque heureux d'être aujourd'hui sous le soleil de Normandie. Je pense très souvent à Fiona, mais bien sûr je me garde bien d'essayer d'en avoir des nouvelles par l'intermédiaire des nouveaux venus. J'imagine bien que leurs occupations quotidiennes au camp d'entraînement ne leur ont pas permis de beaucoup se lier avec la population locale.

Le courrier arrive maintenant avec une certaine régularité et chaque jour j'attends le passage du vaguemestre avec impatience, espérant qu'il va m'apporter une lettre de Fiona. La semaine dernière, j'en ai reçu trois qu'elle avait adressées au camp près de Southampton. La lecture de ses lettres me procure un grand bonheur, j'adore la manière avec laquelle elle décrit les paysages, le temps qu'il fait et aussi les potins qu'elle récolte à Spean Bridge lors de ses rares sorties au village. Ma cousine Kate de Fort Williams me raconte aussi ce qui se passe du côté d'Achnacarry. Elle est au courant de ma liaison avec Fiona, mais elles ne se sont jamais rencontrées, c'est en tout cas ce que prétend Kate !

Dans ma dernière lettre à Fiona, j'écris que Lord Lovat a été grièvement blessé pendant une attaque contre les positions ennemies le 12 juin. Je fais aussi allusion à ce qu'elle m'avait prédit à propos de Lovat et aussi sur son propre état de santé et je lui dis que j'espère surtout que la campagne de Normandie va bientôt se terminer pour pouvoir aller la retrouver dans les Highlands. Je ne me fais pas d'illusions et je suis sûr que l'officier qui est chargé de la censure a dû barrer toutes mes réflexions concernant Lovat. En ce moment, c'est le médecin chef du quartier général qui a cette charge. J'ai des difficultés pour exprimer mes sentiments par écrit et c'est bien le moins : comment peut-on arriver à écrire une lettre d'amour à quelqu'un quand on sait qu'elle sera d'abord lue par une personne à qui elle n'est pas destinée, et qui passera du stylo bleu pour effacer vos pensées les plus authentiques ? A chaque fois que je croise cet enfoiré de médecin chef, il me fait une drôle d'impression. J'ai l'impression de lire dans son regard que ce que j'écris n'est pour lui qu'un tas de bêtises, des trucs qui ne servent qu'à renseigner l'ennemi... J'aimerais bien savoir ce qu'il écrit, lui, à sa femme ou à sa copine !

Cette semaine, le 4e commando a quitté le secteur qu'il occupait à Hauger depuis le 6 juin pour s'installer un peu plus loin sur de nouvelles positions dans le village de Bréville. Les Allemands qui nous faisaient face ont reculé et s'accrochent au terrain dans une zone boisée à seulement trois cents mètres du 4e commando. L'ennemi s'est installé sans perdre de temps et a tout de suite commencé ses tirs de harcèlement contre les positions qu'il occupait précédemment.

Ce matin, je suis allé voir les gars du 4e commando dans le secteur de Bréville. Le village est presque totalement détruit, ce qui ne me surprend pas, compte tenu des bombardements incessants dont il a été l'objet depuis le 6 juin. On voit tout de suite que l'ennemi a défendu ce secteur avec acharnement, il a d'ailleurs repoussé plusieurs attaques successives des commandos et d'unités de parachutistes. Les champs environnants et les abords du village sont encore parsemés de cadavres de soldats allemands. Je me retrouve soudain au beau milieu des tirs des mortiers ennemis, ce qui m'oblige à me réfugier dans une tranchée en attendant que les explosions cessent. A la fin du bombardement, je décide de reprendre le chemin du quartier général en me disant que la situation doit certainement être plus calme là-bas. Je commence à me hisser en dehors de la tranchée en jetant auparavant un regard à gauche puis à droite. D'autres gars sont en train de faire la même chose que moi. Tout semble être redevenu calme, à l'exception d'un tir d'arme automatique en provenance du carrefour non loin de moi. J'échange un geste amical avec un Français du 4e commando qui vient à ma rencontre, quand arrive sur nous le sifflement caractéristique d'un obus de mortier. Je reste pétrifié sur place, incapable de faire le moindre mouvement, à regarder tous les autres se jeter à couvert, y compris le Français qui venait à ma rencontre le sourire aux lèvres, lui aussi vient de se jeter à plat ventre. Tout se passe en à peine quelques secondes. Les gars viennent de se précipiter sur le soldat français qui reste allongé sur le sol. Son visage est soudain devenu grisâtre, il a la bouche grande ouverte et ses yeux restent fixés vers le ciel. Pendant que deux médecins l'emportent sur une civière, j'aperçois un filet de sang qui coule de ses rangers. En reprenant mon chemin à travers les gravâts qui jonchent la route vers Amfreville et le quartier général, je croise quelques gars du 4e commando qui sont restés à l'abri dans leurs tranchées. L'un deux m'adresse quelques paroles de bienvenue, un autre me crie : « *Ça na va plus être long maintenant, tu peux aller chercher ta cornemuse, on est en train de faire fuir ces espèces de salauds !* » Je les dépasse en leur faisant un signe de la main sans pouvoir m'empêcher de me demander si j'aurai encore l'occasion de les revoir la prochaine fois que je reviendrai à Bréville. Quelque part, je crois que nous sommes tous résignés. A un moment, on est en train de parler avec un copain, quelques minutes plus tard il est mort, grièvement blessé ou complètement déchiqueté par un obus et même plus reconnaissable. On emmène même les blessés légers en dehors du champ de bataille pour que leur vue ne sape pas le moral de ceux qui restent...

Aujourd'hui nous sommes le **23 juillet**. Je suis assis sous un arbre près de ma tranchée, occupé à écrire une lettre à mes parents. Le temps est en train de changer, il y a davantage de brume le matin et le froid est plus vif. Ce matin en particulier, j'ai vraiment eu froid vers les quatre heures pendant le rapport. Maintenant il est près de midi, le soleil est haut dans le ciel et diffuse une agréable chaleur. La situation est calme dans le verger, on entend seulement les batteries d'artillerie dans le lointain. Je viens de terminer ma lettre et je repense à tous les occupants successifs de cette tranchée depuis le 6 juin : Taff, les gars du peloton de mortiers, l'autre équipe d'artilleurs qui est maintenant partie et qui a été remplacée par de nouveaux visages...

Mes pensées sont interrompues par Mick qui vient d'arriver du quartier général. « *Magne-toi, Piper, lève ton cul et arrive à l'état major, le général veut te voir tout de suite !* »

« *Bon Dieu, Mick, pourquoi veut-il me voir comme çà tout d'un coup ?* »

« *J'en sais foutre rien. Mets ton kilt et dépêche-toi si tu ne veux pas l'entendre te gueuler dans les oreilles.* »

Je me dépêche de me changer en me répétant *« qu'est-ce que j'ai bien pu faire encore comme connerie ? »* et je me présente au quartier général deux minutes plus tard en tenue complète, préparé à tout entendre. Je suis accueilli par un sergent à l'air revêche. *« Bon, suivez-moi ! »* Je lui emboîte le pas et nous nous dirigeons vers la porte au fond du couloir. *« Bon, Piper, on oublie les "gauche, droite, gauche, droite" »* me lance le sergent d'un ton hargneux, *« quand je frappe à la porte et que vous entendez "entrez", vous entrez, vous faites un demi-tour à droite et vous saluez. Compris ? »*

« Compris, sergent » lui répondis-je.

Il frappe à la porte et une voix grinçante crie *« entrez »*. le sergent ouvre la porte, je fais quelques pas à l'intérieur de la pièce, amorce mon « demi-tour, droite » et éxécute un salut magistral. Dans une demi-pénombre, assis derrière le bureau, je reconnais le sourire inimitable du colonel Charlie Vaughan. Il y a deux autres personnes de chaque côté de lui, mais je n'ai d'yeux que pour Charlie Vaughan. Je commence seulement à sortir de ma stupeur quand il me dit : *« Piper, vous connaissez le général Mills Roberts et le major de brigade, n'est-ce pas ? »,* mais je reste fasciné par la présence de Charlie Vaughan dans ce bureau.

« Repos, Piper » ajoute Charlie, un sourire éclairant à nouveau son visage. Puis, il reprend son sérieux et se met à me dire en détachant bien ses mots : *« Vous vous êtes acquitté de la tâche qui vous avait été confiée, Piper. Votre mission consistait à accompagner Lovat pendant le débarquement. Maintenant que cela est fait, je vous ramène à Achnacarry avec moi dès ce soir. Nous avons encore beaucoup de travail à faire là-bas. »* Je regarde tour à tour Charlie, puis Mills Roberts, puis enfin le major de brigade. Je n'ai qu'une seule envie, dire au colonel Vaughan : *« d'accord, mon colonel, on part tout de suite ! »* Le général Mills Roberts n'arrête pas de me fixer du regard, et ces yeux rivés sur moi me font ressentir comme un sentiment de culpabilité. Je m'entends soudain dire, comme si c'était la voix de quelqu'un d'autre : *« excusez-moi, mon colonel, je préfèrerais rester en Normandie et seulement repartir en Angleterre avec la brigade quand la guerre sera finie »*.

Je n'arrive pas à croire que c'est moi qui vient de dire cela ! Je pourrais être en virée à Londres dès ce soir avec le colonel Vaughan, puis me taper au moins deux semaines de permission, et c'est tout ce que je trouve à dire ! Je me dis que je dois être devenu cinglé !

Pourquoi est-ce que je tiens tant que cela à rester dans ce putain d'endroit ? Tout à coup, j'ai l'impression de deviner une sorte de petit sourire satisfait sur le visage de Mills Roberts. Je suis sûr que s'il n'avait pas été là, j'aurais répondu sans hésiter au colonel Vaughan « *Tout de suite, à vos ordres mon colonel !* »

Le colonel Vaughan me répond avec le ton bienveillant que je lui connais : « *Très bien, Piper, je vous reverrai donc à Achnacarry à la fin de la campagne de Normandie. Je vous souhaite bonne chance.* »

Le major de brigade se lève de sa chaise pour ouvrir la porte ; je salue, jette un dernier regard en direction de Charlie Vaughan, exécute un demi-tour, sors de la pièce, remonte le couloir... et je me retrouve à la porte d'entrée, face au verger et aux tranchées infestées de moustiques...

Ce soir-là, quand je me retrouve dans ma tranchée à essayer de me débarrasser des moustiques à grands coups de revers de main tout en prêtant l'oreille au sifflement des obus qui passent au-dessus de ma tête, presque bercé par le bruit des gouttes de pluie qui se faufilent par les interstices du toit improvisé de mon abri, je reste les yeux fixés sur la mare qui est en train de s'élargir peu à peu à mes pieds et je ne pense plus qu'à une seule chose : si le mauvais temps continue, je vais encore passer une nuit des plus inconfortables. Il ne m'aura pas fallu longtemps pour me retrouver plongé dans la réalité, alors que le colonel Vaughan doit maintenant se trouver à Londres. Après tout, autant aller jusqu'au bout... Il faudra seulement que je fasse attention de ne dire à personne que c'est moi qui ai décliné l'invitation de retourner au pays, on pourrait s'imaginer que je suis devenu complètement dingue... D'autres se contenteraient peut-être de me dire « *pour qui tu te prends, Piper, tu t'imagines qu'on attends après toi au pays ?* »

Vers les deux heures et demie, les tirs redoublent d'intensité pour ne s'arrêter qu'une heure plus tard. Heureusement pour moi, la pluie a cessé, néanmoins je me dis qu'il faut que j'envisage quelque chose pour éviter l'inondation dans l'avenir, bien qu'à chaque fois l'eau soit vite absorbée par le sol et que le soleil fasse le reste pour restaurer une atmosphère presque vivable dans la tranchée.

Il est dix heures, et nous sommes le **24 juillet**. Je viens de prendre mon petit déjeuner avec les gars des mortiers et nous sommes en train de prendre un petit moment de détente en buvant notre thé tout en faisant le point sur les blessés de la nuit dernière.

On raconte que Geordie, le premier à s'être décidé à profiter d'un bon bain dans le plus simple appareil l'autre jour, se soit fait sérieusment amocher. Sa Jeep a sauté sur une mine et le conducteur a été tué sur le coup.

La paix de cette matinée calme est soudain perturbée par quelqu'un qui vocifère du côté du quartier général. Le général Derek Mills surgit sans tarder. Il nous aperçoit, assis tranquillement à siroter notre thé, et presse le pas dans notre direction. Nous nous raidissons dans un garde-à-vous impeccable pour saluer le général sur son passage.

« Du bruit cette nuit ? Et ce matin, c'est le calme plat ? » continue-t-il à crier sans que nous sachions à quoi il fait allusion, puis il s'arrête soudain et pointe le doigt vers le bas du verger en continuant à vociférer le plus fort possible : *« Vous là-bas, le dormeur, ça vous arrive de saluer les officiers quand vous en voyez ? »* Tous les regards se tournent vers la cible que le général est en train de prendre comme point de mire et s'arrêtent sur un gars à environ cinquante mètres de nous à l'ombre des arbres en bas du verger. Il est en train de se diriger d'un pas de sénateur vers les latrines de Scouse. Le gars s'arrête soudain, se fige et salue la voix qui lui rappelle quelqu'un plutôt que la personne qui se trouve encore en dehors de son champ de vision. Le général se retourne vers nous et ajoute d'une voix qui a repris une intonation normale : *« Piper, cet après-midi j'ai prévu une revue des troupes sur la place du village. Je compte sur vous. Des questions ? »* Avant que quiconque ait eu le temps de dire ouf, le revoilà parti en direction du quartier général. Nous restons plantés au garde-à-vous à le regarder poursuivre son chemin quand le silence est bientôt interrompu par un des gars du peloton de mortiers qui me fait remarquer : *« Ben, mon vieux, si t'avais jamais vu un dingue en train de faire le con, tu viens d'en voir passer un ! »* Tout le monde sait que Mills Roberts est à cheval sur la discipline mais personne ne lui en tient rigueur car on sait aussi reconnaître que c'est un bon soldat et ses coups de gueule font aussi partie de sa personnalité que tous les gars apprécient.

Après avoir pris mes renseignements au quartier général, je me présente à l'état-major à deux heures précises en tenue complète. J'ai fait un effort particulier pour faire briller mes chaussures, ce qui m'a pris un bon bout de temps ! Il y a déjà là tous les officiers représentant les différents commandos, le 3e, le 4e, le 6e, le 45e des Royal

Marines et un officier représentant les Français du 4e. Le général sort de son bureau et après divers claquements de talons et autres saluts, tout le monde se met en colonne prêt à partir pour la revue. Avant cela, le général donne l'ordre de constituer une garde de quatre hommes pour ce qu'il appelle assurer la sécurité du joueur de cornemuse. Voici quelque chose qui est tout nouveau pour moi, Lovat ne parlait jamais de cela, il avait seulement l'habitude de me dire : « *Allez, Piper, mettez-vous en tête et jouez.* » Cela avait fait partie de ma routine quotidienne depuis le débarquement à La Brèche jusqu'aux ponts de l'Orne.

« *Mon général, je n'ai pas besoin de gardes du corps. Je préfère marcher en tête comme je l'ai toujours fait jusqu'à présent.* » Cela dit, je m'attends à me faire prestement rabrouer, mais le général se contente de me jeter un regard incrédule et d'ajouter d'une voix tout à fait calme : « *je suppose que vous savez que l'ennemi est embusqué tout près de la route ?* »

« *Oui, mon général.* »

« *Bon, oubliez les putains de gardes du corps !* » ajoute-t-il prestement en démarrant d'un pas décidé en direction de la place du village, suivi par le major de brigade et de deux autres officiers, quant à moi, je prends ma place dans le cortège à quelques mètres devant l'officier chargé de mener le défilé. Le sergent major met tout le monde au garde-à-vous, puis l'officier gueule un tonitruant : « *à droite, droite ! en avant, marche !* » et toute la troupe se met en branle au son des « *Blue Bonnets over the Border* ». J'ai quelques inquiétudes au moment où nous tournons à droite à hauteur de la ferme des Saulnier, c'est-à-dire à l'endroit que le général mentionnait un peu plus tôt comme étant à vue de l'ennemi. Au moment où nous dépassons la ferme, le paysan, sans doute attiré par le son de la cornemuse, fait son apparition, l'air franchement héberlué et s'empresse d'ôter sa casquette sur notre passage. Quelques dizaines de mètres plus loin, nous négocions le dernier virage avant la ligne droite qui mène à la place du village. Quand j'arrive à la hauteur du général et du groupe d'officiers, je quitte la route pour venir me placer sur sa droite et toute la brigade défile devant nous au son de « *Hightlands laddie* ». En regardant tous ces visages passer devant nous le regard bien haut, je ne peux m'empêcher de penser à tous ceux qui auraient tant aimé faire partie de ce défilé, à ceux qui sont restés en alerte dans les tranchées, et à tous ceux qui sont enterrés pour un dernier sommeil dans les vergers tout autour du village.

Le défilé est maintenant terminé et à en juger à l'expression radieuse qu'affiche le général, c'est un succès. *« Bien joué, Piper »* me lance-t-il en quittant la place du village accompagné de sa suite d'officiers pour rejoindre le quartier général. Je reste au garde-à-vous jusqu'à ce qu'ils aient disparu de l'autre côté des grilles de l'état-major en me disant que j'ai tout intérêt à me faire tout petit après ma remarque maladroite sur les gardes du corps. Les troupes se dispersent bientôt, les gars retournant vers leurs unités respectives et plus un bruit ne vient perturber le calme qui règne à nouveau sur la place du village, si ce n'est celui des murmures des villageois en train de lire un écriteau qui vient d'être cloué à un arbre. Je n'ai pas la moindre idée de ce qui est écrit sur le papier, mais l'agitation est grande ! J'en vois qui lèvent les bras au ciel et qui montrent du doigt la direction de Caen. Comme la situation tactique change d'une heure à l'autre, surtout depuis la prise de Caen, le commandement a pris l'habitude d'afficher les dernières nouvelles sur un panneau fixé à l'un des arbres de la place du village. La raison de cette agitation réside dans la seule phrase qui est affichée sur le panneau, elle précise : *« les armées alliées progressent sur tous les fronts ».*

Ce même soir, je fais une visite aux latrines de Scouse qui sont envahies par des nuées de mouches et de moustiques qui donnent l'impression de rester comme en suspension au-dessus des lieux d'aisance. Scouse est assis dans son éternel fauteuil en train de lire un livre de poche que j'identifie comme étant une histoire de cow-boys et d'indiens. Il n'a pas du tout l'air d'être gêné par la présence des insectes et encore moins par les odeurs. Trois clients sont assis sur la planche et l'un deux s'adresse à Scouse avec le traditionnel : *« Dis-moi, Scouse, quand est-ce qu'on rentre au pays ? »*

« Ça vaut pas la peine de vous dire quoi que ce soit, bandes d'enfoirés et d'incrédules, mais je vais quand même vous dire quelque chose : la brigade se tire demain. » Sur ce, Scouse tourne rageusement une page de son bouquin et se replonge dans sa lecture tandis que les trois gars entonnent en chœur : *« T'es qu'un enculé de menteur ! »* Je crois deviner un sourire entendu sur les lèvres de Scouse qui continue d'ignorer avec superbe les critiques au même titre que

les mouches, les moustiques et les odeurs, et poursuit sa lecture bien calé dans son fauteuil.

Il y a maintenant une certaine agitation du côté de l'état-major. On raconte que l'ennemi devant nous jusqu'à présent a commencé à battre en retraite, sans doute en raison de la poussée alliée devant Caen, qui se trouve à une dizaine de kilomètres d'ici.

Nous sommes aujourd'hui le **26 juillet**. La brigade se met en route et le 4e commando a déjà pris la route. Ce matin, j'ai été pris comme passager sur une Jeep pour aller faire un tour du côté de leurs positions mais nous ne trouvons personne en arrivant. « *Eh bien dis-donc, Piper, ils n'ont pas été long à déguerpir !* » me fait remarquer le conducteur en faisant un demi-tour sur les chapeaux de roues pour repartir dans l'autre sens vers le quartier général. Les 3e et 6e commandos sont aussi sur le départ au moment où nous atteignons le village, en revanche nous ne voyons aucune trace du 45e des Royal Marines. Les véhicules de l'état-major sont déjà en ligne et prêts à faire route. Je pose mon sac à dos et ma cornemuse sur le siège arrière de la Jeep et dis au conducteur que je m'échappe un bref instant pour aller jeter un dernier regard du côté du verger. « *D'accord, Piper, je t'attends. On partira un peu plus tard.* » En entrant dans le verger, je n'aperçois pas âme qui vive. Tout le monde a quitté les lieux. Il n'y a même plus trace des latrines de Scouse qui semblent s'être volatilisées comme si elles n'avaient jamais existé. Je reste un instant à contempler les tranchées désertes l'estomac noué, sans pouvoir m'empêcher de me remémorer les visages de ceux qui les ont occupées, tous ceux qui y ont laissé leur vie ou qui y ont été grièvement blessés. Taff, les gars du peloton de mortiers et tous les autres, arrivés la veille et partis le lendemain, certains à l'hôpital en Angleterre, d'autres vers une tombe quelque part en Normandie. Le quartier général est tout aussi désert maintenant que la file de véhicules est partie, il ne reste plus que la Jeep à m'attendre dans l'allée. J'entre dans la maison par la porte de devant. J'ai l'impression que cela fait des siècles que moi et quelques autres y sommes entrés en compagnie de Lovat pour la première fois. Il n'y a pas de doute, beaucoup d'eau est passée sous les ponts depuis le 6 juin... Lovat blessé et rapatrié en Angleterre, Mills Roberts qui devient notre nouveau général... personne ne peut dire combien il y a eu d'allées et venues par cette porte du quartier général...

Lorsque nous franchissons les grilles de ce qui fut le quartier général, tout est tranquille dans le village et deux petits vieux sont assis près de l'église à nous regarder partir. Nous passons devant la pelouse du château où on avait l'habitude d'aligner les morts depuis les premiers jours de combat. Le conducteur arrête la Jeep devant la ferme des Saulnier pour un dernier au revoir. Au moment où je serre la main du paysan, je devine des larmes dans les yeux de celui qui a su devenir l'ami des gars du 6e commando. J'espère qu'il ne va pas nous proposer un verre de cette boisson redoutable qu'il appelle Calvados. Heureusement, il est trop occupé pour nous offrir de quoi nous rafraîchir et nous nous contentons de faire nos adieux avant de remonter dans la Jeep et de poursuivre en direction du village de Bréville. Quand je me retourne, le paysan est toujours là au milieu de la route et je lui fais un dernier signe de la main. Je suis content de partir de cet endroit car cela faisait trop longtemps que nous vivions terrés au fond de nos tranchées et je me surprends à espérer que l'avenir va nous sourire. En fait, tout ce que j'espère, c'est que la prochaine tranchée soit juste un peu plus confortable, sans moustiques et si possible sans trop de tirs de mortiers...

Notre percée se limite en fait à une demi-douzaine de kilomètres, juste au-delà de Bavant, un petit village qui devient le secteur du 6e commando. Nous traversons le village pour nous retrouver dans une clairière entourée d'une zone boisée. Notre première tâche consiste à creuser des tranchées... Je choisis un endroit près d'un talus et pars bientôt à la recherche de rondins et de planches à l'épreuve des éclats d'obus pour servir de toit à mon nouvel abri.

Il est maintenant sept heures et demie et je viens de terminer ce qui pour moi est un menu de choix, je veux parler d'un pâté aux rognons directement sorti de sa boîte. J'ai agrémenté cela d'une bouteille de vin rouge un peu piqué qui ne portait pas d'étiquette, mais je ne me plains pas car j'ai subtilisé cette bouteille au quartier général juste avant de quitter le campement précédent.

Sur la fin de la soirée, je pars faire un tour et je suis surpris de tomber sur plusieurs tombes de soldats britanniques qui ont été creusées dans les sous-bois. Je me demande comment nos soldats ont réussi à s'infiltrer de la sorte en territoire ennemi. Les deux premières tombes sont l'une à côté de l'autre près d'un fossé, une croix sommaire a été plantée à chaque emplacement et sur les croix, je trouve des bérets avec l'insigne des Gordon Highlanders. Les autres tombes sont celles de parachutistes, comme cela est indiqué par les bérets rouges. A voir les tombes, j'ai l'impression que tous ces soldats ont été enterrés à la hâte par des Allemands battant en retraite et qu'ils sont sans doute morts des suites de leurs blessures. A la vue de la première tombe, mon estomac se noue quand je distingue que l'insigne sur le béret est complètement tordu comme si un éclat d'obus l'avait frappé avant d'atteindre la tête de celui qui le portait. Je note quand même que l'ennemi a pris la peine d'enterrer ces soldats, mais quelle terrible façon de mourir comme cela et d'être enterré à des milliers de kilomètres de chez soi. Les familles des soldats ont sans doute déjà reçu la lettre stéréotypée contenant ces mots terribles : *« disparu au combat »*.

Les premiers jours que nous passons à Bavent sont plutôt calmes en ce qui concerne l'aspect opérationnel, l'ennemi reste discret et ne nous envoie que quelques obus de mortiers de temps à autre. En revanche, il est difficile de juger de leur provenance en raison de l'environnement très boisé où nous avons établi notre campement. Nous sommes toujours suivi par la même calamité : les moustiques ! Je me demande si nous allons parvenir à nous en débarrasser un jour. Ils volent en nuées compactes au-dessus des tranchées jour et nuit et nous empêchent de prendre le moindre moment de repos. Je n'arrive pas à fermer l'œil et pour essayer de me consoler de cette infortune, je vais jeter un œil dans la tranchée voisine pour y trouver un gars profondément endormi. En regardant de plus près, je remarque qu'il à non seulement le visage découvert, mais qu'il est aussi en bras de chemise et que les moustiques l'ignorent complètement ! Je suis maintenant convaincu que c'est moi qui attire tous ces petits enfoirés et, de guerre lasse, je retourne me terrer dans ma tranchée, m'enveloppe du mieux que je peux dans une couverture et essaye de trouver le sommeil jusqu'à mon prochain tour de garde.

C'est aujourd'hui le **1er août**. Je suis désigné pour accompagner le chauffeur d'une Jeep jusqu'aux ponts de l'Orne. En traversant Amfreville, nous rencontrons une partie du 4e commando qui est en train de faire route vers son nouveau secteur sur la commune de Troarn, à proximité de celui du 1er commando. Nous nous arrêtons quelques instants pour parler avec les marines et j'en reconnais quelques-uns que j'avais rencontrés quelques semaines auparavant lorsqu'ils rejoignaient leurs positions sur la côte à proximité du 1er commando. Ils nous disent que l'infanterie allemande est en train de battre en retraite et que le 4e commando s'est jeté dans la brèche. Nous repartons nous asseoir dans la Jeep pour les regarder passer le long de la route dans un halo de poussière et les voyons bientôt disparaître au moment où ils dépassent la ferme des Saulnier.

« Quelle chaleur, c'est pas un temps pour rouler ! » me lance mon voisin en remettant le moteur en route avant de lancer la Jeep sur la route en direction des ponts de l'Orne.

Ce matin, le fond de l'air est frais et la brume matinale persiste. Je crois que nous sommes le **5 août.** En fait, je commence à ne plus avoir une notion précise des jours. La journée commence par une surprise. J'entends crier : *« Piper ! »*. Je me retourne pour apercevoir le sergent qui se dirige vers moi. *« Il y a un type à moitié cinglé là-bas qui demande après vous. C'est le commandant en chef du 3e commando, le colonel Young. »* Je me relève à l'approche du sergent qui ajoute : *« Ouais, il vous demande de venir avec votre cornemuse pour lui jouer quelque chose. Dieu seul sait quoi ! Comme si on avait pas assez de problèmes comme ça avec ces putains d'Allemands, faut qu'on y rajoute un enfoiré de souffleur de biniou de mes deux, histoire de les mettre en rogne ! »* Sur ces appréciations à peine lénifiantes pour le folklore séculaire écossais, le voilà qui s'éloigne en maugréant je ne sais quoi à propos d' *« enculés de joueurs de cornemuse »* et de *« colonels complètement à côté de leurs pompes »*.

Après avoir ramassé ma cornemuse, je me fraie un passage à travers les arbres de la fûtaie pour rejoindre le 3e commando. Le colonel Peter Young est un officier très apprécié et respecté, il est toujours d'humeur égale quel que soit le lieu où il se trouve, que ce soit au combat où au bar du café du coin.

Lors de ma dernière visite, le 3e commando était immobilisé sous le feu de l'ennemi ; aujourd'hui, le colonel Young n'arrête pas d'aller et venir et de donner des ordres à ses unités pour enrayer une contre-attaque des Allemands. J'observe le colonel et je me dis que l'amitié entre les hommes est une chose bien curieuse. Je suis convaincu qu'elle est fonction du grade, et l'amitié que l'on ressent pour un camarade du même grade n'est jamais la même que celle que l'on peut ressentir pour un officier, je dirais même, surtout pour un officier. Je suis témoin d'une scène où tout le monde est sur le qui-vive et je m'attarde sur les visages de chacun, en particulier sur celui de l'officier qui commande la manœuvre. Lui seul reste impassible et c'est à cette condition que tous les autres se sentent en confiance et sont capables de remplir leurs missions respectives. Je me souviens d'avoir été impressionné au plus haut point par Lovat au moment du débarquement, lorsqu'il se trouvait sous le feu direct de l'ennemi sur la plage et une autre fois quand il dirigeait l'attaque contre Amfreville du milieu d'un carrefour. Lui et le colonel Young font partie d'une autre caste, alors que moi et les autres sommes d'une autre espèce, l'espèce des hommes qui ont été témoins de ma peur comme moi j'ai été témoin de la leur à certains moments.

Après quelques minutes de marche, j'arrive à l'orée du bois. Il me reste environ deux cents mètres à parcourir en terrain découvert avant d'arriver sur une hauteur recouverte de broussailles et de fougères. Là-haut une silhouette me fait des signes. Même à cette distance, cela ne fait aucun doute, c'est Peter Young. Je lui rends son salut tout en avançant à sa rencontre. Une minute plus tard, nous nous donnons une solide poignée de main. Pendant les quelques mots que j'ai avec le colonel Young, je devine que nous sommes observés par trois de ses officiers qui affichent un air presque suspicieux à notre égard.

Ils sont en train de faire leurs ablutions et l'un d'eux a le visage recouvert de savon à barbe. Il regarde dans ma direction et me lance : *« Dites-donc, Piper, j'espère que vous n'avez pas l'intention de vous mettre à jouer de la cornemuse à cet endroit ! » « Mais si, mon capitaine, c'est pour cela que j'ai été appelé, disons, pour vous donner un peu d'entrain... »*

Ma réponse n'est décidément pas pour plaire à l'officier qui a du savon à barbe sur la figure. *« Est-ce que vous vous rendez compte que l'ennemi n'est qu'à quelques mètres d'ici ? Si vous vous mettez à faire du boucan avec votre cornemuse, il va nous tomber dessus ! »* me précise-t-il pendant que ses deux voisins opinent de la tête.

Peter Young me murmure à l'oreille : *« oubliez ça, Piper, tous des sales cons ! »*

Ne voulant cependant pas mettre de l'huile sur le feu, je suggère un compromis : *« Mon colonel, qu'en pensez-vous si je commence mon morceau ici, puis si je descends la colline vers les bois tout en continuant de jouer ? »* Le colonel me répond par un large sourire de satisfaction et les trois officiers n'en croient pas leurs yeux en me voyant caler la cornemuse sous mon aisselle.

« Qu'est-ce que vous allez nous jouer ? » me demande le colonel. Eh bien, mon colonel, je vais vous interpréter un vieil air intitulé *"Ahm No Awa Tae Bide Awa, Ahm No Awa Tae Leave Ye, Ahm No Awa Tae Bide Awa, I'll Aye Come Back Tae See Ye" . »*

« Et, qu'est-ce que cela veut dire en anglais ? » me demande Peter Young, le visage toujours éclairé par le même sourire.

« Mon colonel, cela signifie : "Si je pars ce n'est pas pour rester loin, je ne pars pas pour te quitter, je ne pars pas pour ne pas revenir, je reviendrai toujours te voir" ».

« Tout à fait de circonstance, Piper. Bonne chance ! »

J'entonne mon morceau en commençant à descendre la pente tout en me félicitant du son que produit l'instrument en pleine nature ; j'arrête les dégâts en arrivant à hauteur de l'orée du bois et me retourne pour faire un geste d'adieux au colonel qui m'envoie un grand signe de la main en retour. Je pénètre dans la fûtaie au moment où trois obus de mortiers explosent non loin de moi et je n'ai que le temps de me jeter à terre. Un autre coup tombe au milieu des arbres, puis plus rien. Je reste allongé de tout mon long un bref instant avant de me relever pour poursuivre mon chemin vers le quartier général tout en m'imaginant les réactions respectives du colonel et de ses trois officiers.

Les jours que nous passons dans les bois de la commune de Bavent sont interminables. L'ennemi ne s'est pas beaucoup montré depuis le 10 août et j'ai presque la nostalgie des déflagrations de mortiers. L'artillerie alliée a dû prendre position au sud du village et leurs tirs de barrage se font surtout entendre la nuit. A en juger par le bruit des détonations, les canons sont sans doute d'un plus gros calibre et les objectifs plus éloignés. La pluie tombe à grosses gouttes et je m'enveloppe dans mon poncho tout en me recroquevillant au fond de la tranchée. Cette pluie a au moins un avantage, elle fait fuir les moustiques et les traînées lumineuses des obus dans le ciel nocturne sont pour moi un spectacle plutôt rassurant. Je cède enfin à un sommeil réparateur en écoutant le bruit des gouttes de pluie qui tombent sur mes rangers.

Le **16 août**, la routine quotidienne est rompue par un événement plaisant. Je fais une brève visite au quartier général de la brigade et tombe sur une conversation entre plusieurs officiers qui discutent de la situation dans notre secteur. L'un d'entre eux fait allusion à la zone tactique de la 51e division des Highlands qui se trouve à proximité de notre secteur, à environ une demi-douzaine de kilomètres. Un peu plus tard, j'obtiens la permission du major de brigade d'aller chercher à la division des Highlands quelque chose dont j'ai besoin pour rafistoler ma cornemuse. Le chauffeur de la Jeep saute sur l'occasion de pouvoir s'échapper quelques heures et nous voilà partis sur le coup de trois heures. Quelques instants plus tard, nous arrivons dans le secteur de la division après avoir suivi les panneaux de signalisation posés par les gars du train. En passant le pont de Bénouville, nous remarquons des panneaux marqués HD (pour division des Highlands) peints en lettres majuscules sur le pont. Un gars à l'humour douteux a ajouté en bas du panneau un énorme HD suivi de J + ?. Le point d'interrogation se veut d'insister sur le fait que la division est arrivée en retard plusieurs jours après le débarquement du 6 juin, ce qui n'est que moyennement apprécié par les gars de l'unité !

Les gars des Highlands se montrent très généreux et nous offrent des coups à boire à n'en plus finir. Leur hospitalité va jusqu'à nous inviter à dîner et nous proposer d'utiliser les raffinements de leur quartier général où le chauffeur de la Jeep et moi prenons un bain dans une vraie baignoire qui leur a été donnée par le maire de la commune. Un des gars me rappelle le pays en me montrant des articles du *« Oban Times »* et du *« Glasgow Daily Mail »* qui racontent comment s'est passé le débarquement et insistent sur le rôle important que la brigade de Lovat a joué dans les premières heures de la bataille. Je suis sûr que Lovat serait fier de lire ces lignes sur son unité et je me demande comment il va en ce moment. A-t-il survécu à ses blessures ? Je me rends soudain compte que cela fait bien longtemps que je n'ai pas entendu parler de lui.

Nous regagnons la clairière au milieu des bois près de Bavent après avoir quitté la zone de la 51e division des Highlands. Après cette excellente soirée, nous nous sentons regonflés à bloc pour un bout de temps, en tout cas aussi longtemps que durera la bouteille de whisky que nos hôtes nous ont offerte avant de partir.

Aujourd'hui **17 août**, je décide d'aller voir les Français du 4e commando et de rester avec eux quelques jours car je connais bien leur hospitalité, mais je fais un bref aller et retour dès le soir même au quartier général pour récupérer mon sac à dos et la cornemuse. Des rumeurs en provenance de l'état-major racontent que la brigade est sur le point de faire mouvement pour exploiter la percée contre les Allemands qui se sont retirés sur la Seine.

Le **19 août**, la 1re brigade de commandos quitte le secteur de Bavent pour se lancer à la poursuite de l'ennemi. Il me semble que c'est le 4e commando qui se trouve en tête avec les troupes françaises en avant garde du dispositif. En début de soirée, nous recevons la visite du général Mills Roberts, accompagné par quelques officiers supérieurs que j'ai déjà eu l'occasion de rencontrer au quartier général des unités de commandos à Petworth dans le Sussex. Il est prévu que nous fassions mouvement pendant la nuit et j'ai vraiment hâte de quitter cet endroit où j'ai passé les trois quarts de mon temps depuis le 6 juin à vivre dans une tranchée. Je me dis qu'au moins je vais pouvoir me dégourdir les jambes. Je fixe mon sac à dos et ramasse mon fusil, ce dernier m'a été donné par un des Français du 4e commando, et je rejoins les autres qui sont déjà en file indienne dans l'obscurité à hauteur de la corne du bois, prêts à partir. Nous partons enfin par nuit noire le long d'une voie de chemin de fer. J'essaie de garder le contact avec le gars qui me précède, ce qui est loin d'être facile compte tenu de l'obscurité ; je n'arrête pas de me heurter à son sac à dos à chaque fois qu'il ralentit, ce qui déclenche de ma part quelques jurons bien sentis.

Nous avons maintenant quitté la voie de chemin de fer et poursuivons notre avance à travers champ. La progression est lente, ponctuée d'arrêts fréquents suivis de redémarrages, selon la propre avance des éclaireurs en tête de colonne. Nous marchons depuis plus de quatre heures et il fait toujours aussi noir. Une rafale d'arme automatique sur la droite de notre avant-garde nous oblige à faire halte et tout le monde en profite pour s'asseoir quelques minutes sur le sol détrempé en regardant les éclairs des balles traceuses traverser le ciel opaque.

Nous voilà repartis et nous pataugeons maintenant dans une sorte de marais avec par moment de l'eau jusqu'à la ceinture. La progression est très lente et naturellement je n'arrête pas de me heurter au gars qui se trouve devant moi. Soudain, non loin de nous une explosion, sans doute un obus de mortier, oblige la colonne à se jeter à plat ventre sur le sol complètement inondé. Devant moi, plusieurs voix murmurent des chapelets d'injures en français, puis tout redevient silencieux et la progression peut reprendre. Je m'aperçois que les Français arrivent à se mettre en colère tout aussi bien que leurs homologues britanniques. Celui qui me suit n'arrête pas de jurer à chaque fois qu'il se cogne contre mon sac à dos et je serais bien curieux de savoir ce que signifie tout ce qu'il dit !

Nous pressons un peu le pas en voyant l'aube se lever. Après avoir traversé quelques champs et plusieurs haies, nous nous retrouvons sur une route avec une ferme un peu plus loin devant nous. Cela fait du bien de marcher à nouveau sur la terre ferme après des heures à patauger dans les marais. Nous suivons la route sur une centaine de mètres dans l'étrange concert de bruits de succion que font nos rangers gorgées d'eau avant d'entrer dans la cour de la ferme où je m'endors presque sous l'effet d'une profonde fatigue. J'ai l'impression que mon sac à dos et le fusil pèsent chacun une tonne ! Je rejoins ma section dans la grange pour y déposer mon équipement et je me mets tout de suite en quête de quelque chose à boire ou à manger. J'aperçois quelques soldats français en train de se diriger vers un bâtiment assez grand où il paraît que quelqu'un est en train de préparer le petit déjeuner. Je me joins au groupe et commence déjà à saliver en imaginant que du café noir, du pain français et peut-être même bien des œufs au plat n'attendent plus que mon arrivée. Je suis au moins sûr d'une chose, c'est de sentir une bonne odeur de café. J'ai complètement oublié la fatigue et je presse le pas en direction de ce que je m'imagine être un mirifique petit déjeuner. Soudain, alors que nous n'en sommes plus qu'à une quinzaine de mètres, une énorme explosion souffle le bâtiment en faisant voler toutes sortes de débris enflammés à travers la cour de la ferme. Je suis témoin de cette catastrophe à plat ventre derrière l'abreuvoir que j'ai trouvé comme abri improvisé quand une seconde explosion se fait entendre et projette des débris métalliques ainsi que des morceaux de dallage dans les airs, lesquels retombent avec un bruit de grêlons sur les toits des autres bâtiments.

Au moment où la fumée commence à se dissiper et la poussière à retomber, deux chasseurs surgissent à basse altitude au-dessus des champs et commencent à faire des cercles au-dessus de la grange. N'ayant aucune envie de rester là une seule seconde de plus, je ramasse mon fusil et repars comme un dératé vers l'endroit d'où je viens, en courant à couvert des autres bâtiments. Je m'installe sur la paille de la grange que je viens de quitter en quête de quelque chose à manger. Mes yeux s'arrêtent sur un des Français qui dort déjà d'un profond sommeil. Je ne peux pas m'empêcher de penser que la journée commence vraiment mal : marcher pendant toute une nuit pour qu'un sale con fasse exploser le petit déjeuner à l'arrivée, quelle poisse !

Je suis brutalement réveillé par l'un des Français qui est en train de me labourer les côtes avec le bout de sa chaussure. J'ouvre les yeux et le vois poser à côté de moi une gamelle fumante de quelque chose que j'identifie comme du ragoût. *« Tiens, Piper, c'est ton petit déjeuner »* me précise-t-il en me gratifiant d'un sourire *« t'as intérêt à te grouiller parce qu'on repart dans une demi-heure. »* Tout en me régalant avec le ragoût, je jette un œil à ma montre : il est midi passé et je me rends compte que je viens de dormir presque quatre heures.

Après avoir bien nettoyé ma gamelle avec un morceau de pain, je me relève pour jeter un coup d'œil à l'intérieur de la grange. Il n'y a plus personne et à en croire les voix qui me viennent du dehors, ils sont sur le point de partir. Je me dépêche de ramasser mon sac et mon fusil et me précipite vers la porte où je suis accueilli par les rires des commandos français. Une voix en tête de colonne me lance : *« Tu te rends compte, Piper, à Achnacarry c'est toi qui nous réveillais avec ta cornemuse et ici en France c'est nous qui te réveillons avec une bonne gamelle de ragoût à la dernière minute avant de partir ! »* En sortant de la cour de la ferme, le gars qui se trouve derrière moi me tend un quart plein de vin rouge en me disant *« à ta santé, Piper »*. Il me renvoie un sourire amical quand je lui réponds *« merci, et à la tienne ! »*

Nous continuons à marcher pendant quelques heures encore puis nous faisons halte dans une zone boisée en attendant la nuit. Ce soir, il y a une foule de choses à manger. Je ne connais que les Français pour être capable d'improviser un repas en un rien de temps.

« Et voilà pour toi, l'Ecossais. » Je lève les yeux vers le gars qui s'adresse à moi. C'est Jacques, un Français d'Algérie, qui vient de surgir d'entre les brousailles pour me tendre un demi-poulet que je m'empresse d'attraper. En repartant, il se retourne pour ajouter avec gravité : *« faut bien manger parce que demain on attaque les positions allemandes et on ne sait jamais, ce soir ça pourrait être notre dernier repas »*. Je jette un œil au poulet : il a dû être cuit il y a plusieurs jours, mais il est néanmoins excellent ou peut-être est-ce le cidre bouché avec lequel je le fais descendre qui lui donne ce bon goût.

La nuit est bien noire quand nous reprenons notre progression après avoir vérifié notre armement. Avant de remettre mon sac sur le dos, je jette un œil à ma cornemuse : elle a l'air d'avoir bien résisté au voyage. Je me demande quand j'aurai à nouveau l'occasion d'en jouer, sans doute pas pendant ce genre d'opération, le bocage normand n'est pas vraiment un lieu pour cela. J'arrive à deviner la silhouette du gars qui me précède, ce qui constitue une nette amélioration par rapport à hier, et cela m'évite de lui rentrer dedans pendant que nous traversons les champs et poursuivons notre route sur d'étroits sentiers. Vers le matin, nous nous mettons à traverser ce qui me paraît être un pont posé sur pilotis et nous nous retrouvons bientôt avec de l'eau jusqu'à la ceinture.

En traversant une sorte de marais dans la pénombre, je suis surpris d'entendre des voix qui ont l'air d'être celles de soldats canadiens. *« Eh, les mecs, qui êtes-vous ? »* La voix vient de derrière. J'aperçois deux soldats debout dans une tranchée. A en juger à leur casque, ce sont des parachutistes.

Je réponds : *« on fait partie des commandos »*. Quand nous traversons leur secteur, les paras sont plutôt surpris d'entendre des gars parler français. Ils le sont encore un peu plus quand ils m'entendent leur souhaiter le bonsoir avec mon accent écossais. En me dépêchant de rattraper le gars qui me précède j'entends un Canadien dire à son voisin : *« Bon Dieu, c'est pas vrai, une bande de putain de Français et un enculé d'écossais ! »*

Il commence à faire jour au moment où nous descendons le tablier effondré d'un pont pour remonter de l'autre côté de la rivière. Le terrain est glissant et nous nous accrochons les uns aux autres comme nous pouvons jusqu'à ce que tout le monde soit rassemblé sur la berge de l'autre côté de la rivière. Un officier français est en train de parler à un petit groupe de sous-officiers pendant qu'une brume épaisse est en train de tomber. Je viens juste de m'asseoir sur l'herbe humide quand tout le monde autour de moi commence à courir vers un bois que l'on devine à peine à travers la brume et l'obscurité. Je n'ai plus qu'à me relever et à me mettre à courir pour rattraper les autres.

Nous pénétrons dans le bois et j'entends des coups de feu claquer. Je réalise soudain que nous sommes en train de lancer l'attaque contre les positions ennemies et que tout le monde vient de se mettre à courir à travers les arbres. J'ai l'impression que tous les gars autour de moi sont en train de faire feu. Soudain, le brouillard devient beaucoup moins épais et nous nous retrouvons dans une clairière. J'arrive à voir à plusieurs mètres devant moi : des silhouettes se mettent à courir devant nous, suivies par des rafales d'armes automatiques, et les silhouettes qui couraient s'écroulent. Nous arrivons à hauteur des silhouettes qui viennent de tomber, ce sont des soldats allemands. Nous venons de surprendre l'ennemi en passant à travers ses positions ! Une certaine exhaltation pousse tout le monde en avant et il se met soudain à faire aussi clair qu'en plein jour. Nous nous arrêtons face à un mortier allemand de trois pouces abandonné, avec sa pile d'obus HE juste à côté. Les Français remontent l'arme en un tour de main et commencent à envoyer des obus contre ce qu'ils estiment être les positions ennemies, c'est-à-dire sur la zone boisée devant nous. Nous nous trouvons maintenant dans un verger qui donne accès à la route principale par un petit chemin. J'aperçois plusieurs grandes tranchées protégées par des rondins et du tissu de camouflage. On dirait un état-major de compagnie dont les occupants ont filé sans demander leur reste, enfin presque tous, car quelques cadavres de soldats allemands prouvent que certains n'ont pas été assez rapides. L'ennemi commence à se ressaisir de notre soudaine apparition au milieu du brouillard. Les coups de fusil claquent et plusieurs obus de mortiers explosent tout près de nous en nous obligeant à nous mettre à couvert. Je rejoins un groupe de cinq Français sur le chemin qui mène vers le verger. Au moment où nous déboulons sur la route et sautons par-dessus une barrière pour courir le long du talus, nos gars sont toujours en train d'arroser les positions ennemies avec leurs obus de mortier. Nous nous arrêtons à un endroit où la route fait un virage à gauche. Un obus de mortier éclate à une cinquantaine de mètres plus loin sur notre droite au moment où quatre soldats allemands surgissent du fossé avec des mitraillettes à peu près au même endroit et se mettent à détaler le long de la route. Nous ouvrons le feu et descendons les Allemands les uns après les autres.

Nous restons immobiles pendant un moment qui me paraît durer une éternité, les yeux rivés sur les corps allongés plus loin sur la route. Le mortier s'est tu, sans doute après avoir épuisé toutes ses munitions. Un chiffon blanc au bout d'un bâton apparaît soudain de l'endroit où les quatres soldats allemands avaient bondi et nous voyons sortir un autre soldat les mains en l'air. Il est maintenant au milieu de la route, face à nous, et nous fait signe d'approcher. Je continue à fixer l'Allemand qui tient toujours son drapeau blanc et un souvenir, le même sans doute que les cinq Français qui sont à mes côtés, remonte aussitôt à ma mémoire. Quelque temps auparavant, à Amfreville, un petit groupe d'Allemands s'était constitué prisonnier et au moment où les gars du commando s'approchaient, l'un des Allemands avait dégoupillé une grenade qui avait tué et blessé plusieurs des nôtres. Les commandos avaient ensuite descendu tous les Allemands qui avaient fait semblant (?) de se rendre. Je me déplace légèrement et fais signe à l'Allemand de s'approcher. Il disparaît de l'autre côté de la haie et revient accompagné de quatre autres types dont deux soutiennent un officier blessé. Ils restent debout au milieu de la route pendant que nous nous en approchons avec précaution. Celui qui porte le drapeau blanc le tient toujours bien haut au-dessus de sa tête. Tout à coup, plusieurs coups de feu font vibrer l'air et les Allemands se jettent tous à terre, y compris celui au drapeau blanc. Les deux types qui soutiennent l'officier le lâchent pour se jeter eux aussi à plat ventre, laissant le blessé continuer à saigner et gémir au milieu de la route. Je jette un rapide regard circulaire. L'un des Français a été blessé, il est étendu près du fossé et regarde autour de lui d'un air inquiet. D'après la façon dont il est tombé, je devine qu'il doit être blessé à la jambe. Quand les tirs cessent, les Allemands ont toujours les mains en l'air et leur officier reste étendu par terre. Celui au drapeau blanc a vraiment l'air terrorisé, je suppose qu'il s'imagine que nous allons les tuer ; il est vrai qu'avec le gars de chez nous qui a été blessé, ce pourrait être une occasion de vengeance.

Je jette un regard en direction du sous-officier français. Il fait un pas en avant et donne l'ordre à deux des Allemands de relever leur officier, puis aux deux autres de se charger du Français qui est blessé. Ce dernier a en fait été touché près de la hanche, la balle ayant carrément traversé la jambe. Quant à l'officier allemand, il a l'air sérieusement touché, il a le dos couvert de sang et la taille de la plaie indique qu'il a reçu un éclat d'obus d'une taille respectable tout près de la colonne vertébrale. Cela me met mal à l'aise que le Français blessé soit tranporté par deux ennemis. Nous revenons en arrière vers le verger et à chaque fois qu'un coup de feu claque à proximité, nous nous aplatissons tous dans le fossé, ce qui est particulièrement pénible pour les blessés. Deux commandos français prennent le relais pour transporter leur camarade le reste du chemin et ce dernier parvient à sourire lorsqu'ils le soulèvent. Sans aucun doute, il doit se sentir plus en sécurité dans leurs bras.

Le chemin encaissé qui mène au verger est parsemé de cadavres, la plupart d'entre eux sont des soldats allemands, mais il y a aussi des Français et des Britanniques qui sont en train d'être secourus par un médecin. On transporte l'officier allemand sur l'herbe près d'un arbre ; il est encore conscient et n'arrête pas de gémir en dodelinant de la tête. Aidé par l'un des Français, j'essaie de lui trouver une position qui soit la moins inconfortable possible et nous posons une large bande de gaze par-dessus sa blessure.

L'Allemand cesse de bouger la tête et me fixe des yeux. Il me demande : *« vous êtes Anglais ? Avant la guerre, je faisais mes études de droit à Cambridge ».* Il ajoute d'une voix de plus en plus faible dans un excellent anglais : *« nous ne voulions pas la guerre ».* Les coups de feu s'intensifient et je dois m'éloigner de lui pour aider à surveiller les prisonniers que nous venons de capturer. On les a fait asseoir dans un creux au milieu du verger, les mains posées sur la tête. Assis devant eux, la mitraillette posée sur les genoux, je continue à garder un œil sur leur officier. Ses gémissements ont repris ainsi que le balancement de la tête et je reste à le regarder, fasciné par la blancheur presque cadavérique que son visage est en train de prendre.

Je me dis en moi-même avec une colère rentrée : *« mais quand va-t-il cesser de gémir, et comment peut-il être toujours en vie avec une telle blessure ? »* Je suis interrompu dans mes réflexions par un grondement assourdissant. Les arbres et le sol en sont secoués et je me rends soudain compte que cela est causé par le passage d'une salve d'artillerie à peine plus haut que le sommet des arbres. Tout le monde, y compris les prisonniers, se rue vers les tranchées. Les obus explosent dans un fracas terrifiant un peu plus loin et des débris de toutes sortes retombent sur tout le secteur. Je trouve refuge à l'entrée d'une tranchée en forme de poêle à frire au moment où une deuxième salve rugit par-dessus nos têtes et explose en projetant des morceaux de troncs d'arbres et divers objets qui viennent se fracasser sur les rondins qui protègent la tranchée. A côté de moi, dans la pénombre, il y a une douzaine de prisonniers allemands qui se contentent de me regarder bouche bée. Une pensée me vient à l'esprit : *« pourquoi n'essayent-ils pas de s'enfuir ? »* En fait, je me rends compte qu'ils sont tout aussi terrorisés que moi et bien contents de rester là où ils sont.

Le pilonnage s'arrête au bout de quelques instants et tout semble redevenir calme. De l'endroit où je me trouve, j'aperçois les blessés qui sont toujours dans le chemin creux, exactement aux mêmes endroits qu'avant les tirs d'artillerie. L'officier allemand donne maintenant l'impression d'être mort. Du sang dégouline de son visage et il est retombé par terre, les genoux relevés vers la poitrine. Un médecin français remonte le sentier pour venir jeter un œil à l'officier allemand pendant que je fais sortir les prisonniers de la tranchée pour les diriger vers l'endroit où ils étaient auparavant. Quelques minutes plus tard, je ne suis même plus étonné d'apprendre que les responsables du pilonnage d'artillerie ne sont pas des Allemands, mais des Britanniques qui ont tiré trop court, les salauds.

J'aide le médecin français à soigner les blessés avant qu'on puisse les transporter vers le centre de triage, mais nous manquons de pansements. Le médecin me tend une boîte en aluminium qui ressemble à celle dont ma mère se sert pour garder la farine lorsqu'elle fait des biscuits. Je coupe un morceau de pansement et avant de le poser je soupoudre la plaie avec la poudre qui se trouve dans la boîte, puis je passe au blessé suivant et ainsi de suite. Nous quittons le verger en emmenant les prisonniers mais nous laissons les blessés derrière nous ; ils vont être rapatriés vers l'arrière un peu plus tard. Les combats se sont un peu calmés dans notre secteur lorsque nous regroupons tous les prisonniers. Ils doivent être à peu près deux cents et nous les avons rassemblés dans un champ attenant au verger. Nous sommes-là à les regarder lorsque Mills Roberts fait son apparition, accompagné de plusieurs de ses officiers.

« Ne restez pas là à proximité de ces putains de prisonniers » rugit le général en désignant un petit groupe de gars. Nous nous reculons pendant que le général poursuit sa tournée en s'en prenant à un autre groupe de commandos pour les mêmes raisons. A environ cinq cents mètres, une percée est en cours sur une colline avoisinante, on aperçoit des commandos progresser vers le sommet alors que des obus sont en train d'arroser le secteur des troupes avancées ; probablement encore un tir de barrage de l'artillerie britannique...

Nous continuons à faire mouvement le long d'une route sinueuse bordée de haies des deux côtés. Nous croisons d'autres unités de la brigade puis nous quittons la route pour aller au devant de tirs d'armes légères droit devant. Le combat a duré toute la journée et le jour commence à tomber. Un peu plus tard nous nous sortons plutôt bien d'une escarmouche avec des arrières-gardes ennemies. Lorsque nous occupons le terrain qu'ils ont laissé, je me rends compte qu'ils sont partis sans demander leur reste au vu des tranchées qui contiennent encore des objets divers, tel que matériel, armement et même des boîtes conserves de corned beef d'un type voisin du nôtre. J'ouvre une de ces boîtes par curiosité et je constate que nous sommes mieux lotis que les Allemands avec notre bon vieux ragoût, au moins le contenu de nos boîtes à nous est comestible. Ce que je trouve dans la boîte ressemble à un énorme morceau de gras, rien de plus, et je ne m'étonne plus maintenant qu'ils battent en retraite !

La nuit est maintenant en train de tomber et je commence à m'installer dans une des tranchées désertées par les Allemands en compagnie de trois commandos français. Avant d'avoir terminé notre installation, l'ennemi procède à un pilonnage de son précédent campement en utilisant des obus à fragmentation, des nebelwerfer, que nous avons appris à connaître. Ces armes ont un pouvoir de destruction peu commun et elles ont un impact certain sur le moral des troupes. Les trois Français viennent de prendre place dans la tranchée que déjà des nuées de moustiques montent à l'assaut. Je reste un instant assis sur l'herbe aux abords de la tranchée quand je suis soudain à moitié renversé par le souffle d'une explosion terrifiante. Plusieurs déflagrations du même type remplissent l'air et dégagent des nuages de fumée noirâtre en projetant des éclats d'obus sur un vaste périmètre. Je n'ai que le temps de me jeter dans la tranchée pour rejoindre mes trois compagnons. Les nebelwerfer produisent un sifflement impressionnant qui s'apparente au bruit d'une sirène, un peu comme les bombes que les Allemands larguent de leurs avions. Le pilonnage des mortiers dure environ vingt minutes, mais mes voisins français ne semblent pas du tout impressionnés, preuve s'il en est qu'ils connaissent bien ce type de munition.

Il fait maintenant nuit noire et les moustiques ont pris le relais des mortiers de l'ennemi. Les trois Français dorment profondément, ignorant totalement le bruit et les piqûres des moustiques. Je tire ma veste de treillis au-dessus de ma tête pour essayer de me protéger de ces petits monstres, mais je n'arrive tout de même pas à fermer l'œil.

Les commandos se remettent en mouvement dès les premières lueurs de l'aube afin de continuer à poursuivre l'ennemi qui bat en retraite. Nous marchons toute la journée, faisant seulement de brefs arrêts de temps à autre quand nous entendons des tirs d'armes légères devant nous. Pendant une de ces pauses, je suis affalé dans un fossé, quand j'entends soudain Jacques, le Français d'Afrique du Nord, crier *« à l'attaque »*. Un peu plus bas sur la route, une voix lui répond : *« Va te faire foutre ! »* Je devine que la réponse vient d'un des opérateurs radio britanniques qui sont affectés au commando français. L'officier français nous fait tous sortir du fossé et nous reprenons notre progression pendant les cinq ou six heures suivantes, puis, pendant une pose dans un bois, je m'écroule de sommeil le visage enfoui dans les feuilles, avec une odeur dans les narines qui me rappelle mon Ecosse natale. Il fait nuit maintenant et les gars sont en train de se mettre en formation avant de repartir. Je rattrape la colonne au moment où elle est en train de quitter le bois. Les comandos continuent d'avancer sur deux files de chaque côté de la route étroite. Je trouve que c'est rassurant de sentir du goudron sous ses semelles ; nous avançons à un rythme rapide, la nuit est belle et je me sens en pleine forme. Devant nous, le silence est rompu par un tir d'armes automatiques, mais cela n'a pas l'air de nous être destiné. J'avale une gorgée du cidre que j'ai dans ma gourde avec quelques bouchées de poulet qui me restent, enfin je crois me souvenir que c'est du poulet, mais c'est peut-être du mouton... Quoi que ce soit, ça me paraît fameux ! J'ai l'intuition que nous ne sommes plus qu'à quelques kilomètres de la Seine. Je suppose que si c'est le cas, l'armée allemande a déjà dû passer de l'autre côté du fleuve. Il n'y a presque plus de mouvements ennemis devant nous à mesure que nous avançons. Il fait maintenant jour, une nouvelle journée commence, mais nous continuons toujours à marcher, en silence, la tête rentrée dans les épaules et le regard fixé sur les rangers de celui qui précède.

Le soleil est haut dans le ciel et tout est calme. Au détour d'un virage de la route, nous apercevons l'entrée d'une ville devant nous. Les premières rangées de maisons ne sont plus qu'à quelques centaines de mètres, on commence à voir la population civile qui se rassemble sur les trottoirs, tout le monde oublie sa fatigue et retrouve un regain d'énergie pour avancer un peu plus vite.

« Qu'est-ce que tu dirais de nous jouer un petit quelque chose ? » me fait remarquer le gars à côté de moi. Je m'arrête un instant sur le bord de la route pour sortir la cornemuse de mon sac. Cela ne me prend que quelques secondes pour procéder à l'assemblage de l'instrument et je fais mon entrée dans la ville en faisant résonner *«Highland laddie »* comme serre-file. Je me demande si Lovat aurait apprécié cette initiative, sans doute pas. En tout cas, c'est sûr qu'il aurait fait arrêter la colonne pour au moins me mettre en tête.

On dirait que la ville toute entière s'est rassemblée pour nous accueillir ; des hommes, des femmes et des enfants sont amassés sur les trottoirs tout le long du chemin. Ils serrent les mains des commandos français et leur offrent des verres de vin tout en bavardant avec eux. J'arrête de jouer peu avant de quitter la ville car je me rends compte que je suis le seul à ne pas pouvoir boire un verre !

Trois kilomètres plus loin, nous tournons dans un chemin enclavé dans la verdure et menant à une ferme. Un officier est posté à l'entrée et dirige les unités vers les différents bâtiments. Je lui trouve un accent écossais très marqué. En nous voyant approcher, il nous fait signe de prendre à gauche et ajoute d'un ton agressif *« allez, bandes de trous du cul, entrez là-dedans ! »* Le *« Là-dedans »* en question semble en tout cas une grange tout à fait confortable. Le regard de l'officier prend soudain un air perplexe en voyant le tartan des Lochiels sur mon béret vert et mes épaulettes. Il continue à nous regarder passer, le regard toujours attiré par l'objet de son étonnement, se demandant sans doute aussi ce que je fais avec des commandos français. Pour tout dire, la dernière fois que nous nous sommes croisés lui et moi, c'était au camp d'entraînement d'Achnacarry.

La guerre me semble maintenant bien loin. Tout est calme aux alentours excepté un lointain grondement d'artillerie du côté de la Seine. Aujourd'hui est un autre jour, je viens de dormir dix heures d'affilée et mes papilles sont émoustillées par une odeur de cuisine qui vient de derrière la grange. Les commandos français sont en train de mettre les petits plats dans les grands...

« Sers-toi, Piper » me crie un des Français qui est en train de pendre un cochon par les pattes de derrière à une corde au-dessus d'une balle de paille. Je me remplis une pleine gamelle de viande, de pommes de terre et de légumes divers et, pour la première fois depuis des mois, je couronne le tout avec une louche d'une sauce

délicieuse. En mangeant, je n'arrive pas à quitter des yeux le Français qui est en train de s'occuper du cochon. Il vient de trancher la gorge de l'animal et a mis le feu à la botte de paille. Les flammes et la fumée sont en train d'achever de faire passer l'infortuné animal à trépas.

Entre deux bouchées, je me renseigne auprès des autres sur ce que leur copain est en train de faire au cochon.

« Fais-lui confiance, Bill, il est cuisinier dans le civil et il est en train de préparer le repas de demain. Est-ce que tu aimes bien manger ? » Je réponds par l'affirmative, comment cela pourrait-il en être autrement ? Et j'attends d'ores et déjà avec impatience d'être arrivé au repas du lendemain. En attendant, je préfère m'éloigner du théâtre des opérations car je commence à me sentir un peu tourner de l'œil.

Ce soir, le général est invité dans un des restaurants de la ville et il me demande de l'accompagner pour jouer quelque chose. Je me présente au quartier général à l'heure du rendez-vous et tombe sur Mills Roberts qui me demande : *« Dans quel état est votre cornemuse, Piper ? On m'a raconté que vous avez joué pour l'entrée des Français dans la ville hier. Très bien ! Maintenant, dites-moi ce que vous avez l'intention de jouer ce soir. »*

« Ce que vous voudrez, mon général » lui répondis-je, tout en sachant très bien que de toutes façons il me demande toujours de jouer des airs irlandais. Je puis dire sans trop me vanter que son entrée dans le restaurant est un véritable triomphe quand je lui joue un de mes airs préférés sur un rythme lent, le *« Cuaist Nam Fir-Cun Og »* (Le vol de l'aiglon), ce qui ne l'empêche pas de me dire à la fin : *« bon, essayez quand même quelque chose de plus enlevé pour le prochain ! »*

Le major de brigade m'informe que le repas va durer une bonne heure et demie, ce qui me laisse du temps pour faire un tour en ville. Une foule s'est amassée dans la rue devant le restaurant, sans doute attirée par la musique.

Au moment où je sors de l'établissement en compagnie de deux commandos Français, je suis accueilli par quelques applaudissements. Les civils ont l'air surpris de me voir porter un kilt, mais c'est surtout la cornemuse qui les fascine. Au cours de ma promenade en ville, je suis témoins de quelques incidents. Des femmes soupçonnées d'avoir collaboré avec l'ennemi sont prise à partie. Des types de la résistance les ont capturées pour leur couper les cheveux et les exposer aux quolibets de la foule. Les deux Français des commandos m'entraînent sans tarder hors de la vue de ces scènes.

« Ça vaut mieux de ne pas s'en mêler, Piper, me fait remarquer un des gars. La Résistance sait mieux que nous l'attitude à avoir avec les collaborateurs... »

Je suis de retour juste à temps pour la sortie du général qui, à son air jovial, a dû passer une très agréable soirée. Je décide donc de lui jouer quelque chose d'enlevé, c'est-à-dire l'air de « *Madame MacDonald de Dunach* ». La dernière fois que j'ai joué cette gigue, c'était à l'occasion d'une réunion de joueurs de cornemuse dans la salle paroissiale de Spean Bridge, le public étant composé par les habitants du lieu et par le personnel d'encadrement du camp d'entraînement. Le général prend un air radieux pendant que le major de brigade répond aux salutations des dignitaires locaux qui se sont regroupés à la sortie du restaurant. Je continue à jouer pendant que le général s'éloigne dans sa Jeep sous les applaudissements de la foule.

Les jours à la ferme passent à une vitesse folle. Les journées sont ensoleillées et les soirées sont exemptes de moustiques. Nous mangeons bien, nous dormons dans une grange confortable, le guerre semble avoir disparu de l'autre côté de l'horizon.

C'est aujourd'hui le **25 août** et il y a beaucoup d'agitation dans le campement. Les commandos français sont en train de grimper sur plusieurs Jeeps qui se trouvent au milieu de la cour de la ferme. Il y en a partout, sur le capot, sur les ailes et certains se tiennent même en équilibre sur les côtés de la caisse. Les véhicules démarrent aussitôt pour rejoindre la route. On dit que Paris vient d'être libérée et les commandos français veulent y être pour participer aux réjouissances avec la population parisienne. Je traverse la cour de la ferme au pas de course pour jeter un dernier regard aux Jeeps qui disparaissent le long de la route dans un nuage de poussière.

Nous sommes le **29 août**. L'armée allemande a réussi à traverser la Seine et selon les commentaires de l'état-major, le 4e commando de la brigade a rejoint d'autres unités pour exploiter la manœuvre. On raconte que l'ennemi a subi une défaite cuisante en Normandie, perdant beaucoup d'hommes et de matériel. Toutes ces nouvelles réjouissantes sont vite oubliées à l'annonce d'une soirée dansante qui est organisée à l'hôtel de ville en l'honneur des commandos.

La femme du paysan a très gentiment accepté de repasser mon kilt et je pars en ville en compagnie d'un groupe de gars des commandos. Nous sommes tous bien décidés à nous amuser et aussi bien sûr à faire connaissance avec les filles du coin. Pour moi, l'atmosphère de la salle de bal est assez inhabituelle. L'orchestre est en train de jouer, mais cela ressemble plus à de la musique militaire qu'aux airs de chez moi. Les danseurs donnent l'impression de faire des bonds, ce qui n'a rien à voir avec les foxtrots ou les valses auxquelles je suis accoutumé, mais tout le monde à l'air de s'en donner à cœur joie. Je reste un moment à regarder les gens danser quand une jeune fille s'approche de moi en souriant et me dit : « *Dis, l'Écossais, tu viens danser ?* » Sans attendre ma réponse, elle me prend par la main pour me conduire jusqu'à la piste et nous nous joignons aux autres dans un mouvement virevoltant. Je la quitte l'espace d'une seconde pour aller poser mon fusil contre le mur et me voilà reparti à gigoter en rythme sur la musique. La fille se rapproche tout près de moi et son parfum me fait oublier instantanément tous les événements des jours précédents : les tranchées, les moustiques, les blessés et même mes copains qui se sont fait descendre. Je la regarde pendant que nous dansons ; elle a un très joli visage avec de longs cheveux noirs qui tombent sur ses épaules, elle est mince et doit mesurer dans les un mètre soixante-cinq. Je détache mon regard de son visage lorsque je l'entends me dire à plusieurs reprises : « *Tu es Écossais ?* » A chaque fois qu'elle me dit cela, elle touche mon kilt du bout des doigts et se met à rire en renversant la tête en arrière, pendant que nous continuons à tourner et virevolter au milieu de la piste.

La soirée prend fin au bout de trois heures de danse et tout se termine par les discours des dignitaires locaux, le tout ponctué par des applaudissements à l'adresse des commandos français. En voyant tous ces visages rayonnants de bonheur autour de moi, j'ai du mal à imaginer que l'armée allemande n'est qu'à quelques kilomètres de l'autre côté de la Seine en train de défendre Le Havre. Cela ne fait guère que quelques heures que l'ennemi a quitté cette ville, poursuivi par les gars de la 1re brigade de commandos.

Il est minuit et avec le peu de français dont je me souviens, j'arrive à faire comprendre à ma partenaire que j'aimerais bien aller chez elle. Elle s'éloigne un instant pour dire quelque chose à deux de ses copines et revient vers moi pour me dire : « *D'accord, l'Ecossais, on y va »*. Elle passe son bras sous le mien pendant que je récupère mon fusil dans un coin de la salle à côté de l'orchestre qui est en train de plier bagages, puis nous sortons dans l'air frais de la nuit. Pas un seul lampadaire n'est allumé et les rues sont complètement désertes. Une demi-heure plus tard, nous tournons dans une petite allée qui mène à une maisonnette. En approchant, j'aperçois que la porte d'entrée est ouverte et nous sommes accueillis par une lumière diffuse, sans doute celle d'une lampe à huile. Au moment où je passe le pas de la porte, mon odorat est agressé par une forte odeur d'oignons en train de frire. La scène que j'ai devant moi me rappelle tout à fait l'intérieur des fermettes des Highlands, la seule différence étant cette forte odeur d'oignons ! Une lampe à huile est accrochée à une poutre en bois très foncé et diffuse une lumière douce à travers une pièce assez chichement meublée. Lorsque nous entrons, les deux personnes d'un certain âge qui sont assises sur des chaises de chaque côté de la cheminée se lèvent. L'homme vient vers nous avec un regard interrogateur pendant que la femme continue à remuer les oignons dans une grande poêle qu'elle replace sur les braises, puis elle se lève à son tour et pose sur moi un regard plutôt héberlué. *« Maman, papa, c'est un soldat écossais. »* La fille se retourne vers moi pour terminer les présentations : *« mes parents ! »* Le père de la fille sort tout de suite une bouteille de Calvados et quatre verres... Je m'empresse de décliner l'offre poliment et accepte en échange un grand verre de cidre puis je me laisse convier à table pour déguster un repas d'oignons frits et ce qui me semble être du poulet. En tout cas, tout cela me semble succulent en comparaison de ce qui a constitué mon ordinaire pendant des semaines dans les tranchées !

Il est déjà quatre heures et demie du matin quand je fais mes adieux à cette famille française et à leur charmante fille. Le baiser qu'elle me fait à la barrière occupe toutes mes pensées jusqu'à mon retour à la ferme. En arrivant, je me dis en moi-même que c'est une très bonne chose que les Allemands soient maintenant passés de l'autre côté de la Seine, grâce à cela je vais pouvoir faire la grasse matinée.

Nous sommes le **4 septembre**. On raconte au quartier général que la brigade va repartir en Angleterre le 6 pour se remettre en condition avant de repartir en Extrême-Orient pour se battre contre les Japonais. Nous passons les deux jours qui précèdent à faire nos adieux à nos amis français. Pendant que la brigade est en train de se regrouper dans un champ tout proche de la ferme pour attendre les camions, de nombreux civils sont venus de la ville voisine pour nous voir partir. Ma partenaire de la soirée dansante de l'autre jour et ses parents sont aussi venus, mais, eu égard à mon français très limité, j'ai d'énormes difficultés pour converser avec eux. Un des Français des commandos se rend compte de la situation délicate dans laquelle je me trouve et il vient me sauver la mise en se chargeant des parents. En ce qui concerne Françoise, leur fille, j'ai beaucoup plus de facilité pour communiquer avec elle...

Nous grimpons dans les camions qui ne tardent pas à se mettre en route et mon regard reste posé sur Françoise. Elle aussi a les yeux fixés sur moi et le regard grave. Elle est là au milieu du champ à me faire des gestes d'adieux de la main et un instant plus tard, je la perds de vue au détour de la route en me disant que le dernier souvenir qu'elle gardera de moi sera sans doute la tristesse qui se lit sur mes traits à devoir la quitter si vite. *« T'en fais pas, Piper, il y a plein d'autres jolies filles en France. Et puis, t'auras peut-être l'occasion de revenir en Normandie. »* Je me retourne vers l'endroit d'où vient la voix : c'est celle de Chauvet, un de mes copains du commando français, qui est en train de marcher le long du camion, le visage illuminé d'un large sourire. *« A bientôt, Piper, je suis sûr qu'un jour tu reviendras en Normandie ! »*

Il fait déjà nuit quand nous atteignons la plage, après avoir traversé des endroits qui nous sont maintenant familiers. A proximité des plages, des enclos entourés de barbelés ont été construits pour contenir les centaines de prisonniers allemands qui attendent d'être embarqués sur des transports de troupes pour rejoindre des camps de prisonniers de guerre en Angleterre. Ils ont l'air complètement abattus et regardent notre convoi avec des yeux absents. Quelques gars ne peuvent pas s'empêcher d'entonner la chanson du *« Horst Wessel »* en la ponctuant de « hip-hip-hip hourra », ce qui a pour résultat d'accroître encore à la stupéfaction des prisonniers.

Je commence à m'ennuyer ferme à force de rester sur le sable à attendre pendant des heures que les péniches de débarquement aient fini de décharger leur cargaison pour pouvoir embarquer à mon tour.

La brigade a débarqué en Normandie le 6 juin et depuis ce jour, elle a été en contact permanent avec l'ennemi jusqu'à la Seine. Nous sommes maintenant le 6 septembre et toutes les visites que j'ai faites depuis, à toutes les unités de la brigade, m'ont prouvé l'ampleur des pertes subies pendant cette campagne. Un très grand nombre des officiers et autres grades qui sont arrivés ici le jour J ont maintenant été remplacés par d'autres têtes qui me sont totalement inconnues. Nous allons enfin pouvoir embarquer sur un transport de troupes : je laisse glisser mon sac à dos par terre pour prendre la cornemuse et après une petite mise au point, j'entonne *« Highlands laddie »* pendant que nous nous mettons en route pour rejoindre le navire.

Un peu plus tard, je reste à l'arrière du navire pour contempler la côte normande qui s'efface peu à peu dans le lointain, je préfère rester un peu seul avec le souvenir de mes camarades qui reposent maintenant quelque part dans des tombes au milieu des vergers ou des fossés. Pendant que le navire s'engage vers la haute mer, je me mets à jouer un air lent des Highlands, le *« Loch Monar »,* que j'ai joué si souvent à Achnacarry et que peut-être certains gars qui se trouvent aujourd'hui sur le bâteau reconnaissent s'ils sont passés par le camp d'entraînement.

Après un bon repas offert par la Royal Navy et quelques heures de sommeil, je rejoins les autres sur le pont au moment où l'on commence à apercevoir la côte anglaise à travers la brume. Quel spectacle ! J'ai l'impression que la brigade au complet est là sur le pont à admirer le littoral. *« Piper ! »* Je me retourne en sursautant pour apercevoir le sergent-major sur l'autre bord qui ajoute de sa voix de stentor : *« Par ici ! Et au trot ! »* Je m'empresse de rejoindre le sergent major et le général Mills Roberts de l'autre côté et me raidis au garde-à-vous. Le général s'adresse à moi avec son ton bourru de tous les jours : *« Piper, je veux que vous me jouiez quelque chose au moment de débarquer. » « Bien sûr, mon général, vous souhaitez quelque chose en particulier ? »*

« Oui, Piper, je veux quelque chose de très spécial ! » Puis il se rapproche de moi et poursuit d'une voix calme, ce qui est plutôt inhabituel chez lui : *« Savez-vous jouer '"he march past of the Irish Guards'" ? »*

« Oui, mon général. »

« Très bien, Piper, c'est ça que vous allez jouer quand nous allons débarquer. » Il fait une légère pause, puis ajoute : *« pour vous, ce n'est pas aussi excitant que le jour du débarquement, n'est-ce-*

pas ? ». Avant de me laisser placer un mot, il conclut par un *« Allez, dégagez ! »* Je salue et m'empresse de rejoindre les autres de l'autre côté du pont alors que le navire est sur le point de s'amarrer au quai.

J'ai l'estomac qui se noue au moment où je descends la rampe pour atteindre le quai et je me dis que si j'avais été en proie à la même sensation le jour du débarquement, Lord Lovat aurait sans doute dû remonter les plages de Normandie sans son joueur de cornemuse. Le général Mills Roberts et ses officiers descendent du navire au son du *« The march past of the Irish Guards » et* au moment où les gars de la 1re brigage de commandos descendent, j'entonne l'air des gardes écossais, *« Highlands laddie»*, c'est-à-dire l'air que je jouais en débarquant à La Brèche derrière Lord Lovat. Pendant que je fais mes passages sur le quai, la cornemuse sonne bien et les civils qui se trouvent-là ont le regard fixé sur moi, alors que les soldats ne semblent même pas me voir, sans doute préoccupés par bien d'autres choses.

Je suis heureux d'être revenu en Angleterre, ici les gens sont différents d'ailleurs. Mais, je vais regretter la générosité et la gentillesse des gens en Normandie, monsieur Saulnier, le monsieur et la dame du café au pont de Bénouville et tous les autres, sans oublier ma partenaire à la soirée dansante de l'autre soir et ses parents. Il est possible que je revienne les voir un jour, qui sait ? Mais j'ai beau adorer les Français, rien ne peut remplacer ma joie de me retrouver au pays. Une fois arrivé au camp de regroupement, je récupère mon courrier personnel. J'apprends que mes parents ont déménagé dans le centre de Glasgow. Il y a plein de travail là-bas et mes parents ont l'air de bien se plaire en ville. Depuis mon retour, mon esprit est occupé en permanence par Fiona. Je viens de recevoir trois lettres d'elle, mais elle ne dit rien sur son état de santé. Comme d'ordinaire, elle me parle surtout du temps qu'il fait et me raconte ce qu'elle a vu lors de sa dernière visite au marché de Fort Williams. Je suis sûr qu'elle a appris que Lovat a été grièvement blessé aux premiers jours de la bataille de Normandie et qu'elle se souvient parfaitement de ce qu'elle m'a dit avant que je quitte Achnacarry. Ses deux premières prédictions se sont réalisées : Lovat a été blessé et moi je suis de retour sain et sauf. Je n'arrive pas à oublier qu'elle a aussi prédit sa propre mort ; cette pensée m'occupe tout l'esprit et m'empêche chaque nuit de dormir.

Le sergent fait son entrée dans la chambrée de sa démarche chaloupée et se met à nous gueuler : *« Allez, bande de trous du cul, si vous avez envie de retourner chez vous, grouillez-vous de me débarrasser le plancher et d'aller tout de suite au rapport si vous voulez votre putain de permission ! »*

Je jette un œil à ma montre. Il est six heures et demie. Les lits à double étage de chaque côté de la chambrée commencent à témoigner d'une certaine agitation pendant que le sergent se dirige à pas bruyants vers la sortie en faisant claquer sa badine au passage sur les montants de lits.

« Pourquoi est-ce qu'on n'en a pas profité pour flinguer ce salaud quand on était en Normandie ? » me fait remarquer le gars qui couche en dessous de moi.

« Oh, ferme-la », crie une autre voix à l'autre bout de la chambrée au moment où le sergent ouvre la porte d'un coup de rangers pour sortir.

Je procède à une toilette rapide et, rasé de frais, dans un kilt et une veste de treillis fraîchement repassés, les chaussures impeccables, je me présente à la salle du rapport pour prendre possession de ma précieuse permission. Après vingt minutes de queue, je me retrouve devant le gars du guichet. Il me jette un regard et me lance : *« Bon Dieu, Piper, t'es sûr que tu veux retourner chez tes parents ? Que veux-tu que je marque sur ta permission ? »* Pour ne pas trop attirer les soupçons, je lui réponds dans un souffle : *« heu, Fort Williams ! »*

Le gars baisse la tête vers le papier et commence à gribouiller en grommelant tout haut : *« Putain, quand je pense que vous, bandes de salauds, vous venez de passer trois mois en France à vous dorer la pilule au soleil à baiser toutes les nanas qui vous tombaient dans les bras ! »*

« C'est tout à fait ça, caporal ! » lui répondis-je en lui arrachant en vitesse ma permission des mains. *« Quant à vous, à voir votre sale humeur, on dirait que vous n'avez pas votre compte ! »* Le caporal se lève d'un bond et me jette un regard assassin pendant que je m'éclipse le plus vite possible après avoir ramassé mon sac à dos et l'étui de ma cornemuse.

Quelques heures plus tard, je me retrouve à Londres pour prendre ma correspondance pour le train qui va vers le nord. Le Londres-

Glasgow est bondé de militaires et j'ai tout le mal du monde à me trouver une petite place juste en face des toilettes. Les gens s'entassent dans tous les coins et même les filets à bagage sont pleins de fantassins, de marins et d'aviateurs !

Le train se faufile le long des aiguillages et se lance vers le nord en prenant son allure de croisière. De temps en temps, nous le sentons faire une pointe de vitesse, ce qui rompt la monotonie des fréquents arrêts dans les gares. Le lendemain matin, à six heures et demie, j'arrive à la gare centrale de Glasgow après une nuit des plus inconfortables passée à essayer de dormir par terre dans le couloir et ses odeurs, seulement distrait par le spectacle des maisons, des immeubles et des usines qui défilaient de l'autre côté de la vitre. Ces images sont pour moi autant de signes de bienvenue que l'est ma première vision de la gare avec cette foule compacte qui attend les passagers, alors que les militaires se bousculent pour sortir des wagons en essayant de ramasser leurs sacs pour se les remettre sur le dos.

Après deux jours de permission chez mes parents, je me retrouve sur le même quai pour attraper le train du soir pour Fort Williams. Pendant que le train traverse les faubourgs de Glasgow, je m'installe confortablement près de la fenêtre pour admirer les collines et les lochs qui défilent de l'autre côté de la voie. J'ai l'impression que je me suis assoupi un instant car lorsque j'ouvre brusquement les yeux, le train traverse la lande de Rannoch. Par la fenêtre, j'aperçois des fougères brunes parsemées de touffes de bruyère et au loin un troupeau de cerfs. C'est un spectacle ravissant dont je n'arrive pas à me lasser. Le train fait un bref arrêt à Spean Bridge, le quai y est presque désert. Mes souvenirs me ramènent en arrière au mois de novembre de l'année dernière alors que j'étais en train d'attendre un contingent de nouvelles recrues sur ce même quai. La neige tombait à gros flocons et il faisait un froid de canard ; j'avais abrité ma cornemuse sous mon manteau et je me frottais les mains pour essayer de réchauffer mes doigts frigorifiés. Je ne me souviens même plus comment j'ai réussi ce jour-là à raccompagner les gars au son de la cornemuse tout au long des dix kilomètres de route vers Achnacarry. C'était sans doute grâce à la bonne rasade de whisky que m'avait offerte le sergent instructeur avant de se mettre en route... C'est sans doute pour cela que j'avais soudain retrouvé l'agilité de mes doigts ainsi que l'ardeur nécessaire pour marcher dans la neige épaisse.

Le train s'ébranle et me voilà parti pour Fort William. Je commence à penser à tout autre chose à mesure que le paysage qui m'est si familier défile sous mes yeux. Comment va ma cousine Kate ? Elle n'a aucune idée que je suis ici. Mais, toutes mes pensées vont vers Fiona. Mon cœur s'emballe dès que je me mets à penser à elle, et je n'arrive pas à m'ôter de la tête le pressentiment qu'il lui est arrivé quelque chose. Pourtant, rien dans ses lettres ne laisse prévoir quoi que ce soit, mais la dernière que j'ai reçue est datée du début du mois d'août, ce qui fait un peu plus d'un mois.

Le train s'arrête à Fort William. Un vent violent balaye le quai pour se perdre vers le loch, accompagné d'une vague de froid et d'une pluie fine. Je relève le col de mon manteau et cours me réfugier à l'abri de la salle des pas perdus. Il y fait chaud et j'hésite entre rester passer la nuit chez ma cousine où aller directement à Achnacarry qui se trouve à une douzaine de kilomètres.

« Salut, Millin ? » Je me retourne pour me trouver en face du sergent de la police locale. Il se tient dans l'encadrement de la porte, un large sourire aux lèvres.

« Qu'est-ce qui t'amène à Fort William dans ton kilt aux couleurs de Lochiel ? Je m'attendais plutôt à te voir porter les couleurs de Lovat ! »

« Comment ça va, sergent ? J'étais juste en train de me demander si j'allais aller passer la nuit chez ma cousine Kate où plutôt à Achnacarry. »

« Eh bien, si tu n'arrives pas à te décider, viens donc au poste de police. En ce moment, j'ai deux cellules de libres. Ca sera toujours assez confortable pour toi, n'est-ce-pas ? Tu sais bien que les gars du camp sont toujours les bienvenus chez moi quand ils ratent le dernier camion pour les ramener au camp. » Je jette un œil à ma montre, il est plus de onze heures et il pleut à verse. Ce n'est vraiment pas un temps pour aller à pied à Achnacarry.

« D'accord, sergent, j'accepte votre hospitalité, » lui répondis-je en lui emboîtant le pas pour sortir de la gare. Vingt minutes plus tard, le sergent me montre l'endroit où je vais passer la nuit : une cellule sans aucun mobilier, à l'exception d'un bas-flanc sur lequel j'aperçois deux couvertures.

« Qu'est-ce que t'en penses, Piper ? » me demande l'agent de police.

« Ça ira très bien » lui répondis-je en m'asseyant sur le lit.

« Parfait ! Maintenant, suis-moi, on va aller manger un morceau. »

Je sors du bureau à la suite du sergent pour aller m'asseoir à une petite table où nous nous attablons pour déguster des petits pains au fromage. Nous quittons la table sur le coup d'une heure du matin après une longue discussion entrecoupée de plusieurs tasses de thé. Comme le sergent est un très bon joueur de cornemuse, la discussion aurait pu durer encore longtemps, mais vu l'heure je décide de me lever de table pour réintégrer ma cellule et il ne me faut pas plus de quelques secondes pour m'endormir comme une masse sur les planches de bois. Les derniers mots que j'entends sont : *« bonne nuit, Piper, je laisse la porte ouverte... »*

Le lendemain à six heures et demie, le sergent vient me réveiller d'un énergique *« Salut, Piper »* et dépose une tasse de cacao par terre à côté de moi, puis retourne à son bureau. Je me rase et fais un brin de toilette, puis je vais prendre le petit déjeuner avec lui, des œufs au plat arrosés d'une tasse du même cacao. Je me demande ce qu'il a bien pu faire de ses rations de thé... Peut-être que maintenant c'est devenu la mode dans la police de prendre du cacao au petit déjeuner ?

A sept heures et demie, je sors de la ville en direction du pont de Lochy et je traverse Blarmhor. La promenade s'annonce agréable, la pluie de la veille a cessé et a laissé place à un air revigotant. Je traverse la lande en direction de Banavie, ensuite je prends à droite vers Gairlochy en suivant le canal calédonien. Il y a encore de la neige sur le Ben Nevis et les montagnes sont magnifiques à cette heure de la journée, avec les rayons du soleil qui se reflètent sur les sommets et projettent toutes sortes d'ombres sur les versants.

Vers midi et demi, j'arrive en vue d'Achnacarry. Après une courte pause à Gairlochy, je décide de me rendre directement chez Fiona. Je quitte la route en arrivant au loch Arkaig et passe à travers champ en suivant les sentiers entre les fougères. Une heure plus tard, je passe le petit ruisseau et aperçois la maison sur le flanc de la colline à deux cents mètres devant moi. Je presse le pas sans quitter la fermette des yeux, en espérant y voir un quelconque signe de vie. J'ai le pressentiment qu'elle n'est pas là, il n'y a d'ailleurs pas de fumée qui s'échappe de la cheminée. Elle a l'habitude de toujours mettre une bûche à brûler dans l'âtre, été comme hiver. Les rideaux sont tirés et les carreaux des fenêtres n'ont pas été nettoyés depuis un certain temps. Tout baigne dans un profond silence et l'endroit donne l'impression de ne pas avoir été occupé depuis des semaines. En faisant le tour de la maisonnette, je me sens de plus en plus oppressé, et un sentiment de peur m'envahit. Maintenant, je sais qu'elle est morte. Je reviens vers le devant de la maison et frappe une fois encore à la porte, tout en sachant que je ne la reverrai plus. C'est vrai, elle me l'a dit elle-même il y a cinq mois maintenant, alors qu'elle se tenait-là, à cette même porte, pour me dire au revoir. *« Je ne serai plus là quand tu reviendras du débarquement. Adieu, Millin, Tha gradh ogam ort (je t'aime).*

Je ramasse mon sac à dos et le passe à mon épaule. En repassant le petit pont au-dessus du ruisseau, je n'ai pas la force de regarder en arrière. Je veux me souvenir de Fiona comme je l'ai vue la dernière fois, quand elle était sur le pas de la porte à me dire au revoir, ses longs cheveux noirs bercés par la brise.

Ce soir, je suis invité chez Donald Cameron, le garde-chasse de Lochiel. Il m'apprend que Fiona est décédée trois jours après son admission à l'hôpital d'Inverness, il y a de cela dix jours.

Tant que mon sang coulera dans mes veines et que je serai capable de me souvenir, Fiona restera toujours dans ma mémoire. Comme l'a dit Robert Burns, le poète de l'Ecosse :

Quand on a aimé avec amour

Quand on a aimé sans compter

Qu'on soit unis ou séparés

Nos cœurs jamais ne seront brisés.

Quant à la campagne de Normandie, je ne l'aurais pas manquée pour rien au monde. J'ai à la fois été heureux et fier lorsque Shimi Lovat m'a demandé de devenir son joueur de cornemuse et plus tard, le 6 juin, de conduire la 1re brigade de commandos sur la plage du débarquement, où tant d'hommes furent tués ou grièvement blessés. J'éprouve encore de la tristesse quand je pense à Lovat, si sérieusement blessé dès les premières heures de la bataille. A certains moments, je me sens presque coupable d'être revenu sain et sauf en Ecosse, alors que tant de mes amis sont morts.

Bill MILLIN

Joueur de cornemuse.

ANNEXES

Equipement de Bill Millin le 6 juin 1944:

Bill Millin s'était changé en mer avant le débarquement, enlevant son pantalon de treillis et mettant le tartan aux couleurs du clan Lochill. De la tête aux pieds, il est donc ainsi équipé : Béret vert des Commandos avec le badge des Camerons sur un morceau de tartan carré du clan Lochill (Cameron) montrant deux bandes blanches en croix.

- Sur son blouson de treillis, il porte cousus sur la manche et de haut en bas les badges suivants : *1st Special Service Brigade* (il sera rapidement décousu en Normandie, les Français étant surpris par cette *1st S.S. Brigade...*), puis le badge rond des Commandos avec la mention *« United we conquer »* et enfin le badge de *« piper »*.

- Il porte son sac à dos, son « rucksack ».

- A la ceinture : sa gourde *(water bottle)*, son outil individuel, un étui en tissu *(canvas)* contenant son revolver.

- Par-dessus le tartan du clan McKenzie (actuellement exposé au Musée de Bénouville), il porte le tartan du clan Lochill auquel le clan McMillin est rattaché.

- Enfin, les chaussettes sont aux couleurs du clan Lochill et il porte le poignard commando (exposé au Musée de Bénouville) dans la chaussette gauche.

Le clan McMillin possède son propre tartan, il est établi dans une vallée au pied du Ben Nevis dans la région de Fort William mais il est rattaché à un clan plus puissant, le clan des Camerons ou clan Lochill. Le chef de ce clan s'appelle alors Sir Donald Cameron of Lochill ; le fils aîné de cette famille se prénomme toujours Donald. Il réside au château d'Achnacarry reconstruit après sa destruction en 1746 et possède toute la région autour de Fort William. Quant à Lord Lovat, il est du clan Fraser et réside à Beufort Castle près du village de Beauly, sur la côte est, dans la région d'Invernes alors que Fort William est sur la côte ouest de l'Ecosse. Traditionnellement, le 4e bataillon des Cameron Highlanders se recrute dans le clan Lochill et est appelé de ce fait le Lochills Battalion. Quant aux hommes du clan Fraser rattachés à leur baron, Lord Lovat, ce sont les « Lovat's Scouts », sorte d'armée privée dont la tradition a été renforcée lors de leur participation à la guerre des Boers. Au contact de ces derniers, ils adoptèrent leurs méthodes et le nom de « commando » qu'ils importèrent en Grande-Bretagne. Le clan Fraser est donc à l'origine des « Commandos » et, tout naturellement, leur chef, Lord Lovat, prendra leur tête. Par ailleurs, le camp des commandos sera installé à Achnacarry sur les terres du clan Lochill et son PC sera dans le château d'Achnacarry demeure de Donald Cameron of Lochill.

Airs joués par Bill Millin le 6 juin 1944 :

En partant : *The Road to the Isles, Skye Boat Song.*

Dans l'eau, en débarquant : *Highland Laddie* (« la Dame des Highlands »).

Sur la plage : *The Road to the Isles.*

De la plage à Colleville : *Rawentree* (le « houx », arbre sacré des Ecossais protégeant des mauvais esprits).

A Bénouville : *Blue Bonnets over the Border* (« les bérets bleus par dessus la frontière », une chanson des partisans Jacobites, comme *Highland Laddie*). Il sera rejoué en arrivant à Pegasus Bridge.

Sur Pegasus Bridge : *March of the Cameron Men.*

En traversant le pont de Ranville : *Blue bonnets over the Border.*

En allant sur Amfreville : *The Nut Brown Maidden* (« la fille aux yeux noisette »).

G.B.

Editions HEIMDAL Sarl
Château de Damigny
14400 Saint-Martin-des-Entrées

Achevé d'imprimer
le 31 mars 1994
sur les presses de
Imprimerie P.A.C.
14200 Hérouville-Saint-Clair

Dépôt légal : Avril 1994